PETER SEEWALD | JAKOB SEEWALD

WELT AUF DER KIPPE

PETER SEEWALD | JAKOB SEEWALD

WELT AUF DER KIPPE

ZU VIEL, ZU LAUT, ZU HOHL – MACHT SCHLUSS MIT DEM WAHNSINN

LUDWIG

DANKSAGUNG:

Ohne die Recherche unzähliger Journalisten in Print- und Online-Medien hätte dieses Buch nicht entstehen können. Ihre Arbeit, aus dem Wust von Nachrichten das Wichtige herauszufiltern, Skandale an die Öffentlichkeit zu bringen und Manipulation zu erkennen, ist für eine demokratische Gesellschaft unerlässlich. Dafür bedanken wir uns. Für mögliche Fehler, die uns unterlaufen sind, bitten wir um Nachsicht und Entschuldigung. Noch eine Empfehlung: Dieses Buch ist ein Schock; bitte lesen Sie es in angemessener Dosierung.

MIX
Papier aus verantwortungsvollen Quellen
FSC® C004229
FSC
www.fsc.org

Verlagsgruppe Random House FSC® N001967
gedruckt auf dem FSC®-zertifizierten Papier *Tauro*

Redaktion: Johann Lankes
Illustrationen: Katharina Bitzl
Umschlaggestaltung: Hauptmann und Kompanie Werbeagentur, Zürich
Satz: Sabine Dunst, Guter Punkt, München
Druck und Bindung: Druckerei Uhl, Radolfzell
Printed in Germany
ISBN: 978-3-453-28074-8

www.Ludwig-Verlag.de

INHALT

PROLOG

»Ändere die Welt, sie braucht es.
Ändere sie auch, wenn alle dich drängen
zu glauben, dies sei unmöglich.«
BERT BRECHT

Niemals zuvor außer in Kriegsjahren hat sich innerhalb so kurzer Zeit das Leben der Menschen dramatischer verändert als am Beginn des dritten Jahrtausends. Die alte Welt ist Vergangenheit. Globalisierung und digitale Revolution haben uns in ein anderes Zeitalter katapultiert; einen neuen Äon der Geschichte, von dem niemand weiß, was sich darin ereignen wird.

Mobile Telefone lassen uns heute an jedem Ort Nachrichten empfangen. Dass sie eine höhere Rechnerleistung haben als die Computer der NASA bei der Mondlandung, nehmen wir als selbstverständlich hin. Intelligente Technik navigiert uns im Auto bequem durch die Stadt und macht im Keller die Heizung an. Ganze Branchen erfinden sich neu und bieten Dienstleistungen an, die früher Kaiser und Königen vorbehalten waren.

Und das ist erst der Anfang. Mit Google und Facebook, Apple und Amazon sind Mächte von unvorstellbarer Größe entstanden. Sie werden mit riesigen Clouds und dem Internet der Dinge dem Karussell noch einmal richtig Schwung geben. Ingenieure für künstliche Intelligenz treiben die Verschmelzung von Mensch und Maschine voran. Genome Engineering soll nicht nur Gene manipulieren, sondern in die Keimbahn des Lebens eingreifen, die seit Beginn der Menschheitsgeschichte niemals verändert wurde.

Vieles ist nicht nur einfacher, sondern auch besser geworden.

Wir können nahezu unbeschränkt reisen. Medizinischer Fortschritt schenkt uns ein längeres Leben. Wir sind wacher geworden gegenüber Rassismus und Fremdenfeindlichkeit. Gleichzeitig aber sehen wir, dass viele Dinge eine Qualität bekommen, die uns Sorgen bereiten muss. Sie lassen uns die Zukunft weniger in ihren positiven Möglichkeiten sehen, sondern als Raum drohender Katastrophen.

Schon heute erreichen uns jeden Tag Fluten beunruhigender Nachrichten. Sie jagen einander in einer Geschwindigkeit, dass wir morgen nicht mehr wissen, was uns gestern noch schockiert hat. Ein Turbokapitalismus macht aus der Welt ein Spielkasino und verzockt riesige Vermögen. Es gibt neue Gefahren für unsere Sicherheit, für das friedliche Miteinander der Kulturen und Nationen. Unzählige Terrorakte vertreiben Millionen von Menschen aus ihrer Heimat. Alleine von Januar bis August 2015 flohen 300 000 Menschen über das Mittelmeer, 2 500 kamen dabei ums Leben. »Es ist wie ein dritter Weltkrieg«, klagt Papst Franziskus, »der Stück für Stück ausgetragen wird.« Kofi Annan, der ehemalige Generalsekretär der Vereinten Nationen, fügt hinzu: »Der Krieg ist überall. Die Welt ist in einem fürchterlichen Zustand. Für viele Menschen fällt diese Welt auseinander.«

Geologen haben unserer Epoche einen Namen gegeben: *Anthropozän* – altgriechisch für »Das menschlich (gemachte) Neue«, das »Menschenzeitalter«. Kein schmeichelhafter Titel, insofern damit gemeint ist, dass kein Fleck der Erde inzwischen vom Fallout menschlicher – das heißt zumeist zerstörerischer – Aktivität unberührt ist. Die Emissionen von Treibhausgasen sind auf einen neuen Höchststand angestiegen. Weltweit werden Temperaturrekorde gemessen. Die Ozeane sind so warm wie nie. Der Meeresspiegel steigt unaufhörlich. Umweltdesaster und Artenschwund, der Raubbau der Ressourcen, die Verschmutzung der Atmosphäre und die Versäuerung der Böden haben Teile des Planeten an den Rand des Abgrunds gebracht.

Stoßen nicht auch unsere persönlichen Ressourcen an die Grenzen der Belastbarkeit? Dauerconnected sollen wir jederzeit erreichbar sein. Tausende Verführungen locken uns in Dinge, die wir im Zweifelsfall gar nicht tun wollen. Schon ein einziger Tag genügt, um verrückt zu werden: E-Mails checken, Facebook-Freunde »besuchen«, Sitzungen vorbereiten, Stromanbieter wechseln. Der Datenhunger der Konzerne und modernes Marketing haben aus uns Wesen gemacht, die in der Ich-AG die eigene Haut zu Markte tragen. Ist es Zufall, dass Krankheiten wie Burnout und Herz-Kreislauf-Schäden zu Massenphänomenen werden? Teenager leiden unter Depression, Angstzuständen und Blockaden. Dreißigjährige fühlen sich überfordert und erschöpft – während gleichzeitig die Lasten, die auf sie zukommen, immer größer werden.

Da ist dieser Müll an Unkultur und Dummheit, unter dem man leiden kann. Der Terror der irren Trends aus der Medien- und Entertainment-Industrie. In der neuen Hierarchie der Werte ist der Ehrliche der Dumme, der Betrüger der Hero und der Skandalist das Vorbild. Und haben nicht auch George Orwell und Aldous Huxley mit ihren Prophetien in *1984* und *Schöne neue Welt* recht behalten? Sind wir gar dabei, ihre Visionen über den überwachten, gegängelten, ausgebeuteten und manipulierten Menschen, dem vorgegeben wird, was er zu denken, zu sagen und wie er sich zu verhalten hat, noch zu toppen?

Als wir vor vielen Jahren damit anfingen, für einen Beitrag für das Magazin der *Süddeutschen Zeitung* Begebenheiten und Nachrichten aus unserem »ganz normalen Wahnsinn« zu sammeln, hatte das noch eine gewisse Komik. Es ging um die Verspätungen der Bundesbahn, Geiz-ist-geil-Kampagnen und Nervenkrisen, die durch Behördenirrsinn ausgelöst werden. Verrückte Welt! Eine Zeit lang ist das ganz lustig. Aber ver-rückt heißt auch: dass die Dinge nicht mehr an ihrem Platz sind. Dass etwas aus dem Ruder gelaufen ist.

Wir hatten den Eindruck: Die Systeme sind überreizt. Es wird künftig immer weniger funktionieren. Angst, Verunsicherung und Konfusion nehmen zu. Wir sind immer weniger fähig, Orientierung zu finden. Immer mehr Menschen denken, das Leben ziehe an ihnen vorbei, weil sie das Gefühl haben, nur noch Getriebene zu sein. Die Frage war: Wie vernünftig ist unsere Welt geworden? Wie gerecht ist sie? Wie sozial und kinderfreundlich, wenn wir von einer demografischen Katastrophe sprechen müssen, die das soziale Gefüge grundlegend verändern wird? Wie glücklich und zufrieden macht sie uns, wenn immer mehr Menschen krank werden, süchtig, in Einsamkeit und Depression verfallen? Wie klug, wie gebildet, wie zivilisiert ist sie, sodass sie der Hochkultur früherer Epochen etwas hinzufügen könnte?

Arm und Reich driften immer weiter auseinander. Ein Prozent der Menschen besitzt 99 Prozent des gesamten Vermögens auf diesem Planeten. Immer mehr Bereiche des Lebens werden rein ökonomischen Gesichtspunkten untergeordnet. »Unsere Gesellschaft misst Menschen immer stärker daran«, so der britische Glücksforscher Lord Layard, »wie sie im Wettbewerb mit anderen abschneiden. Und nicht mehr daran, ob es anständige Leute sind.« Nicht mal mehr Leistung, nur noch der Erfolg zähle.

Obendrein: Können wir weiterhin noch von einer »freien Welt« reden, derer sich der Westen rühmt, wenn Freiheit und Selbstbestimmung zunehmend eingeschränkt werden? Nicht nur durch Überwachung, sondern vor allem durch Zeitnot, Arbeitshetze und allumfassende Werbemanipulation? Und das Merkwürdigste daran: Wir haben uns an all den Wahnsinn gewöhnt. Wir sind unter die Räuber gefallen und zucken bestenfalls mit den Schultern.

Die Welt ist nicht nur Problem. Sie ist, trotz allem, noch immer der schönste und bezauberndste Planet, der in den Weiten des Universums zu finden ist. Aber muss man nicht längst auch von einer globalen zivilisatorischen Katastrophe sprechen? Wie geht es weiter? Wird René Girard, französischer Philosoph und Mitglied der

Académie française, recht behalten, der als das Kennzeichen zivilisatorisch-technischer Entwicklungen jeweils die »Steigerung bis zum Äußersten« sieht? Mit anderen Worten: Der Krug geht so lange zum Brunnen, bis er bricht. Wo gehen wir hin? Und wollen wir da, wo es jetzt hingeht, auch wirklich landen?

Fest steht: Ein Zurück wird es so wenig geben wie eine Umkehr großen Stils. Der Traum von einer heilen Welt oder von einem »neuen Menschen« war schon immer eine jener gefährlichen Illusionen, die stets mit einer Katastrophe endeten. Die Krise ist Bestandteil von Entwicklung. Krise war immer. Und Krise ist immer. Aber fast scheint, als ob es eine Codierung gäbe, eine Reißleine, die uns exakt an diesem Punkt der Entwicklung an elementare Dinge erinnert, die wir im Trubel unseres Lifestyles vergessen haben. An Fragen wie: Was ist der Mensch? Wie müssen wir uns zu dieser Welt verhalten? Wie zu uns selbst? So gesehen rückt mit der Entwicklung der Technik und dem Siegeszug von Computern das eigentlich Menschliche wieder ins Zentrum unserer Aufmerksamkeit. Etwas, das man so wenig erschaffen oder berechnen kann wie Glück. Wie Liebe. Nämlich unser eigentliches *Wesen*, das sich nicht künstlich herstellen lässt. Kein Roboter, und sei er noch so rechenstark, kann träumen, nachdenken, fühlen oder gar lieben. Keine Maschine verfügt über ein *Sein*, verfügt über eine Seele, verfügt über das, was wir den göttlichen Funken nennen.

Dieses Buch will den vielen erschienenen Essays zu den Bedrohungen unserer Zeit weder einen neuen Alarmismus hinzufügen, noch ist es unsere Absicht, Ängste zu schüren. Hier geht es um Fakten. Wie ist es wirklich? Ein Querschnitt von Meldungen, Zahlen und Entwicklungen soll zeigen, wie und wo es brennt. Es ist das, was im dröhnenden Overkill der Nachrichten täglich an unseren Augen und Ohren vorbeirauscht. Aber erst dadurch, dass man die unzähligen Splitter an News, die uns täglich bombardieren, zu einem Bild zusammensetzt, zeigt sich das in der

Tat schockierende Ausmaß der Gefährdungen. Erst wenn wir die Dinge benennen, ihnen einen Ausdruck geben, können sie aus dem Unbemerkten herausgezerrt, als Problem erkannt und verändert werden.

Die Welt steht auf der Kippe. Wir bezahlen schon heute mit riesigem materiellen und immateriellen Aufwand für die Fehler der Vergangenheit. Was werden die nachfolgenden Generationen in 20, 30 Jahren bezahlen? Alles ist möglich. Im Schlechten. Aber auch im Guten. Es geht dabei um mehr als um Ökokatastrophen. Klar, der Feinstaub in den Städten kann bedrohlich sein. Gift in Lebensmitteln ist keine Bagatelle. Aber die eigentliche Gefährdung sind geistige und moralische Fehlentwicklungen. Sie beuten unsere Emotionen aus. Sie zerstören Strukturen, Ordnungsschemen, die als Wegmarkierung dienten. Sie machen unser Hirn zu einem Stopfhirn, das wie die Leber bei den Gänsen zwangsgefüttert wird, ohne dass wir uns wehren könnten.

Erstaunlich: Wenn es um die Zerstörung von Baudenkmälern geht, hallt ein Aufschrei um die Welt. Unwiederbringliches sei vernichtet worden. Wieso schweigen wir, wenn es um das geistig-geistliche Erbe der Menschheit geht, das doch so viel bedeutsamer ist? Warum nehmen wir im Gegensatz zu den Grenzen des ökonomischen Wachstums die Grenzen der menschlichen Belastung nicht stärker wahr? Warum dulden wir die Relativierung der Familie, als wäre sie nicht der Grundbaustein jeglicher Gesellschaft? Warum betrachten wir öffentliche Verdummung nicht als ähnlich gefährdend wie CO_2-Emissionen? Warum prangern wir die Verunreinigung der Flüsse an, aber nicht die Verunreinigung an den Seelen unserer Kinder? Bräuchten wir nicht auch eine Klimakonferenz für unsere Sinne? Ist die Rettung der geistigen Ozonschicht und unserer spirituellen Regenwälder nicht gar die Voraussetzung gegen die ökologische Dürre, die das Leben auf Erden schon in wenigen Jahrzehnten vertrocknen lassen könnte? Hier steht das große Wort von Benedikt XVI.: »Wenn der Mensch verfällt«, warnte der Papst aus Deutschland, »verfällt auch die Umwelt, in der er lebt.«

Dieser Planet wird nicht wieder heil werden. In vielen Bereichen ist ein *point of no return* erreicht. Aber wir können einiges reparieren, schädliche Prozesse stoppen. Genügend Gutes ist vorhanden, was es zu schützen lohnt. Ist es nicht besser, einen ramponierten Planeten weiterzugeben an Kinder und Kindeskinder als einen völlig kaputten? Erstmals ist der Gedanke der Umkehr gesellschafts- und mehrheitsfähig geworden. Nun gilt es, Ausstiegsstrategien zu finden für den Einstieg in eine lebbare Zukunft, die sich den Abgründen von Barbarei und Zerstörung entgegenstellt. Widerstand zu leisten gegenüber Dingen, die uns nicht guttun. Eine Kultur der Achtsamkeit zu entwickeln und Ressourcen zurückzugewinnen, die für ein humanes Leben unverzichtbar sind. Oder ganz einfach den Moloch, der uns bedroht wie das gefräßige *Tier* in der Apokalypse, durch verändertes Verhalten nicht länger zu füttern – um stattdessen wieder Boden unter den Füßen zu bekommen, mit Leitplanken, vernünftigen Regeln und verlässlichen Wegweisern.

Wachstum um jeden Preis und die Philosophie des *anything goes* haben Erde und Mensch erschöpft. Die Frage, ob wir alles, was wir machen könnten, auch wirklich tun dürfen, ist zu einer Frage von Sein oder Nichtsein geworden. Der Franzose Edgar Morin, ein Veteran der Résistance und Weggefährte von Stéphane Hessel, dessen Manifest *Empört euch* der Protestbewegung vor Jahren das Stichwort gab, hat einen wichtigen Hinweis in die Debatte getragen. Es gäbe heute die Unfähigkeit, sich ein Europa über den rein wirtschaftlichen Standpunkt hinaus vorzustellen. Morin plädiert deshalb für eine Wiederentdeckung des gemeinsamen geistigen und kulturellen Erbes, das seiner Ansicht nach in der mediterranen Kultur begründet liegt. Nicht das Modell des Südens sei heute bankrott, sondern das einseitig auf Verwertung, Optimierung, Pragmatismus und Tempo ausgerichtete Modell des Nordens. Die Stärke des Südens liege darin, so Morin, den Wert des Lebens nicht nur quantitativ zu bemessen, sondern es von seiner Qualität her zu definieren. Es nicht vorwiegend an Effizienz auszurichten, sondern an Dingen wie Empathie, Familiensinn, Zwischenmenschlichkeit, Ästhetik, Gastfreundschaft und Lebensbejahung.

Vordringlich ist heute nicht, die Kultur zu modernisieren, sondern die Moderne zu kultivieren. Eine Rezivilisierung der Gesellschaft wird versuchen, das Gute mitzunehmen, das Schlechte nicht zu wiederholen, vor dem Hässlichen zu schützen und das Schöne zu pflegen. Es ist die Chance der Krise, einmal durchgerüttelt zu werden in der kalten Nacht von Trauer, Einsamkeit und Depression, um die Spuren im Sand wieder zu sehen. Herauszutreten aus dem Gleichtritt einer kreisförmigen Bewegung, die nicht weiterführt. Das Leben als Projekt, das ist neu. Das heißt aber dann auch: das Leben so zu gestalten, dass es gut ist. Gut für sich. Gut für andere. Mit den Veränderungen bei sich selbst zu beginnen wäre wohl die größte Revolution von allen.

München, im September 2015
Peter Seewald

UNSER TÄGLICHER WAHNSINN

»Die Angst, der Realität ins Gesicht zu sehen, hilft dem Grauen, sich auszubreiten.«
CLAUDIO MAGRIS

Es war der erste Tag in der Mitte der zweiten Dekade des dritten Jahrtausends. Vor dem Fenster tanzten Schneeflocken leicht wie in der Schwerelosigkeit des Weltalls, die Küche duftete nach frischem Kaffee, und auf dem Tisch im Wohnzimmer wartete ein verführerisches Frühstück. Sonntagsruhe. Noch nicht einmal das Geknatter billiger Trolleys auf dem Gehsteig unterbrach die Stille. »Die Welt ist schön«, murmelte ich. Wir haben eine warme Wohnung, genug zu essen und seit 70 Jahren keinen Krieg im Land. Wenn ich irgendwelche Fragen habe, gibt mir »Siri«, die freundliche Dame in meinem iPhone, kompetent Antwort. Ohne Murren. Und wenn ich meinen PC hochfahre, verfüge ich nicht über die lächerliche Menge von 6000 Halbleitern, wie sie die Computer vor 50 Jahren hatten, sondern über 1,3 Milliarden.

Ich stand im Badezimmer und betrachtete die müden Augen in meinem Gesicht. Dann meinen Bauch, der nicht unbedingt wie ein Sixpack aussah. Möglicherweise hatte ich mir diesen Fettvirus geholt, von dem ich irgendwo gelesen hatte. Im Spiegel sah ich die Falten auf meiner Stirn und die welk gewordene Haut. Seit meine Tränensäcke immer größer wurden, steht eine Anti-Aging-Creme auf dem Waschtisch. Gegen frühzeitige Faltenbildung und Krähenfüße, lächelte meine Frau mir zu.

Meine biologische Uhr tickt. In neun Tagen müsste ich zum Zahnarzt, in neun Jahren würde ich 70 sein, ein Silver-Ager aus der Generation der Babyboomer. Unsere eigene Elterngeneration hat fast schon komplett den Planeten verlassen. Die Älteren von uns verstopfen mit Tempo 40 die Landstraßen, zoomen mit ihren Kompaktkameras Kirchen und Kapellen, und weg sind sie wieder, um die nächste Sehenswürdigkeit auf ihrer Liste abzuhaken. Die einen sagen, wir hätten keine Zukunft. Die anderen sagen: Wir *sind* die Zukunft. Mit unserer Menge. Unserem Geld. Unseren Wählerstimmen. Zumindest für das Gewerbe der Bestatter, die sich die Hände reiben angesichts einer riesigen Kohorte, die sich gerade fertig macht zum Auschecken.

Ich war am Vorabend spät zu Bett gegangen. In vielen Wohnungen brannte noch Licht. Mein Gott, wie schaffen es die anderen, jeden Tag fit zu sein? Oder tun die nur so? Vielleicht haben sie Angst vor Albträumen, überlegte ich, oder Angst, einzuschlafen und gleich wieder wach zu werden, so wie ich. Angst vor Panikattacken, die einem nachts das Gehirn zerquetschen. »Weißt du, was wirklich Wahnsinn ist?«, hatte Tibor gefragt, als wir am Nachmittag telefonierten. »Keine Ahnung. Die Weltraumforschung?« – »Nein.« – »Telefonieren auf dem Balkon?« – »Weit schlimmer: täglich früh aufzustehen und wie ein Verrückter zu schuften.«

Tibor hatte sich vorgenommen, einmal richtig abzuspecken. Für seinen Silvesterurlaub in Sharm el Sheikh. Riesige Buffets und gewaltige Mengen an Wein, Likören und Brandys würden auf ihn warten, all-inclusive. Stattdessen war er mit Frau und Kind in einem Hotel in Tirol gelandet. »Ehrlich gesagt, war ich froh«, gestand er, »als ich mir die Klamotten herunterreißen und ins Bett fallen konnte. Da war es halb zwei. So früh war ich an Silvester seit meiner Kindheit nicht mehr in der Falle.«

Als Twens trugen wir Klamotten aus Opas Kleiderschrank. Wir legten Eric Burdon, Jefferson Airplane und Pink Floyd auf, philosophierten über das Sein und das Nichts bei Sartre – und hatten jede Menge Zeit, einfach schon deshalb, weil nirgendwo ein Handy nervte. Ein 90-Minuten-Film im Fernsehen dauerte tatsächlich nur 90 Minuten – und nicht 120, weil uns heute Unterbrechungen an den spannendsten Stellen mitteilen, wo im Baumarkt der Hammer hängt. Okay, Kommunikationstechnologie war ein Fremdwort. Es gab weder Facebook-Partys noch Software-Updates. Dafür gehörten unsere Daten uns und nicht der NSA oder einem Trust im Silicon Valley. Sollte im Zeitalter der Hochtechnologie nicht alles einfacher werden und besser funktionieren? Die Wahrheit ist, dass manche Technik nur Probleme löst, die man ohne sie nie gehabt hätte. PINs, Codes, BIC- und SWIFT-Nummern – eine falsche Eingabe, und du bist weg vom Fenster. Neuerdings verlangt mein PC, bevor er seine Seiten öffnet, einen »Kennwortrücksetzdatenträger«, von dem ich bis dahin noch nie etwas gehört habe.

Was ist das für ein Spiel? Du reservierst ein Hotel für eine Woche – und bekommst die Bestätigung für zwei. Du willst dich bei einem Kurs anmelden – und sollst dafür einen Beleg vorlegen, der die Absolvierung genau dieses Kurses verlangt. Niemand kann mit einem »Kundenservice« Kontakt aufnehmen, ohne sich vorher durch ein »Menü« hindurcharbeiten zu müssen, das weder aus Essen besteht noch anderweitig Vergnügen bereitet. Und sobald er am Ziel zu sein scheint, rattert eine Stimme wie aus *Star Wars*: »Momentan sind alle Mitarbeiter im Gespräch. Please hold the line …« Einfach Sprit besorgen an der Tanke? Vergiss es. »Sammeln Sie Punkte?« – »Nein.« – »Shell-Card?« – »Nein.« – »ADAC-Card?« – »Nein.« – »Zwei Domestos für zwei Euro?« – »Nein.« – »Also nur tanken.« – »Ja!«

Ich stand auf unserem Balkon und bewunderte die hellgelb leuchtende Sichel des Mondes. Der Lärm. Die Schlaflosigkeit. Der schlimme Kontostand. TTIP und der Klimawandel. »Wenn da zwei Grad dazukommen, haben Sie Fieber«, hatte ein Forscher den Status quo der Erderwärmung in ein Bild gebracht, »bei fünf Grad sind Sie tot.« Die Gedanken in meinem Kopf drehten sich plötzlich wie im Karussell. In wilder Fahrt feixten mir Dämonen und Drachen zu, Kobolde und andere Unwesen schnitten mir Grimassen. Machten sie sich lustig über die Last und Pein in meinem seltsam gewordenen Alltag? Da war dieses ständige Müssen müssen. Auf Facebook Freundschaften annehmen, die man nicht will. Videos gut finden, die man nicht sehen möchte. Die Kontaktpflege für die Karriereplanung. Der Optimierungszwang. Der Druck des Lifestyles. Im Sommer die Rasenmäher, im Herbst die Laubbläser, im Winter die Schneefräser. Dann all der tägliche Kleinkram, der uns zu Idioten macht: Du beantwortest Mails. Du verschiebst und ordnest Mails. Du löschst Mails. Aber schon wieder hat irgendjemand, den du nicht kennst, den du auch nie kennenlernen möchtest, etwas auf deinen PC geladen. Weenyao Zhou zum Beispiel, seines Zeichens »Direktor der Bank of China«, der ein »interessantes Geschäft« anbietet. Oder irgendwelche Spam, Viren und andere Schadware, die dir mit Sicherheit noch ziemlich viel Ärger bereiten werden.

Verhängnisvolle Vernetzung: Jeder schreibt jedem. Jeder will was von jedem. Der Gefällt-mir-Terror. Der Bewertungswahn. Umfragen am Telefon mit der Bitte um die Einschätzung irgendeines Mitarbeiters, der lediglich die Reifen an deinem alten Auto gewechselt hat. Wir sitzen vor dem PC, starren in das Smartphone, scrollen die Bildschirme, tippen Kurznachrichten und sehen uns dann am Fernseher an, wie Menschen eigentlich so leben. Frank von nebenan sagt, er spreche einmal pro Tag mit einer echten Person. Das sei die Kassiererin im Supermarkt. Und wer die Frau kennt, weiß, dass das kein Vergnügen ist.

Ich bekomme meinen Schreibtisch nicht mehr frei, weil ich es nicht schaffe, die riesigen Stapel von Behörden-, Geschäfts-, Versicherungs- und Werbeschreiben abzuarbeiten, die mich wie eine Mauer umzingeln. Meine Tapete besteht aus Post-it-Zetteln mit Hinweisen auf Erledigungen, denen ich hoffnungslos hinterherlaufe.

Etwa die Sachen an Amazon, Ikea und E-Bay zurückzuschicken, die nicht funktionieren. Oder Kostenangebote einzuholen. Wer heutzutage nicht feilscht wie auf dem Markt von Marrakesch, zahlt Summen, für die der Begriff »astronomische Höhe« noch eine Untertreibung wäre. Pausenlos sollen wir Entscheidungen fällen. Für oder gegen die Schutzimpfung, die Griechenland-Hilfe, den Abend auf der Partymeile, eines der 600 Fernsehprogramme – und neuerdings auch noch, ob wir Imitatessen mit Analogkäse bestellen wollen oder lieber eine langweilige Mahlzeit wie früher.

Der Hausmeister nennt sich jetzt »Facility-Manager«. Warum nicht? Aber dafür ist er auch doppelt so teuer. Gut, ich muss in der Bank nicht mehr Schlange stehen. Meine Rechnungen bezahle ich online – dafür wurden nicht nur Berater am Schalter wegrationalisiert, sondern auch jede Menge Filialen. Grandios, mit Google-Maps wie aus dem Weltall auf die Erde zu stürzen und sich das Ferienhaus anzusehen – das man sich dann eh nicht leisten kann. Mein Navi führt mich zu entferntesten Zielen, ohne mich in einem Faltplan verheddern zu müssen – dafür habe ich vergessen, wie man ohne Support von München nach Regensburg kommt.

Einchecken, Hotel buchen, Leihwagen mieten – früher gehörte das zum Service, jetzt macht man es selbst. Mit *PostMobil*, eines der fast eine Million Apps, die angeblich unseren Alltag erleichtern, kann man »per GPS den Weg zum Briefkasten« finden. Zu einem der wenigen, die aus Einsparungsgründen noch nicht abmontiert wurden. Es war einmal ein Land, in dem es echte Postämter gab. Der Briefträger trug Uniform und kam immer zur selben Stunde. Heute bremst dreimal am Tag der Fahrer je eines anderen Subunternehmens eines Subunternehmens vor der Haustür, um im Briefkasten einen Zettel zu hinterlassen, in welchem Shop irgendwo in der Stadt das Paket abzuholen ist. Klar, du kannst Lebensmittel im Internet ordern. Aber auf dem Käse, den ich kaufe, leuchtet neuerdings der Aufdruck: »NEU. Ohne Gentechnik.«

Wieso ist »ohne Gentechnik« neu geworden? Wieso ist plötzlich das Normale das Besondere und das Unnormale die Normalität? Wer hat sich das ausgedacht? Jemand aus der Anarchoszene? Beelzebub persönlich, der uns reif macht für seine unterirdische Klapsmühle?

Irre: Wer keinen Sprit verbraucht, leistet keinen Beitrag zur Ökosteuer. Der Pharmaindustrie kann es nur gut gehen, wenn es uns schlecht geht. Einfach kleiden, einfach wohnen, einfach leben? Unser Wirtschaftssystem würde zusammenbrechen, wenn wir einigermaßen normal leben würden. Wir fliegen für 20 Euro nach London, aber unsere Kinder können es sich nicht leisten, Familien zu gründen, weil ihre Jobs befristet und Wohnungen zu teuer sind. André erzählte beim Essen, in Berlin würde gerade das Gros der alteingesessenen Bevölkerung an den Stadtrand gedrängt. »Wir zahlen für die Gier von Leuten«, meinte er, »die den Hals nicht vollkriegen.« André lachte: »Wahnsinn, oder?«

Montag und Dienstag, Mittwoch bis Sonntag – warum ist unsere Woche so anstrengend geworden? Ist der Planet in einem anderen Sonnensystem gelandet, ohne dass wir es bemerkt haben? Sind wir in eine Art babylonische Gefangenschaft geraten, die aus Menschen Zombies macht?

Meine Zeitung wimmelte von Kleinanzeigen, in der moderne Lebensretter Hilfe bei »Angst-Panikzuständen-Phobien« anbieten oder versprechen, »psychosomatische Symptome und Schwindel-Ohnmachtsgefühle« behandeln zu können. Jemand inserierte: »Lebensbewältigungs-Mentor gesucht, von w/32/BWL«. Ein Anbieter kam sofort zur Sache: »Biete Sterbebegleitung an.« Gibt es überhaupt noch jemanden, der *nicht* genervt, überfordert und kaputt ist? Irgendwie war es schön, den Mond anzuschauen. Mein Gott, wenn jetzt eine Sternschnuppe am dunkelblauen Firmament aufleuchten könnte. Ich würde mir wünschen … Ja, was eigentlich? Vielleicht ein paar Minuten Zeit für mich. Nur da sein und atmen. Einfach den Tag vertrödeln und abends bei einem heißen Grog einen Krimi von

Simenon lesen. Manchmal ist das perfekte Glück nur eine Frage der Abwesenheit von Dingen, die einem nicht guttun.

*

Ich streifte mir meinen Bademantel über und setzte mich an den Frühstückstisch. Gina hatte sich in ihrer Zeitung vergraben, sah kurz hinter den Seiten hervor, biss in ihre Marmeladensemmel und lächelte mir zu. Seit die Kinder aus dem Haus sind, ist es ein Stück weit einsamer geworden. Es gab eine Zeit, in der man froh war, wenn sie nicht zu spät heimkamen. Dann war man froh, wenn sie überhaupt heimkamen. Und später, als es zum guten Ton gehörte, sich vor der Tour durch die Bars mit Wodka Redbull auf Betriebstemperatur zu bringen, war man froh, wenn sie einen im Morgengrauen nicht weckten.

Ich schlug die Zeitung auf und überflog die Nachrichtenlage: Vertrauensverlust der Regierung. Streit um Frauenquote. Keime im Krankenhaus. Dazu die üblichen »Spaltungen«, wie es in den Überschriften hieß, offenbar eine der Lieblingsvokabeln politischer Redakteure. Griechenland spaltet EU. Homo-Ehe spaltet Kirche. Gabriel spaltet SPD. Stiftung Warentest meldete, ein hoher Prozentsatz der Produkte in Supermärkten seien Mogelpackungen und enthielten weit weniger Inhalt als angegeben. Die Mehreinnahmen der Firmen betrügen Milliarden.

Gott würfelt nicht, meinte Einstein – der Mensch umso mehr. Verbotene Chemikalien in Kleidung und Lebensmitteln; Datenklau und Hackerattacken; die Investmentblase und der Börsencrash; Schuldenwahn und Rettungsschirme; Wikileaks und Überwachungsstaat. Jeden Tag eine neue Expertise, die sich schon einen Tag später überholt hat. Das Dauerfeuer der Leitartikler, die vielfach nur mit Blendgranaten schießen. Vor allem: Wie soll ich mit den vielen Infos umgehen? Welchen Meldungen, Analysen und Ratschlägen kann ich überhaupt noch vertrauen? Bezahlte Hotelbewertungen, retuschierte Fotos, falsche Brüste – gibt es noch einen Unterschied zwischen echt und unecht, wahr und unwahr, wenn Manipulation und Falschprodukte nicht die Ausnahme sind, sondern die Regel?

Aus den Nachrichtenkanonen kommen die Meldungen wie Brandsätze geflogen. »Verfolgen Sie die Ereignisse im Live-Ticker!« Das ist keine Bitte, das ist ein Befehl. Im Fernsehen jagt eine Brennpunkt-Sendung die nächste. Die Moderatorin: »Jörg, vor Kurzem waren sogar Schüsse zu hören. Wie ist es jetzt?« – »Jetzt ist es wieder ganz ruhig hier.« – »Danke, Jörg.« Viele der Nachrichten können uns kaum noch schockieren. Über die Millionenabfindungen für Manager, die ihre Firma ruinierten. Über vernichtende Fluten, die ganze Länder überschwemmen. Einige der Anbieter im Netz konzentrieren sich im Wettbewerb des Infotainments nur noch auf die Freaks unter den Ereignissen. Wenn beispielsweise ein Tornado einen Truck zertrümmert und dabei den Fahrer wie ein Staubsauger aus dem Führerhaus saugt. Jeden Monat geschieht mehr. Und jeden Monat geschieht es schlimmer. Und das Schlimmste ist, das sind keine Meldungen aus dem Newsletter einer apokalyptischen Sekte. Das ist das, was täglich in der Zeitung steht, besser gesagt: stündlich im Netz upgedatet wird, weil jede Redaktion die erste sein will, um mit *breaking news* neue Klicks zu generieren. Am nächsten Morgen sind die Dinge vergessen. Eigentlich schon kurz nach der Sendung. Außer es handelt sich um einen Flugzeugabsturz mit mindestens einhundert Toten oder eine neue Grippewelle, die nach Meinung der Experten höchstwahrscheinlich den halben Kontinent verwüsten wird.

Da ist plötzlich auch sehr vieles, mit dem wir wenig Erfahrung haben. E-Bay, Google, Amazon, Smartphones, Facebook, Twitter, Clouds, Netflix – all diese Dinge entstanden wie aus dem Nichts heraus. Max Weber sprach 1905 von der mechanistischen Versteinerung unseres Zeitalters, aber noch vor 20 Jahren hatte sich niemand vorstellen können, dass die digitale

Revolution die Moderne je in dieser Totalität beherrschen könnte. Ja, wir leben nicht im Technologieparadies, sondern in einer neuen Wildnis, überlegte ich. Um uns herum wimmelt es von Fallen, die uns locken und fangen sollen. Alles schreit nach unserer Aufmerksamkeit, um uns am Hemd zu packen und das Geld aus der Tasche zu ziehen. An jeder Ecke ein Marktschreier; mit Informationen, die im Grunde nutzlos sind. Zukunftsforscher verkünden auf Neudeutsch Dinge als den Gipfel der Erkenntnis, die früher zum kleinen Einmaleins gehörten. Qualitätsfernsehen? Die Rationen, die wir davon noch zugewiesen bekommen, reichen im Zuge der geistigen Sparmaßnahmen kaum mehr als zu einem Gaumenkitzel.

Auf den vermischten Seiten meiner Sonntagszeitung stand ein Bericht über den »Frankfurter Christmas Market« in Birmingham, der mit drei Millionen Besuchern einen neuen Rekord aufstellte. An den Ausgängen des Marktes mahnten Schilder, man verlasse hier den »Alkoholsektor«. Aber sind nicht wir alle reif geworden für eine Menge von Drinks? Weil wir biologisch und seelisch für diese Art von Leben mit seinem Tempo, der Dauerbelastung, der permanenten Aktivität und Berieselung einfach nicht gebaut sind?

Viele sprechen von einer neurotischen Gesellschaft. Unruhe sei nachgerade zu dem prägenden Gefühl unserer Kultur geworden, sagt der Philosophieprofessor Ralf Konersmann. Alles müsse ständig größer, weiter, schneller, geiler werden. Etwas auf sich beruhen zu lassen gelte plötzlich als Frevel. Ruhe sei assoziiert mit negativen Begriffen wie Stillstand und Lethargie. Man lebe nur einmal, sei die neue Devise. War das der Grund, der den Wissenschaftler Norbert Wiener in seinem Buch *Cybernetics* schon 1948 ängstlich fragen ließ: »Ich weiß nicht, was gefährlicher ist: der Computer oder die Atombombe?«

Das digitale Zeitalter hat uns neue Räume und Möglichkeiten des Erkennens erschlossen. Die Transformation des Analogen in nüchterne Daten macht uns deutlich, dass Zeit und Raum bloß Anschauungsformen sind und die bekannten Gesetze der Natur nur eine von anderen möglichen Kategorien, wie es die Neu-Kantianer zum Ausdruck brachten. Alles ist Information. Der Gen-Code des Menschen, der als Buchstabenfolge geschrieben wurde. Auch die Materie, die letzten Endes aus Daten besteht, gewissermaßen aus Geist. Wir können endlich erkennen, dass in allen Dingen Urevidenzen und Gesetze des Alls wirken, damit die fragilen Gebilde der planetarischen Beziehungen nicht durcheinanderfallen wie losgelassene Mikado-Stäbchen. Dennoch kann ich diese Welt, in der ich groß geworden bin, plötzlich immer weniger verstehen. Den Mentalitätswechsel. Das Denken und Handeln einer Gesellschaft, das nirgendwo mehr geerdet, ihre Sprache, die irgendwie stumpf geworden zu sein scheint. Mit Begriffen wie »Discoverability«, »Augmented Reality« oder »Randständigkeit«, die sich wie Unkraut unter den Weizen mischen, aber keine Ahnung mehr davon geben, worüber überhaupt gesprochen wird.

Schon das Einloggen in ein Online-System übersteigt mein veraltetes Abstraktionsvermögen. Warum zum Beispiel blinkt, wenn ich meinen Rechner hochfahre, eine Leuchtschrift auf wie beim Übertreten einer Gefahrenlinie: »Error 400: Bad Request. Die angegebene URL ist syntaktisch nicht korrekt.« Was muss ich tun, um das Ding wieder in Ordnung zu bringen? Und wer, verdammt, ist URL? Ich hatte lange Zeit versucht, mein Unwissen zu verbergen. Anfangs hielt ich *Social Network* für so etwas wie den Arbeiter-Samariter-Bund. Was sind *Cookies*, *Gadgets* und *Gimmicks?*, hatte ich gegrübelt. Irgendwelche Exoten aus dem Zoo? Warum ist *Echt-Zeit* plötzlich ein Thema geworden? Gibt es auch eine Unecht-Zeit? Sind *Features* Diebesgut aus der Gemäldegalerie? Wo trifft man *Follower*? Und was sind *Nerds*? Militante Tierschützer? Ist *Multitasking* ein Spiel wie Mensch-ärgere-Dich-nicht? Was genau ist *Web 2.0*? Geht das nun immer so weiter? Mit *Web 3.0* und *Web 4.0* und *Web 5.0*? Bis es nur noch das Web gibt und keine Welt mehr zum Anfassen, mit Kühen, Salami oder weißen Radiergummis, wie wir sie bisher kannten?

»Woran liegt es nur«, heißt es in einem der Filme von Helmut Dietl, »dass der Einzelne sich nicht wohlfühlt, obwohl es uns allen so gut geht?« Die Wissenschaft kennt das Phänomen unter der Bezeichnung Easterlin-Paradox, benannt nach dem US-Ökonomen Richard Easterlin, der darüber forschte, warum die Bürger in Ländern wie den USA und Deutschland, die doch heute weitaus reicher sind als früher, immer unglücklicher werden. Wieso brauchen wir für jeden Konflikt einen Konfliktberater, für jede Führungskraft einen Führungskräftecoach, für jede Beziehung ein Beziehungsmanagement? Gibt es einen Virus des Vergessens und der inneren Leere, der epidemisch um sich greift? Wir wissen immer mehr, überlegte ich, aber das Wissen darüber, wie wir uns verhalten sollten, wird offenbar immer geringer.

In einer Buchhandlung konnte ich beobachten, wie sich die Menschen in der Ratgeber-Ecke gegenseitig auf die Füße traten. Ich suchte nach einem Buch über Entschlackung und betrachtete dabei die neuesten Erscheinungen über den gesunden Darm, Pilze im Körper, die Cholesterinlüge oder eine »Heilung mit der Kraft lebender australischer Wildblüten«. In kilometerlangen Bücherregalen reihten sich Titel wie *Die Kraft der Wohnung*, *Die Kraft der Ahnen* und *Die Kraft der Gegenwart*. *Wie finde ich meine Dualseele?* stand in großen Lettern auf einem Buchrücken. Andere Tippgeber lasen sich wie Literatur aus dem Reich der Sinne: *Meister Wangs Fingerspiele*, *Jung und schön mit Hui Chun Gong* oder *Das Body-Talk-System*. Ich schwankte zwischen dem *Hexeneinmaleins für freche Frauen* und dem *Buch der Zaubertränke*, von dem ich mir Hinweise auf einen guten Calvados versprach. Gleichzeitig tendierte ich zu der *Kunst, sich schlecht zu fühlen* und dem Ratgeber *Depression als Lebensschicksal*, mit Sicherheit ein Bestseller.

Warum sind wir so rast- und zugleich ratlos geworden? Sind wir Gefangene in einem System, das uns physisch, psychisch und spirituell austrocknet? Ich liebe mein MacBook. Das schnelle Internet ist wie ein magischer Stab, der unerreichbare Dinge herbeizaubert. Aber ich hasse es, wenn ich feststellen muss, dass nicht ich die Dinge im Griff habe, sondern sie mich. Dass mir Zeiträuber nicht nur die Zeit stehlen, sondern mich nervös, aggressiv, ungeduldig und unglücklich machen. Wo ist unser Gottvertrauen abgeblieben, überlegte ich, das uns vor dem freien Fall der Seele in die Tiefen von Angst und Verwirrung geschützt hatte? Und was haben wir uns im Tausch dafür eingehandelt? Hat der Anthropologe Constantin von Barloewen recht damit, dass wir als *homo oeconomicus*, der nur noch nach den Gesetzen des Marktes lebt, unsere humane Identität verlieren?

»Wahnsinn«, der Begriff hat Konjunktur. Erzählt jemand eine kleine Geschichte, heißt es darin mit Sicherheit: »Wahnsinn, oder?« Ob ein privates, öffentliches, ein politisches, gesellschaftliches, wirtschaftliches oder ökologisches Thema – Wahnsinn. Von einem »bisschen Wahnsinn« spricht längst niemand mehr. An den »ganz normalen Wahnsinn« haben wir uns gewöhnt. Aber was, um Himmels willen, erwartet uns im »totalen Wahnsinn«, den viele schon Gestalt annehmen sehen?

Immer häufiger starre ich abends vor mich hin und schüttle den Kopf wie eine dieser Wackelfiguren, die man im Fond von alten Autos sieht. Wo ist der Tag hingekommen? Woher stammt die permanente Müdigkeit, die meinen Körper schwer wie einen Mühlstein macht? Warum kann ich mich immer weniger erinnern? Du tust etwas, und im nächsten Moment hast du es vergessen. Im Büro. Zu Hause. Auf dem Weg zur U-Bahn. Sind es unsere Begierden, die die Leichtigkeit des Seins belasten? »Wer wenig begehrt, hängt von wenigem ab«, lehrte Jean-Jacques Rousseau. Und wer viel begehrt? Warum ist es üblich geworden, in seinem SUV schnell mal mitten auf der Straße zu parken, um sich einen »Coffee to go« zu holen, auch wenn man damit ein mittleres Verkehrschaos verursacht? Sind es diese Kleinigkeiten, die anzeigen, wie sich das Großklima verändert hat? Sind Alzheimer und Demenz in Wahrheit keine Plagen, wie wir vermuten, sondern ein Segen, weil uns der Ballast des Wahnsinns ansonsten erdrücken würde?

Der Kaffee war kalt geworden, die Croissants aufgegessen. Meine Frau war in ihre Zeitung vertieft. Was ist mit dir selbst?, fragte eine innere Stimme. Mit deinem eigenen Leben? Warum hast du zunehmend das Gefühl, nur noch Getriebener zu sein? Ein Gefangener fremder Mächte, dem die Zeit, die ihm noch verbleibt, wie Sand zwischen den Fingern verrinnt? Sollte man nach Jahren rastloser Suche, ehrgeiziger Pläne, immer neuer Ziele und ermüdender Konflikte nicht endlich loslassen, gelassen werden, zur Ruhe kommen?

»Weißt du eigentlich«, meinte ich zu Gina, »dass die Zahl der Rentner um 39 Prozent steigen wird und die der über 80-Jährigen sogar um 156 Prozent?«

»Ja, vielleicht in tausend Jahren.«

»Nein. Das sind wir, die Babyboomer, die bald ins Greisenalter kommen. Und wir werden da erneut boomen – als eine riesige Masse von Demenzkranken, die nicht mehr zu bewältigen ist.«

»Du spinnst!«

»Insbesondere wenn man ahnt, dass wir vielleicht doch nicht ganz so fidel und fit sein werden wie diese Mallorca-Senioren, sondern alt und krank. Rückenkrank, herzkrank, depressiv, paranoid, dement. Da helfen auch die witzigen Ratgeberbücher nicht weiter, die den ›Kampf gegen das Alter‹ ansagen, mit dem Kettensägekurs und der Anleitung zur Selbstenthaarung …«

»Das heißt Selbsterfahrung …«

»Wir werden uns ansehen und nicht mehr wissen, wer wir sind. Wir werden unsere eigenen Kinder nicht mehr erkennen …«

»Und die Enkel …«

»Die wir ohnehin nicht haben, angesichts der Zeugungs- und Empfängnisverweigerung der nachkommenden Generation. Ist das nicht verrückt: Wir haben Sex auf Teufel komm raus – und sind unfruchtbar wie nie zuvor.«

Gegen meinen Willen verwandelte ich mich in einen Propagandisten. Ich hörte mich reden, aber es war die Stimme von jemandem, der schlechte Laune hatte: »Was sagt es über eine Gesellschaft aus«, sprach es aus mir, »wenn das meistverkaufte Buch unserer Zeit ein Groschenroman über Sado-Maso-Praktiken ist: mit 125 Millionen Auflage – und alle Welt jubelt darüber? Die sogenannte aufgeklärte Welt tobt sich aus in ihren Ersatzreligionen: Wellness, Fitness, Erotomanie und Habgier. Warum haben wir uns an Dinge gewöhnt, obwohl sie Wahnsinn sind? Ich sage dir, das Drama des 21. Jahrhunderts ist der Marsch in die Hirnlosigkeit. Wir werden ein Land voller Irrer sein, zugebaut mit Anstalten für Verrückte. Niemand wird das stoppen können.«

»Hast du was getrunken?«

»Ist der Zustand unserer Kultur nicht tatsächlich so, dass er sich kaum noch verschlechtern kann? Früher gab es Regisseure wie Wenders, Fassbinder, Herzog. Warum bringt Deutschland in Film, Literatur, Musik fast nur noch Mittelmaß hervor? Über den deutschen Pavillon auf der Biennale schreibt die *SZ*, er sei ›so böse und wahnwitzig‹ wie noch nie. Gieren wir nicht geradezu danach, unsere Unschuld zu verlieren? Als gäbe es nichts Erstrebenswerteres als eine verschmutzte Seele. Wir haben uns verfranzt, und jeder weiß es. Eines Tages werden wir nur noch hoffen können, dass uns irgendwelche Aliens finden und sich unser annehmen. Ich fürchte nur, sie werden niemals begreifen, was aus einer Menschheit geworden ist, die vom Allmächtigen diesen Traum von einem Planeten geschenkt bekam.«

Ich musste an Freunde und Kollegen denken. Christian hatte sich eine Auszeit genommen. Irgendwo im Süden, wo die Zitronen blühen. Max hatte sich eine DVD-Sammlung zugelegt, für die Zeit, wenn er in Pension ist. Sein Leben ändern, früher war das eine große Sache. Es bedeutete: einer Berufung folgen. In neue Welten eintauchen. Eine Umkehr vollziehen. Heute ist das Äußerste an Wildheit und Abenteuer, das wir uns noch zutrauen, ein paar Pfunde abzuspecken; ein bisschen mehr Sport zu machen.

Sind wir nicht auch wahre Leichtgewichte geworden, die keinen Anker mehr haben und dahintreiben wie Pusteblumen im Wind, hin und her geweht von den Lifestyle- und Denkmoden aus den Medienfabriken? Wir wurden zu Menschen, die nur noch im Augenblick leben. Der Bezug zum Gestern und Morgen, zum Großen und Ganzen, blieb irgendwie auf der Strecke. Ist dabei nicht auch eine Art allgemeiner Agonie entstanden? Wie Betäubte, wie Schlafwandler taumeln wir durch den Wahnsinn unseres Alltags, müde, ausgelaugt, kaputt. Kraftlos geworden, haben wir im Zug der Lemminge unser Schicksal in die falschen Hände gelegt. Wer noch Energie hat, pumpt sie in die Karriere oder in irgendeinen billigen Zeitvertreib, der ein bisschen Lustgewinn verspricht. Gleichen wir in unserer Überforderung nicht Gefangenen in einer gläsernen Kugel? Wir sehen, was los ist, aber es kommt nicht mehr an uns heran.

Abends saß ich vor einer Flasche Rotwein und ließ den Kopf auf die Schulter fallen. Große Ereignisse werfen ihre Schatten voraus, heißt es. Vielleicht ließe sich, wenn man die Schatten erkennt, überlegte ich, auch erkennen, wie morgen die Welt aussieht, in der wir leben müssen. Würde dann das, was uns heute erschreckt, nur noch zu einem leichten Seufzer führen, wenn überhaupt? Die Menschheit war schon immer verrückt, schrieb Isaac B. Singer. Der Fortschritt der Zivilisation habe im Laufe der Jahrhunderte die Verrücktheit nur noch gesteigert. Mag sein. Vielleicht auch war mein Bild das Trugbild einer zu pessimistischen Weltsicht. Weil ich nicht bereit war, offen, neugierig und mutig in die Zukunft zu blicken? Bestimmt aber kann der wahre, der Megatrend unserer Epoche in einem einzigen Wort zusammengefasst werden: Überleben. »SOS« steht groß auf den Fahnen dieses leck gewordenen Raumschiffes Erde und seiner Besatzung, *Save Our Souls*, rettet unsere Seelen.

ESSEN UND TRINKEN

Maßlos! Warum weniger manchmal mehr ist:

- Weltweit landen jährlich bis zu 40 Prozent der produzierten Nahrungsmittel, nämlich 1,3 Milliarden Tonnen, im Müll. Damit ließen sich drei Milliarden Menschen ernähren. Während 870 Millionen Menschen in Entwicklungsländern hungern, bauen die Menschen auf einer Fläche größer als Kanada Nahrungsmittel für den Abfalleimer an.
- In den USA werden pro Jahr 60 Millionen Tonnen an Lebensmitteln im Wert von 162 Milliarden Dollar weggeschmissen. 18 Millionen Tonnen sind es jährlich in Deutschland. Jede Sekunde werden hierzulande im Schnitt 313 Kilo Nahrungsmittel weggeworfen.
- Nahrungsmittelmüll verursacht weltweit Kosten von rund 400 Milliarden Dollar pro Jahr.
- Der verschwenderische Umgang mit Lebensmitteln ist verantwortlich für 7 Prozent der gesamten Treibhausgasemissionen (Anbau, Transport und Lagerung).

LEBENSMITTELUNVERTRÄGLICHKEITEN. Viele Deutsche glauben, Gluten, Fruktose, Laktose & Co machen sie krank. Sie sind deshalb bereit, für »verträgliche« Produkte hohe Preise zu bezahlen. Die Wahrheit: 80 Prozent der Käufer haben überhaupt keine derartige Intoleranz! Nur etwa 1 Prozent der Bevölkerung leidet tatsächlich unter Glutenunverträglichkeit.

2,50 Euro wurden 2012 im Schnitt für ein Schulessen in Deutschland berechnet. Wert der dafür vom Caterer erstandenen Waren: 62 Cent.

96 Prozent aller Masthühner in Deutschland werden mit Antibiotika behandelt. Die Tiere bekommen bis zu acht verschiedene Wirkstoffe gleichzeitig verabreicht. 2012 wurden in deutschen Ställen **900 Tonnen Antibiotika** eingesetzt. Dreimal so viel wie bei Menschen.

50 Millionen männliche Küken werden in Deutschland pro Jahr vergast und geschreddert – weil sie keine Eier legen können und für die Mast untauglich sind.

GLOBAL PIZZA. Auf einer gewöhnlichen Tiefkühlpizza mit Salami, die in Deutschland gegessen wird, befinden sich Zutaten aus bis zu 17 Ländern – aus Südamerika ebenso wie vom nordwestlichen Zipfel der indonesischen Insel Bangka. Die Deutschen essen 288 766 Tonnen Tiefkühlpizzen pro Jahr.

36,5 Millionen Masthühnerplätze – damit ist **Niedersachsen** die Hochburg der deutschen Geflügelmäster. Eine Geflügelschlachterei im niedersächsischen Wietze tötet im Millisekundentakt: 432000 Hühnchen pro Tag. Die Folgen für die Umwelt: Jede fünfte Wassermessstelle in Niedersachsen ist so hoch mit Nitrat belastet, dass sie als Quelle für Trinkwasser unbrauchbar geworden ist. Nitrat ist ein Abfallprodukt von Hühnermist.

Deutsche Geflügelhalter produzieren ***25 Prozent*** *mehr Geflügel, als hierzulande gekocht, gebraten oder gegrillt wird. Der wichtigste Exportmarkt für deutsche Geflügelfleischreste ist Afrika. Die lokalen Erzeuger können mit Importpreisen von etwa 80 Cent pro Kilogramm nicht konkurrieren.*

Schlachtmeister.

Deutschland ist Europameister im Schweineschlachten mit jährlich **58 Millionen** geschlachteten Tieren.

JEDES DRITTE PESTO »MANGELHAFT«.

Die Bezeichnung vieler Spezialitäten ist streng geregelt. Bei der Rezeptur des »Pesto genovese« fehlt ein solcher Schutz. Einige Hersteller ersetzen daher Olivenöl durch billiges Sonnenblumenöl, Pinienkerne durch Cashewkerne und Käse durch Kartoffelflocken.

Lebensmittellügen

- Die Begriffe »regional« und »Heimat« sind rechtlich nicht definiert. Ein in der »Region« hergestelltes Produkt kann auch aus einer sehr entfernten »Region« kommen.
- Erdbeerkonfitüren, Früchtekuchen und selbst alkoholfreies Bier enthalten Alkohol. Zulässig sind bei Bier 0,5 Prozent Alkohol.
- »Ziegenkäse« muss nicht unbedingt Käse rein aus Ziegenmilch enthalten, sondern darf laut EU-Verordnung bis zu 92 Prozent aus Kuhmilch bestehen.
- Weder im »Sal de Ibiza« noch im »Kristallsalz« aus dem Himalaja konnten die 80 Verbindungen von Mineralien und Spurenelementen nachgewiesen werden, die diese Produkte angeblich enthalten sollen. 100 Gramm dieser Salze kosten bis zu 6,65 Euro.

---

73 Prozent der Frauen, die eine Diät machten, sind ein Jahr später wieder genauso schwer – oder wiegen noch mehr als zuvor.

8,2 Millionen Tonnen Fleisch

wurden 2014 in Deutschland erzeugt. So viel wie noch nie zuvor. Davon waren 5,5 Millionen Tonnen Schweinefleisch, 1,5 Millionen Tonnen Geflügel und 1,1 Millionen Tonnen Rindfleisch. Geschlachtet wurden: rund 728,8 Millionen Hühner, Enten und Truthühner, 58,7 Millionen Schweine, 3,6 Millionen Rinder, 986 400 Schafe, 20 500 Ziegen sowie 8 300 Pferde.

Edelwasser. Die Marke »Voss« gilt als teures Mineralwasser. Die 0,8-Liter-Flasche kostet 4 Euro. Der norwegische Sender TV2 wies nach: Das exklusive Wasser kommt nicht aus dem Ski-Sport-Ort Voss inmitten der norwegischen Berge und Gletscher, sondern aus einer stinknormalen Leitung in dem mehr als 400 Kilometer entfernten Dorf Iveland.

20 Liter Schwarztee

trinkt der Deutsche durchschnittlich pro Jahr. Laut einer Untersuchung von Stiftung Warentest befanden sich in 21 von 27 getesteten Schwarztees Schadstoffe wie beispielsweise Anthrachinon. Ein Stoff, der den Tee nicht nur dunkler färbt, sondern auch potenziell krebserregend ist.

Jeder dritte vermeintliche Edelfisch im Handel oder auf der Speisekarte ist in Deutschland in Wahrheit eine billigere Fischart.

»Light« macht schwer.
In »Light«-Produkten wird Fett oft durch Zucker ersetzt. Um 30 Prozent fettreduzierte Kartoffelchips enthalten daher mehr kohlenhydratreiche Stoffe und Salz, um den Geschmack zu verbessern.

70 Prozent
der Agrarflächen der Erde werden für die Tierfütterung beansprucht. Der Bedarf an Sojafuttermitteln zur Mästung der Schlachttiere wird nach aktuellen Prognosen bis 2050 von derzeit 260 Millionen auf über 500 Millionen Tonnen pro Jahr ansteigen. Die Menschen werden weltweit 470 Millionen Tonnen Fleisch essen – 150 Millionen Tonnen mehr als heute.

7 Diät-Empfehlungen aus deutschen Zeitungen und Zeitschriften:

- Schoko-Diät: Ausschließlich Schokolade essen, Kakao hemmt angeblich den Appetit.
- Bier-Diät: Kein Abendessen und ab 16 Uhr nur noch kaltes Bier.
- Die Bandwurm-Diät: Schlucke Bandwurmeier. Der Bandwurm isst mit.
- Die Bockwurst-Wodka-Diät: Morgens und abends ein kleines Glas Wodka, mittags ein großes, dazu eine Bockwurst.
- Die Asthmaspray-Diät: Asthmaspray inhalieren, um die Fettverbrennung anzukurbeln.
- Die Mond-Diät: Bei abnehmendem Mond läuft der Energieverbrauch des Körpers auf Hochtouren. Steht der Mond beispielsweise im Tierkreiszeichen Stier, sollte man auf Salz verzichten.
- Instincto-Diät: Rohe Lebensmittel – und nur dann essen, wenn einem beim Anblick der Speichel im Mund zusammenläuft.

Das europäische Schnellwarnsystem RASFF fasst EU-weit alle Meldungen über verdorbene, belastete oder falsch gekennzeichnete Lebens- und Futtermittel zusammen. Allein 2012 gab es über 8 797 Beanstandungen. Darunter befanden sich: gentechnisch veränderte Papayas aus Thailand, Schimmelpilzgift in Erdnüssen aus China und in Pistazien aus der Türkei. Dazu ein gefrorener Beerenmix mit Rohwaren aus Bulgarien, Kanada und den Niederlanden, der Spuren des Hepatitis-A-Virus enthielt.

100 Billionen Bakterien befinden sich in unserem Darm. Die Einzeller spielen möglicherweise bei der Entstehung von Allergien, Parkinson, Arteriosklerose, Depression, Angststörung, Alzheimer und Autismus eine größere Rolle als bisher angenommen. Sie könnten sogar unser Verhalten steuern. In einem Experiment verpflanzten Forscher ängstlichen Mäusen die Darmflora mutiger Tiere. Die Angsthasen-Mäuse trauten sich danach tatsächlich mehr zu.

Von den 58 Millionen im Jahr 2012 zum Verzehr freigegebenen Schweinen hatten knapp fünf Millionen eine geschädigte Lunge. 8,2 Prozent der Schweine wiesen Zeichen von Brustfellentzündung auf, 9,2 Prozent hatten Leberschäden durch Parasitenbefall und 4,1 Prozent eine Herzbeulenentzündung.

Eine 500-Gramm-Packung Hackfleisch von Aldi Nord oder Lidl enthält Fleischbestandteile von etwa 150 verschiedenen Schweinen und 60 Rindern, vermengt von einem Riesenmixer, der zwei Tonnen Fleisch auf einmal fasst. Das ergab 2015 eine Recherche des Fernsehsenders Arte.

4,3 Kilogramm Fleisch wirft jeder Deutsche jährlich im Durchschnitt weg. Insgesamt landen damit pro Jahr 346 Millionen Kilogramm Fleisch im Müll. Die Summe entspricht 45 Millionen Hühnchen, vier Millionen Schweinen und 200 000 Rindern.

MAGERQUARK. Seit fast 40 Jahren empfehlen Fachgesellschaften, möglichst wenig Fett zu essen. Einen seriösen wissenschaftlichen Beleg dafür, dass Low-Fat gesünder ist und dass weniger Fett in der Nahrung Herz und Gefäße schont, gibt es bis heute jedoch nicht.

60 Prozent der New Yorker sind übergewichtig. Der Gesundheitsausschuss der Stadt New York hat deshalb 2012 den Verkauf zuckerhaltiger Limonaden mit mehr als 0,5 Liter Inhalt verboten. Allerdings bleiben Supermärkte von der Regelung ausgenommen.

SCHNELL, INDUSTRIELL.

Die Lebensmittelbranche ist der viertgrößte Wirtschaftszweig der Bundesrepublik. Sie stellt täglich Lebensmittel für fast 100 Millionen Menschen her und bringt 160 000 unterschiedliche Waren in die Regale. Umsatz: 163 Milliarden Euro im Jahr.

*210 000 Tonnen **Antibiotika** produziert China jedes Jahr. Die Hälfte davon landet in der Viehhaltung. Da China auch für den Weltmarkt produziert, gelangen die eingesetzten Antibiotika auch in andere Länder.*

4 Milliarden Dollar für Bacon, also Speck, haben die Amerikaner 2013 ausgegeben. Allein in der größten Fabrik des Unternehmens Smithfield in Tar Heel in North Carolina werden täglich bis zu 34 000 Schweine geschlachtet.

3,2 Millionen Packungen Diätmittel wanderten laut Bundesvereinigung Deutscher Apothekenverbände 2014 über den Ladentisch. Der Umsatz für die Pharmazeuten lag bei 200 Millionen Euro.

3 Liter Wasser am Tag?

Studien haben gezeigt, dass die vorherrschende Trinkempfehlung zu hoch ist. Da bereits viel Wasser in Lebensmitteln steckt, reichen im Schnitt 1 Liter bis 1,5 Liter. Zu viel Wasser verdünnt das Blut zu stark und kann Natriummangel auslösen.

Billig, billig, billig.

Sie kaufen sich teure Küchen, ärgern sich im Supermarkt aber über jede noch so geringe Preiserhöhung. 1950 betrugen die Ausgaben für Nahrungs- und Genussmittel in deutschen Privathaushalten 55 Prozent des Einkommens. Im Jahr 2012 waren es nur noch 15 Prozent:

Durchschnittliche Arbeitszeit in Minuten, um sich Folgendes leisten zu können:	1970	2012
1 kg Schweinekotelett	96	31
10 Eier	22	7
250 g Butter	22	4
1 kg Mischbrot	16	10
2,5 kg Kartoffeln	10	10
1 l Vollmilch	9	3

Heuschrecken, Ameisen und Spinnen gelten als Delikatesse in Asien, Afrika und Südamerika und gehören von jeher zu den normalen Nahrungsmitteln. Sie sind reich an Vitaminen, Mineralien und ungesättigten Fettsäuren. Insekten brauchen keine Weiden, kein Kraftfutter und keine Jauchegruben. Wer sie ernten will, muss Wälder nicht abholzen, sondern sie erhalten.

DIE WELT DER FERTIGGERICHTE:

Schinkenersatz, der zu mehr als 50 Prozent aus Wasser, Binde-, Gelier-, Verdickungsmittel besteht.

Helle Oliven werden mit Eisengluconat (E579) und Eisenlactat (E585) geschwärzt.

Analogkäse: ein auf Pflanzenfett basierendes Imitat.

Frutti di Mare: Anstatt echter Meerestiere wird vor allem Krebsfleischimitat aus zerkleinerten Fischteilen verwendet.

»Natürliches Aroma« besteht beispielsweise bei Joghurts aus mehreren 100 Substanzen.

---

3 400 Kalorien pro Tag, so hoch ist im Schnitt pro Person der Konsum in den Industriestaaten. Der tägliche Mindestbedarf liegt bei 1 800 kcal.

12,9

Liter Ethanol, also reinen Alkohol, trinken die Deutschen pro Kopf jedes Jahr, doppelt so viel wie der Weltdurchschnitt mit 6,2 Litern. Laut der Deutschen Hauptstelle für Suchtfragen (DHS) liegt Deutschland im Vergleich auf Platz 13 hinter einigen osteuropäischen Ländern sowie Portugal, Spanien und Österreich.

21 000

Liter Wasser werden benötigt, um 1 Kilogramm gerösteten Kaffee herzustellen. Und zwar dort, wo der Kaffee wächst – in Ländern mit Wassermangel.

Verunreinigte Lebensmittel.

Zwei Millionen Menschen sterben weltweit pro Jahr an den Folgen lebensmittelbedingter Krankheiten. Verunreinigtes Essen oder Wasser kann dabei mehr als 200 unterschiedliche Krankheiten auslösen – von Durchfall bis Krebs.

Der Ernährungsfeind Nummer 1.

Zucker gilt als Droge und stimuliert die gleichen Hirnregionen wie Kokain. Ein Erwachsener sollte nicht mehr als 25 Gramm Zucker (sechs Teelöffel) pro Tag zu sich nehmen. Tatsächlich konsumiert jeder Deutsche im Schnitt täglich 33 Stückchen Würfelzucker. 74 Prozent der Nahrungsmittel in Deutschland wird Zuckerzusatz beigefügt – in Süßigkeiten und Softdrinks, aber auch in Joghurt, Krautsalat und Brot. Es gibt 70 verschiedene Namen für Zuckerzusätze in den Produktangaben, für Verbraucher kaum zu durchschauen. Der jährliche Zuckerkonsum hat sich in Deutschland in den letzten 50 Jahren verdreifacht. Mehr als acht Millionen Deutsche leiden an Diabetes. Bis zu 35 Millionen Todesfälle sollen weltweit jährlich auf das Konto des »süßen Gifts« gehen.

Good News

Mit 30 Prozent Rabatt werden in Kanada unter der Marke »No Name Naturally Imperfect« Äpfel und Kartoffeln verkauft, die es wegen optischer Mängel nicht in die Regale geschafft hätten. Nach einem Pariser Parlamentsbeschluss vom Juni 2015 darf in Frankreich unverbrauchte Ware vom Großhandel nicht mehr weggeworfen, sondern muss gespendet, als Tiernahrung genutzt oder als Kompost verwendet werden. Jeder Franzose wirft jährlich im Durchschnitt 20 bis 30 Kilogramm Lebensmittel weg. Gesamtwert der weggeworfenen Ware: 12 bis 20 Milliarden Euro pro Jahr. In Deutschland landen pro Person und Jahr im Durchschnitt 82 Kilogramm im Müll.

EINIGE LEBENSMITTELSKANDALE:

- 2006: Das Bundesinstitut für Risikobewertung (BfR) stellt fest, dass der Urangehalt in 34 Mineralwassern den WHO-Trinkwasser-Richtwert von 15 Mikrogramm Uran pro Liter überschreitet.
- 2007: 200 Tonnen Gammelfleisch werden vom bayerischen Wertingen aus als Dönerfleisch nach Berlin verkauft.
- 2008: 11 000 Tonnen italienischer Gammelkäse wurden mit frischen Produkten gepanscht und in ganz Europa veräußert. Der Käse enthielt Würmer, Mäusekot, Farbe von Etiketten oder Rückstände wie Plastik.
- 2009: Öko-Test findet 20 unterschiedliche Pestizide an Gurken aus Supermarkt und Discounter – bis zu sieben Pestizide allein in einer einzigen Probe.
- 2010: In Käsesorten des österreichischen Herstellers Prolactal werden die gefährlichen Listerien-Bakterien gefunden. Zwei Deutsche und sechs Österreicher sterben.
- 2011: Ein Futtermittelhersteller aus Schleswig-Holstein verarbeitete Mischfettsäure, die nur für die Industrie zugelassen ist. Der krebserregende chemische Schadstoff Dioxin gelangt in Eier, Geflügel und Fleisch.
  Über verunreinigte Sprossensamen kommt der Darmkeim EHEC aus Ägypten nach Deutschland. 53 Menschen sterben.
- 2013: Rund 150 Erzeugerbetriebe in Niedersachsen verkauften Millionen herkömmlich erzeugte Eier als Bio-Eier.
  Mehr als 3 500 Höfe in Niedersachsen sind mit hochgiftigem Futtermittel aus Serbien beliefert worden.
- 2014: Niederländische Behörden beordern 28 000 Tonnen Fleisch zurück, das als Rindfleisch deklariert wurde. Es war mit Pferdefleisch vermischt worden.
- 2015: In Nordrhein-Westfalen und Sachsen-Anhalt beordert Aldi 25 Tonnen Tiefkühlerdbeeren zurück. In der aus Ägypten stammenden Lieferung entdeckten Kontrolleure Noroviren, die heftiges Erbrechen und Durchfall auslösen können.

60 Kilogramm pro Jahr. So hoch war der Pro-Kopf-Verbrauch von Schwein, Rind und Geflügel in Deutschland im Jahr 2013. Ein Deutscher verzehrt laut Statistik im Laufe seines Lebens 1094 Tiere: vier Rinder, vier Schafe, zwölf Gänse, 37 Enten, je 46 Schweine und Puten sowie 945 Hühner.

10 000 Hunde wurden nach Schätzungen im Juni 2015 für das »Hundefleischfestival« in der chinesischen Provinz Guangxi getötet. Die Tiere werden bei lebendigem Leib gekocht, gebraten, mit Zyanid vergiftet oder zu Tode geprügelt, an Haken aufgehängt und auf dem Markt von Yulin feilgeboten.

Goldener Windbeutel

Die dreistesten Werbeslogans des Jahres 2014: Die »Alete Trinkmahlzeit« wird als gesunde Babynahrung beworben – obwohl es laut Umweltorganisation »Foodwatch« Überfütterung und Karies fördert. Zweiter Platz: die hühnerfleischfreie »Hühnersuppe« der Unilever-Tochter Knorr.

Nutella ist »nicht gesund«?! **In den USA hat eine Mutter den Süßwarenkonzern »Ferrero« wegen irreführender Werbung für den Brotaufstrich »Nutella« verklagt. Nach einer Sammelklage stellte das Unternehmen 3 Millionen Dollar für eine außergerichtliche Einigung bereit.**

Zugelegt. Die Deutschen werden immer fetter. 52 Prozent der Erwachsenen waren nach Angaben des Statistischen Bundesamts 2013 übergewichtig. Acht Jahre zuvor waren es noch 49 Prozent. »Starke Männer« gab es 2013 zu 62 Prozent. Bei den Frauen waren 43 Prozent zu dick.

Eine amerikanische Langzeitstudie an 17 000 Jugendlichen hat gezeigt: Je mehr Diäten die Kinder hinter sich hatten, desto dicker waren sie.

2,5 Millionen australische Dollar Strafe muss der Supermarktkonzern Coles zahlen, weil er 106 verschiedene Produkte in mehr als 600 Filialen jahrelang als »heute gebacken« oder »frisch gebacken« beworben hatte. Tatsächlich waren die Backwaren in Großbäckereien schon Monate zuvor gebacken und eingefroren worden.

Der Spinat-Irrtum. **Jahrzehntelang wurden Kinder mit Spinat traktiert, weil die Eltern glaubten, das Gemüse enthalte besonders viel Eisen; das wiederum gut fürs Wachstum sei. Ein Irrtum. Denn 100 Gramm Spinat enthalten nicht 35, sondern nur 3,5 Milligramm Eisen – so viel wie andere Gemüsesorten auch. Ein Schweizer Wissenschaftler hatte 1890 beim Setzen des Kommas einen Fehler gemacht. Niemand hatte seine Untersuchung überprüft.**

Bewegungsmelder. Das US-Gesundheitsministerium überwacht mittels einer App das Bewegungsverhalten ausgewählter Mitarbeiter im Ministerium in Washington und gibt ihnen Gesundheit-Tipps. Etwa den Hinweis: »Sie könnten mal etwas trinken.«

DICK UND DÜNN.

Auf jeden unterernährten Erdbewohner kommen mehr als zwei mit Übergewicht. Ihre Zahl hat sich seit 1980 auf 2,1 Milliarden verdoppelt. Das berechnete das »Barilla Center für Food & Nutrition«. Die öffentlichen Kassen belastet das mit knapp zwei Millionen Dollar im Jahr. Fast so viel wie Krieg, Terrorismus und Rauchen kosten. In Deutschland verursacht Übergewicht ein Drittel der Gesundheitsausgaben.

MONEY, MONEY, MONEY

840 Millionen Menschen

verdienen weniger als 1,46 Euro am Tag. In den armen Ländern wird sich die Lage zusätzlich anspannen, wenn in den nächsten fünf Jahren rund 200 Millionen junge Menschen auf die Arbeitsmärkte drängen. Schon jetzt findet jeder dritte junge Mensch in Nordafrika und im Nahen Osten keinen Job.

Ein Spiel dauert 90 Minuten – und am Ende gewinnt immer die FIFA. Die Gesamteinnahmen aus der WM 2014 beliefen sich auf 3,3 Milliarden Euro. Davon verbleiben der »Non-Profit-Organisation« etwa 1,6 Milliarden Euro steuerfrei als Gewinn. Brasilien bekam lediglich einen Gastgeberbonus von 74 Millionen Euro. Dem DFB blieben nach Abzug der Kosten und Prämien 2 Millionen Euro. Adidas zahlte für seine Omnipräsenz als Ausrüster und Sponsor angeblich 40 bis zu 50 Millionen Euro in Geld und Ware an die FIFA.

DIE TEUERSTEN ABFINDUNGEN IN DEUTSCHLAND:

Wendelin Wiedeking (Porsche):
50 Millionen Euro.

Klaus Esser (Mannesmann):
30 Millionen Euro.

Peter Löscher (Siemens):
15 Millionen Euro.

Karl-Gerhard Eick löst 2009 Thomas Middelhoff als **Arcandor-Vorstandschef** ab. Drei Monate später beantragt er Insolvenz und quittiert den Dienst. Abfindung: 15 Millionen Euro.

Ron Sommer (Telekom):
12 Millionen Euro.

Werner Seifert (Deutsche Börse):
9 Millionen Euro.

SEID UMSCHLUNGEN, MILLIONEN

Die Löhne der DAX-Chefs legten 2014 um 9 Prozent zu. Das Ranking führt VW-Chef Martin Winterkorn mit einem Rekordgehalt von jährlich 15,6 Millionen Euro an. Auf Rang zwei Daimler-Chef Dieter Zetsche mit 8,4 Millionen Euro, gefolgt von Henkel-Chef Kasper Rorsted mit 6,8 Millionen. Commerzbank-Chef Martin Blessing erhielt erstmals seit der Finanzkrise einen Bonus und kassierte mit 2,7 Millionen Euro satte 106 Prozent mehr. Im Vergleich zu 2006 legten die Konzernchefs um rund 30 Prozent zu. Das Durchschnittsgehalt von Angestellten stieg im selben Zeitraum um 16 Prozent.

Alles, nur kein Klub.

Der ADAC

- residiert in einem modernen Monument aus Stahl und Glas im Münchner Westend, 92 Meter hoch, mehr als 300 Millionen Euro teuer; setzt jedes Jahr Milliarden mit Kfz-Versicherungen und Autokrediten, Handytarifen und Damenblusen um;
- hatte für die Jahre 2007 bis 2009 keine Versicherungssteuer abgeführt – Nachzahlung: 500 Millionen Euro;
- verfälschte unter seinem Medienchef Michael Ramstetter die Abstimmung über das Lieblingsauto der Deutschen.

Lieferanten sollen die Deutsche Bahn um mehr als 1 Milliarde Euro betrogen haben. 20 Milliarden Euro zahlt der Konzern jährlich an rund 40 000 Lieferanten für Züge, Busse, Gleise und Weichen sowie Dienstkleidung, Möbel und Essen.

OPFER DER REZESSION.

Mindestens 10 000 Suizide gab es laut WHO in 24 EU-Ländern und Nordamerika infolge der Wirtschaftskrise 2008. Die Suizidrate ist in der EU von 2007 bis 2009 um 6,5 Prozent gestiegen. Weltweit gibt es aufgrund von Arbeitslosigkeit jährlich 45 000 Suizide. Insgesamt nehmen sich jedes Jahr rund eine Million Menschen das Leben.

DIE ROBOTER KOMMEN. **40 Euro pro Stunde kostet der Mensch in einer deutschen Fabrik, der technische Ersatzmann aber nur 5 Euro, Wartung inbegriffen. Fast jeder zweite Beruf ist deshalb gefährdet. Forscher der Universität Oxford haben in einer Studie mehr als 700 Berufe auf ihre Ersetzbarkeit untersucht. Die Prognose in Prozent:**

Schiedsrichter **99**; Kurier **94**; Modellbauer **93**; Bäcker **89**; Briefsortierer **79**; Tischler **72**; Busfahrer **67**; Programmierer **48**; Rettungsfahrer **25**; Fluglotse **11**; Reiseleiter **5,7**; Bauer **4,7**; Anwalt **3,5**; Grundschullehrer **0,4**; Chirurg, Zahnarzt **0,4**.

1 Prozent der Menschheit verfügt über mehr Vermögen als die restlichen 99 Prozent zusammen. 80 Prozent der Menschen müssen sich mit lediglich 5,5 Prozent des Wohlstands begnügen. In Deutschland hält das reichste Prozent der Bevölkerung rund ein Drittel des gesamten Privatvermögens.

Am Limit. Nur 28 Prozent aller Deutschen haben genügend Zeit für ihre Familie, obwohl 83 Prozent das gerne hätten. 29 Prozent der Beschäftigten müssen auch nach Dienstschluss für Vorgesetzte oder Kunden erreichbar sein.

Arbeitsalltag in Deutschland:

- Ein Vollzeitbeschäftigter arbeitet im Durchschnitt 43 Stunden die Woche. 16 Prozent kommen sogar auf mehr als 48 Stunden.
- 42 Prozent der Beschäftigten beklagen den steigenden Leistungsdruck.
- 22 Prozent der Beschäftigten verzichten auf Pausen und arbeiten in einem Tempo, das langfristig nicht durchzuhalten ist.
- 18 Prozent stoßen oft an ihre Leistungsgrenzen.
- 14 Prozent erscheinen krank am Arbeitsplatz.
- 11 Prozent arbeiten auch in der Freizeit.
- 6 Prozent greifen zu Medikamenten, Alkohol oder Nikotin – um leistungsfähiger zu sein.
- 5 Millionen Berufstätige in Deutschland haben schon mal leistungssteigernde Medikamente genommen, um Druck und Stress im Job besser auszuhalten. 760 000 Menschen tun dies regelmäßig.

Alt, älter, arbeiten. Mitte des Jahres 2013 zählte die Bundesagentur für Arbeit mehr als 800 000 Minijobber, die älter als 65 waren.

Verbraucherwarnung. *2 435 gefährliche Waren nahmen Produktkontrolleure der EU 2014 in Europa vom Markt – mehr als je zuvor. Am häufigsten fielen giftige Spielzeuge auf, dahinter Kleidungsstücke und Elektrogeräte. Die Gefahren reichen von Ersticken bis hin zu Elektroschocks. 64 Prozent der gefährlichen Produkte kamen aus China.*

2,4 Millionen Arbeitnehmer in Deutschland haben neben ihrem sozialversicherungspflichtigen Hauptjob einen **Minijob** – doppelt so viele wie vor zehn Jahren. Mehr als die Hälfte davon, etwa 1,35 Millionen, sind Frauen.

164,3 **Billionen Dollar,** so hoch war 2014 das globale private Geldvermögen laut einer Studie der »Boston Consulting Group«. Die Steigerung gegenüber dem Vorjahr betrug 11,9 Prozent (17,5 Billionen Dollar). Die Zahl der Millionärshaushalte wuchs von 15 auf 17 Millionen, die meisten davon in den USA, gefolgt von China. Der asiatisch-pazifische Raum wird bereits 2016 Nordamerika als Region mit dem größten privaten Reichtum ablösen.

DAS HÖCHSTEINKOMMEN. Wissenschaftler der Universität Princeton (USA) fanden heraus, dass die Zufriedenheit mit dem Einkommen zwar steigt. Das emotionale Wohlbefinden nimmt jedoch ab einem Einkommen von mehr als 75 000 US-Dollar nicht mehr zu.

18,1 **Billionen Dollar betrugen die US-Staatsschulden im Juni 2015. Bei Amtsantritt Barack Obamas 2009 stand die Schuldenuhr noch bei 10,6 Billionen.**

600 Milliarden Euro haben deutsche Investoren von 2006 bis 2012 im Ausland verbrannt. Die Liste der Fehlinvestitionen ist laut Studie des Deutschen Instituts für Wirtschaftsforschung lang: ob bei ThyssenKrupp ein überteuertes brasilianisches Stahlwerk gebaut wurde, bei Daimler ein kompletter US-Autokonzern wieder abgestoßen werden musste oder die Telekom viel zu teuer Mobilfunkanbieter zusammenkaufte.

199 Billionen Dollar – so hoch waren die Schulden aller Staaten, Unternehmen und Privathaushalte weltweit im zweiten Quartal 2014. Das entsprach nach Berechnungen von Experten des »McKinsey Global Institute« 286 Prozent der jährlichen globalen Wirtschaftsleistung.

30 Milliarden Euro werden in Deutschland jedes Jahr für Werbung ausgegeben. Mehr als für alle Hartz-IV-Zahlungen zusammen.

Stand der Staatsfinanzen in Deutschland laut Schuldenuhr des Bundes der Steuerzahler am 15.07.2015 um 12:00 Uhr:

2,2 Billionen €.

Schuldenzuwachs pro Sekunde: **1 556 €.**

Schulden pro Kopf: **26 540 €.**

»Schon in der Bibel steht, als Gott die Erde erschuf, sagte er nicht, dass es perfekt sei. Er sagte, es sei gut. Und damit sollten wir zufrieden sein.«

Tomás Sedláček, ehemaliger Berater von Vaclav Havel und Banker in Prag.

67 Billionen Dollar setzten Hedgefonds und andere Schattenbanken im Jahr 2011 um – und damit 5 Billionen mehr als vor Ausbruch der Finanzkrise 2008.

17 Milliarden Euro pro Jahr verlieren deutsche Kunden bei privaten Altersvorsorgeprodukten, weil sie falsch beraten werden.

Die Liste des Branchendienstes »Institutional Investor's Alpha« führt die Hedgefonds-Manager mit dem höchsten Jahresgehalt 2014 auf:

1,3 Milliarden Dollar: Kenneth Griffin, Gründer und Chef der Hedgefonds-Gruppe »Citadel«.

1,2 Milliarden Dollar: James Simons von »Renaissance Technologies«.

1,1 Milliarden Dollar: Ray Dalio, Chef von »Bridgewater Associates«.

11,6 Milliarden Dollar insgesamt kassierten 2014 die 25 erfolgreichsten Hedgefonds-Manager.

3 500 *Banker in Europa erhalten mehr als 1 Million Euro pro Jahr. Die Zahl der Einkommensmillionäre in der Finanzbranche ist 2012 um 11 Prozent gestiegen – während die europäischen Geldhäuser noch immer mit der Aufarbeitung der Finanz- und Schuldenkrise zu kämpfen haben. In Deutschland kassieren 212 Banker jeweils mehr als eine Million Euro.*

5,3 Billionen Dollar setzen Devisenhändler jeden Tag um. Die fünf größten Banken teilen sich gemeinsam die Hälfte des globalen Devisenmarktes. Anteil von Devisengeschäften in Prozent des Gesamtvolumens 2013:

Deutsche Bank 15,2; Citi 14,9; Barclays Investment Bank 10,2; UBS 10,1; HSBC 6,9.

52 Millionen Euro an Boni musste die Commerzbank an 104 ehemalige Investmentbanker ausschütten. Das entschied ein Berufungsgericht 2013 in London. Obwohl der Konzern 2008 Verluste in Höhe von 6,5 Milliarden Euro machte und zeitweise sogar mit mehr als 18 Milliarden Euro vom Staat unterstützt werden musste.

LEHMAN BROTHERS. Mit 613 Milliarden Dollar Schadenssumme war der Zusammenbruch der New Yorker Lehman-Bank, der die weltweite Finanzkrise von 2008 auslöste, bis heute der größte Crash in der Geschichte der Wall Street. Immer noch verscherbeln Juristen die Konkursmasse, um die Gläubiger auszuzahlen. Lehmans Vorstandschef Richard Fuld hatte allein in den letzten vier Amtsjahren von 2004 bis 2008 fast eine halbe Milliarde Dollar verdient. Eine 90-Million-Dollar-Strafe der Börsenaufsicht zahlte seine Versicherung.

Von Krise keine Spur. Die großen US-Banken haben vom Januar bis März 2015 Milliarden gescheffelt. Allein die Citigroup erwirtschaftete 4,8 Milliarden Dollar Gewinn, Goldman Sachs 2,8 Milliarden Dollar, gut 40 Prozent mehr als im entsprechenden Vorjahreszeitraum. JP Morgan verzeichnete mit 5,91 Milliarden Dollar von Januar bis März 2015 eine Steigerung um 12,2 Prozent, Wells Fargo verdiente immerhin 5,5 Milliarden Dollar.

»Die Gegenwart ähnelt dem Amerika von vor 120 Jahren. Was damals die Räuberbarone, die Trusts, die Eisenbahnkonzerne waren, sind heute Google, Microsoft und JPMorgan Chase. Unser Kapitalismus war immer hart, aber es gab Mittel, ihn zu bändigen. Heute funktionieren sie nicht mehr.«

George Packer, Journalist.

1,5-MAL so hoch wie beim Durchschnitt aller Berufssparten liegt laut einer Studie die Selbstmordrate bei Bankern. Inzwischen müssen sich bei Goldman Sachs alle Angestellten den Samstag freinehmen. Die Bank of America wies ihr Personal an, mindestens vier Tage pro Monat nicht zu arbeiten. JPMorgan Chase garantiert ein freies Wochenende pro Monat. Abteilungsleiter erwarten jedoch weiterhin 80- oder sogar 100-Stunden-Wochen von ihren Teams.

Das Devisenkartell.

Acht Banken beteiligten sich über mehrere Jahre hinweg an der Manipulation von internationalen Zinssätzen. Sie beeinflussten damit Geschäfte im Volumen von 500 Billionen Dollar. Darunter die US-Großbanken JPMorgan und Citigroup, die Schweizer UBS, die Deutsche Bank und die britische Barclays. 2013 verhängte die EU Bußgelder von insgesamt 1,71 Milliarden Euro. Im November 2014 mussten erneut die Citigroup, HSBC, JPMorgan, die Royal Bank of Scotland und die UBS im Skandal um Devisenmanipulationen 3,4 Milliarden Dollar Strafe zahlen. Am härtesten traf es die Schweizer UBS mit fast 800 Millionen Dollar.

50 Milliarden Euro.

So viel kosteten den deutschen Steuerzahler die Ausfälle, die der Staat seit der Finanzkrise 2007 übernahm – unter anderem bei diesen Banken: **WestLB:** 10 Milliarden Euro; **IKB:** 8,2 Milliarden; **BayernLB:** 5 Milliarden Euro; **HSH Nordbank:** 4,6 Milliarden Euro; **LB Baden-Württemberg:** 2,5 Milliarden Euro; **Sachsen LB:** 2 Milliarden Euro; **Commerzbank:** 1,5 Milliarden Euro.

Die dunkle Seite der Deutschen Bank. Ein Auszug:

- *Steuerbetrug* mit CO_2-Emissionszertifikaten. Die Deutsche Bank soll 230 Millionen Euro Umsatzsteuer hinterzogen haben.
- Angebliche *Verschleierung* von Verlusten bis zu 12 Milliarden Dollar in der Finanzkrise.
- *Libor-Skandal:* 2,5 Milliarden Dollar – diese Rekordstrafe verhängten 2015 mehrere amerikanische Behörden gegen die Deutsche Bank, weil sie die Aufarbeitung des Skandals erheblich behindert haben soll. Der Libor-Skandal bezieht sich auf Händler verschiedener Banken, die sich abgesprochen hatten, um Zinssätze zu ihren Gunsten zu manipulieren. Die weltweit verhängten Strafen summieren sich 2015 auf mehr als 8 Milliarden Euro. Bereits Ende 2013 verhängte die EU-Kommission in der Zinsaffäre Kartellbußen in Höhe von 1,7 Milliarden Euro gegen sechs Großbanken. Mit 725 Millionen Euro war die Deutsche Bank auch damals Höchstzahler.
- 14 Milliarden Dollar musste die größte deutsche Bank laut einer Studie der Londoner »CCP Research Foundation« insgesamt für ihr *Fehlverhalten* von 2010 bis 2014 zahlen.

Hort für Schwarzgeld. Kriminelle, Angehörige von Königshäusern aus dem Nahen Osten und Regierungsmitglieder verschiedener Länder haben bei Schweizer Banken Milliardenbeträge angelegt. 75 Milliarden Euro lagen alleine 2007 auf Konten bei der HSBC Private Bank. Das ergab eine 2015 veröffentlichte Enthüllung. Der riesige Datensatz, den ein Whistleblower entwendete, enthielt Daten von 106458 Personen aus 203 Ländern. So waren beispielsweise von rund 3000 ausgewerteten französischen Konten nur sechs den Finanzämtern gemeldet.

ZOCKER-AGS. Die Rechtskosten der 16 größten Banken der Welt haben 2015 eine neue Rekordhöhe erreicht. Die Summe für Strafzahlungen, Vergleiche und Rückstellungen für die vergangenen fünf Jahre belief sich auf 314 Milliarden Dollar. Das Ranking führt die Bank of America an. Ihr Fehlverhalten kostete für diesen Zeitraum umgerechnet 97,8 Milliarden Dollar.

Schlupflöcher.

Deutsche Firmen haben ihre Profite von 2001 bis 2008 um 92 Milliarden Euro kleingerechnet und zahlten deshalb nur ein Fünftel der vorgeschriebenen Steuern auf ihre Gewinne. Das zeigte eine Erhebung des Deutschen Instituts für Wirtschaftsforschung (DIW) vom Mai 2013.

285 000 internationale Gesellschaften hatten aus Steuergründen 2012 ihren Sitz in einem einzigen Gebäude. Adresse: Haus Nr. 1209, North Orange Street im Ort Wilmington im amerikanischen Bundesstaat Delaware. Laut einer Studie des britischen »Tax Justice Network« entstehen in Delaware jährlich mehr als 100 000 Briefkastenfirmen. Der Bundesstaat erhebt für Holdings, die nicht vor Ort produzieren, keine Unternehmenssteuern. Mehr als eine Million Unternehmen sind hier registriert, darunter 64 Prozent der 500 weltweit größten börsennotierten Konzerne.

360 Milliarden Euro, so viel Geld haben Deutsche illegal auf Offshore-Konten in sogenannten Steuerparadiesen angelegt. Das ergab eine Auswertung von internationalen Kapitalströmen durch den Ökonom Gabriel Zucman. Zahlreiche Luxemburger Banken und fast 90 Rechtsanwälte und Vermögensverwalter halfen deutschen Kunden bei der Gründung von Offshore-Gesellschaften bei einem Dienstleister in Panama. Die Finanzindustrie trägt ein Drittel zur Wirtschaftsleistung Luxemburgs bei.

Milliardenvergleich.

Die Bank Morgan Stanley hat sich mit der US-Finanzaufsicht auf einen Vergleich geeinigt: Das Geldhaus hatte mit fragwürdigen Hypothekengeschäften viele Anleger hinters Licht geführt und soll, wie aus einer Mitteilung vom Februar 2015 an die Börsenaufsicht SEC hervorgeht 2,6 Milliarden Dollar zahlen.

Happy Meal. McDonald's soll den EU-Staaten durch Steuertricks mehr als 1 Milliarde Euro vorenthalten haben. Das Unternehmen ließ Einnahmen von 3,7 Milliarden Euro offenbar einfach über eine Tochtergesellschaft in Luxemburg laufen.

Kunst-Blase.

Gleich 35 Kunstwerke wechselten per Hammerschlag im Mai 2015 im Auktionshaus Christie's in Manhattan den Besitzer. Gesamtsumme der Auktion: 705,9 Millionen Dollar. Mit Pablo Picassos »Les femmes d'Alger« für 179 Millionen und Alberto Giacomettis Bronzeskulptur »Zeigender Mann« für 141,3 Millionen purzelten noch dazu zwei Weltrekorde. Schätzungen zufolge ist der Kunstmarkt auf 60 Milliarden Dollar aufgebläht. »Es gibt so viele Leute mit so unvorstellbar viel Geld, dass sie nicht mehr wissen, wohin damit«, erklärt der New Yorker Kunsthändler Richard Feigen.

MILLIONENSPIEL. 650 Millionen Euro nahm das finnische Unternehmen Supercell 2013 mit seinen beiden iPhone-Spielen »Clash of Clans« und »Hay Day« ein.

BLITZGELD.

Hochfrequenz- oder Blitzhändler zahlen der New York Stock Exchange Tausende Dollar im Monat, damit sie ihre Computer möglichst dicht bei den Computern der Börse aufstellen können. Mit wenigen Millisekunden Vorsprung vor der Konkurrenz können sie den Markt mittels Scheinaufträgen manipulieren, die sie im letzten Augenblick annullieren – und verschaffen sich Millionengewinne; auf Kosten gewöhnlicher Anleger.

Patent zum Steuersparen.

Hinter sogenannten Patentboxen versteckt sich das Angebot mehrerer EU-Staaten an Unternehmen, Lizenzeinnahmen zu einem deutlich günstigeren als dem regulären Steuersatz zu versteuern. Weil große Konzerne ihre Gewinne über Grenzen verschieben können, zahlen sie etwa 30 Prozent weniger Steuern als Firmen, die nur in einem Land tätig sind. Verlust allein für den deutschen Fiskus: mindestens 5 Milliarden Euro pro Jahr.

Ein Beispiel: 3,99 Milliarden Euro Umsatz machte Ikea 2013 in Deutschland. Ein Teil davon ging nach Holland an eine Firma namens Inter Ikea Systems. Der Schaden für den deutschen Fiskus: 36 Millionen Euro. Inter Ikea zahlte im Jahr 2010 lediglich 48 000 Euro Steuern.

Nettogewinn: 2,5 Milliarden Euro.

Steuersatz: 0,00001865935 Prozent.

---

2 BILLIONEN EURO.

So hoch sind die Aufbauhilfen, die in der Folge der deutschen Wiedervereinigung seit 1989 in die Länder der ehemaligen DDR flossen.

VOLLGESTOPFT.

Um Geld zu sparen, erhöhen die Fluggesellschaften die Zahl der Sitzplätze pro Maschine. Lufthansa will für ihre neue Billigfluglinie Eurowings 300 Sitze in ein 200-Plätze-Flugzeug quetschen.

Ausverkauf in London:

Eine Investorengruppe aus Abu Dhabi erhielt den Zuschlag für das Hauptquartier der **Metropolitan Police,** weil sie auf den geforderten Kaufpreis noch einmal fast die Hälfte draufschlug. Kostenpunkt: **370 Millionen Euro.**

30 St. Mary Axe, ein 180 Meter hoher Wolkenkratzer im Finanzbezirk der City of London: verkauft nach Brasilien für **975 Millionen Euro.**

HSBC-Tower in Canary Wharf: verkauft nach Katar für **1,4 Milliarden Euro.**

236 Gebäude mit mehr als 20 Stockwerken sind derzeit in London geplant oder bereits im Bau. Architekten, Stadtplaner und Künstler warnen: **Die Skyline ist außer Kontrolle geraten.**

21 bis 32 Billionen Dollar betrug 2012 die Gesamtsumme, die weltweit in Steueroasen anonym geparkt wurde. Entgangene Ertragssteuern für die betroffenen Herkunftsstaaten: bis zu 280 Milliarden Dollar.

LUXEMBURG-LEAKS

Anfang November 2014 veröffentlichte ein Journalistennetzwerk 548 vertrauliche Unterlagen, mit denen das Beratungsunternehmen Price-Waterhouse-Coopers (PwC) im Auftrag von Konzernen Anträge für Steuersparkonstruktionen bei den Luxemburger Finanzbehörden einreichte. Diese Konstruktionen waren zwar legal, nutzten aber auf trickreiche Art die – von manchen Ländern bewusst geschaffenen – Lücken in den unterschiedlichen Steuersystemen. Die vier großen Steuerberaterfirmen PwC, KPMG, Deloitte sowie Ernst & Young halfen so 35 Unternehmen beim Steuersparen. Beispiel Disney: Gewinn von 2009 bis 2014: mehr als eine Milliarde Euro. Bezahlte Einkommenssteuer: 2,8 Millionen = 0,25 Prozent.

050/7777777

Für diese Handynummer hat ein Araber 1,5 Millionen Euro bezahlt. Auffällige Nummern gelten bei Golf-Arabern als Statussymbol. Ein anderer Geschäftsmann, Said Abdel Ghaffar Churi aus Abu Dhabi, sicherte sich 2008 das Nummernschild mit der Ziffer 1 – für 10 Millionen Euro.

GELD-PROBLEME

Wegen »Geringschätzung« hat der saudische Prinz Walid bin Talal vor einem Londoner Gericht geklagt. Er fühlte sich auf der »Forbes-Liste« der reichsten Menschen mit Platz 26 zu niedrig eingestuft. Schließlich sei sein Vermögen in Wahrheit um fast 10 Milliarden US-Dollar höher als die im Ranking mit 20 Milliarden Dollar angegebene Summe.

Im Namen des Geldes. Sie kauften sich frei:

- 100 Millionen Dollar: Bernie Ecclestone, Formel-1-Chef, stand wegen Bestechung vor Gericht.
- 3,2 Millionen Euro: Josef Ackermann, ehemaliger Chef der Deutschen Bank, zahlte, um die Mannesmann-Prozesse zu beenden.
- 350 000 Euro: Rolf Ernst Breuer, ehemaliger Chef der Deutschen Bank, soll in einem Zivilprozess gelogen haben. Die Ermittlungen wurden nach der Zahlung eingestellt.
- 250 000 Euro: Jan Ullrich, Radrennfahrer, zahlte, nachdem Ermittler Blutkonserven bei einem Dopingarzt gefunden hatten.
- 300 000 D-Mark: Helmut Kohl, Altkanzler, im Zuge der CDU-Parteispendenaffäre.
- 20 000 Euro: Karl-Theodor zu Guttenberg, ehemaliger Verteidigungsminister, im Zuge der Plagiatsaffäre.

Größter Deal.

203 Milliarden Dollar zahlte Vodafone für den deutschen Mobilfunkanbieter Mannesmann. Es war auf dem Höhepunkt der New Economy im Jahr 2000 der größte Unternehmensverkauf aller Zeiten.

Energiekosten.

Der Strompreis für Verbraucher ist laut Statistischem Bundesamt seit 2000 um sage und schreibe 92 Prozent gestiegen. Dabei sinken die Großhandelspreise für Strom seit sechs Jahren.

590,5 Millionen US-Dollar gewann ein Lotteriespieler 2013 in den USA bei der Powerball-Lotterie. Ein Lottoschein kostet zwei Dollar pro Stück.

Mega-Flughafen.

Über 25 Milliarden Euro lässt sich der Scheich Mohammed Bin Raschid Al Maktum in Dubai die Erweiterung des Al-Maktum-Airports zum größten Flughafen der Welt kosten. 120 Millionen Passagiere sollen dort ab 2025 jährlich abgefertigt werden. Zum Vergleich: 2014 waren es im größten deutschen Flughafen Frankfurt 59,57 Millionen Passagiere.

DIE VOLKSWAGEN-AFFÄRE

Es ist einer der größten Skandale der jüngeren Wirtschaftsgeschichte: Mitte September 2015 klagten US-Behörden einen der weltweit bedeutendsten Autohersteller der Manipulation an. VW habe die Motorelektronik von Dieselmodellen manipuliert, so dass sie bei Tests bessere Abgaswerte vorgaukelten. Der Konzern räumte die Vorwürfe ein. Betroffen sind international etwa elf Millionen Fahrzeuge. Für die USA wird mit Strafen von rund 18 Milliarden Dollar gerechnet. VW-US-Chef Michael Horn über das Verhängnis, das nicht nur sein Unternehmen betrifft: »Wir waren unehrlich. Unehrlich zur Umweltbehörde, unehrlich zu den Behörden in Kalifornien, und, als schlimmstes, unehrlich zu unseren Kunden. Wir müssen unsere Autos in Ordnung bringen. Und wir müssen unser Verhältnis zu unseren Händlern und Kunden in Ordnung bringen.«

Welcher Scheich ist wie reich?

1. **20 Milliarden Dollar:** Walid Bin Tala al-Saud (58), Prinz von Saudi-Arabien.
2. **20 Milliarden Dollar:** Hamad bin Hamdan al-Nayhan (Alter unbekannt), Abu Dhabi.
3. **15 Milliarden Dollar:** Khalifa Bin Zayed al-Nayhan (66), Emir von Dubai.
4. **4,9 Milliarden Dollar:** Mansour bin Zayed Al Nayhan (44), Abu Dhabi.
5. **2,2 Milliarden Dollar:** Emir Tamim bin Hamad al-Thani (34), Katar.

BANKRAUB IM NETZ.

Die Verbrechergang »Carbanak« hackte sich seit 2013 in die Computersysteme von mehr als 100 Finanzinstituten in 30 Ländern. Beute bis 2015: 1 Milliarde Dollar.

Umschlagplatz Niederlande.

Durch die 12000 Briefkastenfirmen in den Niederlanden wurden 2011 rund 4000 Milliarden Euro geschleust. Mit dabei: 800 Tochterfirmen von deutschen Konzernen wie Siemens und E.ON.

Teure Dinge:

- **Das teuerste Haus:** Der ehemalige Hollywoodproduzent Nile Niami hat 2015 begonnen, in den Bergen von Beverly Hills das teuerste Privatanwesen der Welt zu bauen: 9000 Quadratmeter Wohnfläche, drei Gäste- und Personalhäuser, eine Garage für 30 Autos, ein Schlafzimmer mit 450 Quadratmetern, ein Infinity-Pool und ein Kasino. Kostenpunkt: eine halbe Milliarde Dollar.
- **Das teuerste iPhone 6:** die »Diamond Ecstasy Limited Edition« des britischen Anbieters Goldgenie gibt es mit einer Hülle aus 24 Karat Gold, Platin oder Rosé-Gold und Hunderten Diamanten. Der Preis: 3,1 Millionen Euro.
- **Die teuerste Wohnung New Yorks:** 2015 wurde eine Wohnung in Manhattan mit 1100 Quadratmetern Wohnfläche für 100 Millionen Dollar verkauft.
- **Die teuerste Werbung:** Ein Spot des Kino-Themen-Hotels »Studio City« in der chinesischen Sonderverwaltungszone Macau wirbt 2015 mit Robert de Niro und Leonardo DiCaprio. Regie führte Oscarpreisträger Martin Scorsese. Kostenpunkt: 70 Millionen Euro. Macau ist der einträchtigste Kasinostandort der Welt. Jährlicher Umsatz in den 33 Glücksspieltempeln: 24 Milliarden Euro.
- **Der teuerste Diamant der Welt:** Der rosafarbene Edelstein »Pink Star« ist 2013 für 62 Millionen Euro versteigert worden.
- **Die teuerste Briefmarke:** Die »British Guiana 1c magenta« stammt aus dem Jahr 1856. In New York wurde die 2,5 mal 3,2 Zentimeter große Briefmarke im Juni 2014 versteigert: 9,5 Millionen Dollar für acht Quadratzentimeter Papier.
- **Das teuerste Foto der Welt:** Die Schwarz-Weiß-Aufnahme »Phantom« des australischen Starfotografen Peter Lik erbrachte im Dezember 2014 auf einer Auktion 5,2 Millionen Euro.
- **Das teuerste Auktionsauto der Welt:** Ein Unbekannter bezahlte im August 2014 bei einer Versteigerung 38 Millionen Dollar für einen 52 Jahre alten Ferrari 250 GTO. Der französische Skifahrer Henri Oreiller war mit dem Wagen auf der Rennstrecke von Montlhéry 1962 verunglückt.
- **Die teuerste Uhr der Welt:** Die »Henry Graves Supercomplication« aus dem Hause Patek Philippe besteht aus 900 Einzelteilen. Sie erzielte im November 2014 bei einer Auktion in Genf die Rekordsumme von 17,1 Millionen Euro.

530 000 Euro

kostet die 1 334 Meter lange Superjacht, auf der Microsoft-Gründer Bill Gates samt Familie 2014 seinen Urlaub verbrachte – und zwar pro Tag. Das Schiff hat sieben Decks, zwölf Luxuskabinen, einen eigenen Nachtklub, Heli-Landeplatz und ein U-Boot an Bord. Gesamtwert 246 Millionen Euro.

1826 Milliardäre gab es 2015 weltweit. Noch nie lebten so viele Superreiche auf der Erde. Zusammen kommen sie auf ein Vermögen von 7,05 Billionen Dollar. 2014 waren es noch 6,4 Billionen.

Die Top 3 (Stichtag 4. Juni 2015):

1. **Bill Gates,** Microsoft-Gründer (USA): 79,2 Milliarden Dollar.
2. **Carlos Slim,** Telekommunikationsunternehmer (Mexiko): 77,1 Milliarden Dollar.
3. **Warren Buffett,** Investor (USA): 72,7 Milliarden Dollar.

Teuerster Kampf der Geschichte.

Las Vegas, 2. Mai 2015: Die beiden Box-Weltmeister Floyd Mayweather (USA) und Manny Pacquiao (Philippinen) kämpfen um den Titel im Weltergewicht. Die Börse für Mayweather lag bei 180 Millionen Dollar, sein Kontrahent erhielt bis zu 120 Millionen. Insgesamt wurden 400 Millionen Dollar mit dem Fight umgesetzt. Alleine der Gürtel des Gewinners, in dem ein Kilogramm Gold und 3 000 Smaragde verarbeitet wurden, kostete 1 Million Dollar. Zwei Monate nach dem Kampf entzog die World Boxing Organisation (WBO) Mayweather den WM-Titel. Er hatte es versäumt, nach dem Titelgewinn drei Prozent seiner Kampfbörse an den Verband abzutreten.

261 *Milliarden Dollar an illegalen Geldern flossen allein zwischen 2003 und 2011 aus Griechenland ab. Das Geld stamme aus kriminellen Handlungen, Korruption und Steuerhinterziehung.*

Geld im Fußball

Champions League und Europa League werden für die Fußballklubs finanziell noch attraktiver: 1,25 Milliarden Euro gehen an die Teams der Königsklasse – eine Steigerung um gut 25 Prozent. Der Champions-League-Sieger 2016 erhält allein für den Finalsieg 15 statt bisher 10,5 Millionen Euro.

325 Millionen Dollar erhält der Baseballprofi Giancarlo Stanton für einen 13-Jahres-Vertrag mit den Miami Marlins aus der Major League Baseball. Es ist mit 25 Millionen Dollar pro Jahr der lukrativste Kontrakt im nordamerikanischen Profisport.

Megavertrag.

Mercedes AMG Petronas hat einen neuen Vertrag mit dem Fahrer Lewis Hamilton für die Formel-1-Saisons 2016 bis 2018 abgeschlossen. Hamilton bekommt inklusive aller Bonuszahlungen, Punkte und Siegprämien fast 40 Millionen – pro Jahr.

---

1 Billion Dollar gingen den Schwellen- und Entwicklungsländern allein im Jahr 2012 durch Korruption, Geldwäsche und unlautere Gewinnverschiebung verloren. Zu diesem Ergebnis kam die in Washington vorgestellte Studie »Global Financial Integrity«.

SCHMUTZIGE WÄSCHE.

Seit 2006 haben Cyberkriminelle laut der Staatsanwaltschaft New York 6 Milliarden Dollar mit der eigens gegründeten Internet-Bank »Liberty Reserve« gewaschen und versteckt. Auf der Plattform wurden 55 Millionen illegale Transaktionen für mehr als eine Million Nutzer vorgenommen.

10 Milliarden Euro pro Jahr gehen dem deutschen Fiskus verloren, weil Unternehmen Umsätze nicht oder falsch erfassen. Steuerbetrug mit manipulierten Kassen ist nach Einschätzung des Bundesrechnungshofs ein »Massenphänomen« geworden.

SCHLUSSLICHTER.

Wenn es um Offenheit und Engagement in der Korruptionsbekämpfung geht, belegen Apple, Facebook und Co. laut der Nichtregierungsorganisation Transparency International unter den 105 größten börsennotierten Konzernen der Welt die letzten Plätze:
Apple: Platz 91;
Google: Platz 95;
Amazon: Platz 99.

Korruptionsindex.

175 Länder standen 2014 auf der Liste von Transparency International. Der Index basiert auf Einschätzungen internationaler Experten zur Bestechlichkeit im öffentlichen Sektor eines Landes. Die korruptesten Länder: Nordkorea, Somalia, Sudan, Afghanistan, Südsudan, Irak, Turkmenistan, Eritrea, Libyen, Usbekistan.

9 Milliarden Euro – so hoch ist der Wert der Rohstoffe, die jedes Jahr in Europa gestohlen werden. Rohstoffhändler und kriminelle Organisationen schaffen Abermillionen Tonnen Aluminium, Kupfer, Nickel und Zink in Geheimverstecke, die auf dem gesamten Globus verteilt sind.

Microsoft-Monopol.

Im Zuge mehrerer Brüsseler Kartellverfahren verurteilte die EU-Kommission den amerikanischen Computergiganten Microsoft 2013 zu Zahlungen in Höhe von über 1,6 Milliarden Euro. Das US-Unternehmen habe seine Vormachtstellung ausgenutzt, um Kunden zur Nutzung der eigenen Produkte zu zwingen. Betroffen: rund 15 Millionen Windows-Nutzer.

Die am wenigsten korrupten Länder: Dänemark, Neuseeland, Finnland, Schweden, Norwegen, Schweiz, Singapur, Niederlande, Luxemburg, Kanada, Australien. Deutschland liegt auf Platz 12.

Der Kartell-Report.

Wegen illegaler Preisabsprachen mussten zahlreiche Unternehmen hohe Bußgelder bezahlen:

- **Bier:** Bitburger, Krombacher, Veltins und Warsteiner sowie Barre: 106,5 Millionen Euro Bußgeld.
- **Spülmaschinen-Tabs & Allzweckreiniger:** Reckitt Benckiser: 24 Millionen Bußgeld.
- **Kartoffeln:** Durch Absprache trieben zahlreiche Kartoffelfirmen die Verkaufspreise künstlich in die Höhe. Die vom Kartellamt verdächtigten Firmen decken rund 80 Prozent des deutschen Kartoffelbedarfs ab.
- **Duschgel & Zahnpasta:** Strafe für Henkel, Unilever und Sara Lee: 37 Millionen Euro.
- **Schokolade:** elf Firmen, unter anderem Kraft Foods und Alfred Ritter, müssen Strafe zahlen: 60 Million Euro Bußgeld.
- **Badewanne, Klo, Dusche:** 17 Firmen hatten die Preise für Klos, Badewannen, Duschkabinen und Wasserhähne abgesprochen. Betroffen waren unter anderem Hansa, Villeroy & Boch, Duravit und Dornbracht: 622 Millionen Euro Bußgeld.
- **Brillengläser:** die fünf führenden deutschen Brillenglashersteller Rodenstock, Carl Zeiss Vision, Essilor, Rupp + Hubrach Optik, Hoya Lens Deutschland: 115 Millionen Euro Bußgeld.
- **Vitamine:** der Chemie-Riese BASF: Bußgeld 296 Millionen Euro.
- **Kaffee:** Tchibo, Melitta und Alois Dallmayr: 160 Millionen Euro Bußgeld.
- **Schiene:** die Gleistechniktochter von Thyssen-Krupp: 103 Millionen Euro Bußgeld.
- **Zement:** Hersteller Heidelberg-Cement, Holcim, Lafarge und Schwenk: 380 Millionen Euro Bußgeld.
- Wegen Preisabsprachen bei **Walzlagern** zwischen 2004 und 2011 hat die EU-Kommission Geldbußen in Höhe von 1 Milliarde Euro gegen sechs Firmen verhängt. Die höchste Strafe traf im März 2014 mit 370 Millionen Euro den fränkischen Autozulieferer Schaeffler.
- **Wurst-, Zucker- und Bierhersteller:** das Kartellamt verhängte 2014 Bußgelder in Höhe von mehr als 1 Milliarde Euro.
- **Einzelhandel:** 2015 verhängt das Bundeskartellamt Geldbußen in Höhe von insgesamt 152 Millionen Euro gegen die Konzerne Edeka, Rewe, Kaufland, Metro, Aldi sowie die Tierfutterketten Fressnapf und Das Futterhaus.

Verbrauchertäuschung

In ihrem neusten Jahresbericht zeigt die Wettbewerbszentrale in Deutschland auf, dass bei knapp zwei Dritteln der untersuchten 13 000 Fälle versucht wurde, beim Preis zu mogeln – etwa durch versteckte Kosten oder nur scheinbar reduzierte Waren:

- flug.de hatte nach Ansicht der Wettbewerbszentrale gegen die EU-Luftverkehrsdienste-Verordnung verstoßen, indem versucht wurde, den Kunden Zusatzleistungen unterzujubeln.
- Vodafone hat in einer TV-Werbung mit dem Slogan »Jetzt für alle Vodafone-Kunden die Allnet-Flat schon ab 19,99 Euro im Monat« geworben. Das Angebot galt nur für Bestandskunden.
- Immobilienscout24.de warb auf der Webseite mit dem Link »Kostenlos Wohnung inserieren«. Wenn der User dem Link folgte, wurde er zur Kasse gebeten.
- Booking.com drängte Interessenten mit irreführenden Aussagen wie »Letzte Chance. Wir haben nur noch 1 Zimmer« zum Buchen.
- »Top-Tagesgeld« und 2,25 Prozent Zinsen p.a. Tatsächlich galt dieser Zinssatz, mit dem eine Verbraucherbank warb, nur für einen Anlagebetrag bis 5 000 Euro.
- »Büffelleder«-Sofa. Ein Möbelhändler warb mit einem Sofa mit einem einzigartigen Bezug aus Büffelleder. Der Bezugsstoff bestand allerdings aus pflegeleichter Mikrofaser.

2,1 Milliarden Euro pro Jahr beträgt in Deutschland der Schaden durch **Ladendiebstahl;** das ergab eine Untersuchung des Euro-Handels-Instituts EHI. Hinzu kommen 900 Millionen Euro Schaden durch Betrügereien eigener Mitarbeiter, 300 Millionen durch Betrügereien von Lieferanten und Servicekräften. 600 Millionen Euro Schaden entstehen durch Fehler, wie etwa falsche Preisauszeichnung. Die »Inventurdifferenz« betrug für 2014 insgesamt 3,9 Milliarden Euro.

Das Millionengeschäft der Wettpaten

WM-Qualifikation und Champions League – zwischen 2008 und 2011 soll die asiatische Wettmafia 680 Spiele manipuliert haben, 380 davon fanden in Europa statt, 70 angeblich in Deutschland.

FIFA-Skandal.

Auf Ersuchen von US-Behörden wurden im Mai 2015 sieben Top-Funktionäre der FIFA in Zürich festgenommen. Der Vorwurf: Korruption, organisierte Kriminalität, Überweisungsbetrug und Geldwäsche. Bei den Vergaben für die Weltmeisterschaften 2010 in Südafrika, 2018 in Russland sowie 2022 in Katar sollen Bestechungsgelder geflossen sein. Gegen 14 Funktionäre und Sportrechtehändler wurde Anklage erhoben. »Sie haben das weltweite Fußballgeschäft korrumpiert, um sich selbst zu bereichern«, so US-Justizministerin Loretta Lynch bei einer Pressekonferenz in New York.

Plagiate

Allein 2013 beschlagnahmten Zollbehörden der Europäischen Union knapp 36 Millionen gefälschte Produkte. Wert: 760 Millionen Euro.

Falsch dekoriert

Von 120 Hotels in Deutschland werben 50 mit Sternen, die sie gar nicht haben. Das ergab eine Stichprobe des NDR-Magazins »Markt«.

WAFFENHÄNDLER

Für bessere Rüstungsdeals bei Panzern, Raketen und U-Booten »Made in Germany« wurden Ministeriale und Militärs in Athen geschmiert. Zwischen 2001 und 2011 bekamen griechische Amts- und Entscheidungsträger für ihre Unterschriften 41 Millionen Euro von Firmen wie Rheinmetall Defence Electronics oder Atlas.

Schummeln beim Spritverbrauch

Besonders groß sind die Abweichungen bei Audi und Mercedes, gefolgt von BMW. Der Audi A6 schluckt 50 Prozent mehr als im Prospekt angegeben. Die Mercedes E-Klasse 45 Prozent und der 5er BMW immerhin 40 Prozent mehr.

30 Millionen Menschen leben weltweit in **Sklaverei.** *Vor allem in Teilen Westafrikas und im Süden Asiens werden immer noch Menschen in den Besitz ihrer Herren hineingeboren. In Europa gelten 880 000 Menschen laut einem Sonderausschuss des Europäischen Parlaments (CRIM-Komitee) als sogenannte Sklavenarbeiter, 10 000 davon alleine in Deutschland. Etwa zwei Drittel sind Frauen, die meisten werden sexuell ausgebeutet. Viele von ihnen sind illegal in der EU. 40 000 Kinder werden europaweit gezielt vermittelt, um zu betteln. Der jährliche Profit mit Menschenhandel: rund 25 Milliarden Euro.*

GENERATION ARBEITSLOS

Die 16- bis 29-Jährigen in den Industriestaaten sind doppelt so häufig arbeitslos wie ältere Arbeitnehmer. Fast 40 Millionen junge Menschen haben weder Job noch Ausbildungsplatz. In Ländern wie Italien, Spanien, Griechenland und der Türkei sind mehr als 25 Prozent der jungen Menschen ohne Job.

322 Milliarden Euro schickten Migranten aus aller Welt 2013 in Entwicklungs- und Schwellenländer. In Tadschikistan machten Überweisungen der Auswanderer mehr als 42 Prozent des Bruttoinlandsprodukts aus.

---

185 Millionen Euro Strafe wegen Schmiergeldern musste der Autokonzern Daimler alleine im Jahr 2010 zahlen.

AM LIMIT

»Es reicht nicht, Erfahrungen zu machen,
man muss sie auch wägen, ordnen und verarbeiten –
und aus ihnen die richtigen Schlüsse ziehen.«
MICHEL DE MONTAIGNE

Es hätte ein wundervoller Tag werden können. Frischer Schnee fiel vom Himmel, und als ich die Rolltreppe der U-Bahn emporschwebte, rissen für einen kurzen Moment sogar die Wolken auf. Ich hatte mir vorgenommen, einmal nicht zu klagen. Mein Gott, das Leben ist schön! Jeden Morgen geht die Sonne auf. Jeder Abend kann ein Fest sein. Jetzt saß ich seit 70 Minuten im Wartezimmer eines Internisten und legte zufrieden ein Bein über das andere. Die Adressen von guten Ärzten werden inzwischen gehandelt wie Insiderinformationen an der Börse. Wer dann auch noch einen Termin erhält, gilt als absoluter Glückspilz.

Die Menschen um mich herum studierten in abgegriffenen Zeitschriften das Leben von Fernsehstars. Eine Mitpatientin, die mit der Welt abgeschlossen zu haben schien, beklagte sich über den alten Friedhof in ihrem Viertel, wo nun Kürbisköpfe, tibetanische Gebetsfahnen und Kitsch aus Engelsfiguren das Bild beherrschten. Hinter ihrem Tresen sortierte eine Sprechstundenhilfe Karteikarten und erlaubte den Kranken einen heilsamen Einblick in ihr üppiges Dekolleté.

Pausenlos klingelte irgendwo ein Telefon. Von Zeit zu Zeit traten neue Patienten durch die Tür, während andere grußlos die Praxis verließen, als hätten sie gerade ihr Todesurteil vernommen. In einem alten *Stern* überflog ich eine Reportage über Argentinien. »Seit dem Ende der Bevormundung durch Kirche und Diktatoren erlebt das Land eine Revolution auch in den Geschlechterrollen«, begeisterte sich der Reporter. Die Fotodoppelseite zeigte eine Frau, die einem Stripper unter dem Gejohle der anderen Gäste die Hose auszog. »Männer und Frauen«, so die Bildunterschrift, »genießen gemeinsam die Striptease-Show in einem Erotik-Restaurant in Buenos Aires.« Die Kombination aus Steaks und Sex schien offenbar unschlagbar.

Auf dem Weg zur Praxis las ich eine der Werbezeitungen, die stets in neuen Stapeln im Hausflur liegen. Ganze Baumstämme wandern gewissermaßen über den Weg durch die Druckerei direkt in den Abfall. Es war noch kein *Sale*, aber die Kaufhäuser verkündeten bereits den »absoluten Wahnsinn« bei jedem Einkaufsbummel. Wie üblich starrten in der U-Bahn die Menschen auf ihre Displays, als wären sie nicht sie selbst, sondern bekämen über die Mattscheibe Befehle aus einer anderen Welt. Sogar Augenkontakte wie früher, oder ein kurzes Zulächeln, sind aus dem öffentlichen Raum verschwunden. Eine Gesellschaft von High-Performern, überlegte ich, die auf dem Weg zum Job unbezahlte Arbeit leistet. Oder von Low-Performern, die demnächst in ihrem Unternehmen mangels Effizienz eliminiert werden. Die Leute in der U-Bahn wirkten übermüdet, hatten offenbar nicht gefrühstückt und schienen, mit ihrem Coffee to go in der Hand, jegliche Freude am Leben verloren zu haben.

Im Waggonfenster spiegelte sich mein aufgequollenes Gesicht, und ich sah die müden Augen darin. Meine Frisur stand hoch wie ein Turm aus Seetang. Die U-Bahn war überfüllt. Frauen und Männer aller Kontinente, schreiende Schulkinder. Zwei Manager unterhielten sich über Unternehmensstrategien: »Ich meine, die Produktion haben Sie doch im Griff, oder?« Freundinnen tauschten sich über einen Typen aus, der es »nicht wert« war und der sich schnellstmöglich »verpissen« sollte. Die U-Bahn rumpelte durch die Röhre. Ich drehte mich zur Seite, schloss für einen Moment die Augen und fühlte mich elend.

Früher waren Stadtneurotiker ein witziges Phänomen, heute sind wir alle so. Um mich herum wurde plötzlich alles verschwommen. Was mache ich hier? Bin ich noch etwas, was man als eigenständiges Individuum bezeichnen könnte? Ein erwachsener Mensch, der mit den Jahren zunahm an Erfahrung, Reife und Weisheit? Oder ein Spiel fremder Mächte; in einer Welt, die es möglicherweise längst nicht mehr gab, weil sie sich selbst zerstört hatte, während die Trümmer des Blauen Planeten ziellos im Universum herumtrieben? Ich musste an die Worte von Isaac Singer denken, der so gut wie keinem Schlamassel entkam und für die Fallgruben des Lebens wie gemacht zu sein schien. Der Mensch muss unaufhörlich auf sich selbst achten, mahnte er, »denn der Abgrund des Verbrechens und des Wahnsinns gähnt immerfort unter unseren Füßen«. Verlogene Wahrheiten, verführerische Utopien und falsche Lösungen lockten uns an jeder Ecke. Konnte es sein, dass ein Übermaß an emotionaler Aufregung unseren Vorrat an Gefühlen aufgebraucht hat, während wir zu gehetzten, geistlosen Wesen degenerierten, fast schon wie Roboter, nur halb so intelligent? Als der Wagen mit einem festen Ruck in der Station anhielt, holte mich eine innere Stimme aus meinem Tagtraum: »Hab keine Angst«, tröstete sie mich, »du bist ja nur Gast auf Erden.«

Die im Wartezimmer ausgelegten Zeitungen berichteten über New Yorker Kunsthändler, Juweliere, Privatjetfirmen und Immobilienmakler, die nach dem großen Börsencrash, der Millionen von Menschen die Existenz gekostet hatte, wieder dick im Geschäft waren. Unter kräftiger Mithilfe der Regierung hätten Großbanken wie JPMorgan Chase und Goldman Sachs wieder rekordverdächtige Gewinne erzielt, und die fetten Boni, die dabei abfielen, mussten schließlich ausgegeben werden. Der Leiter der Niederlassung der Credit Suisse hätte soeben 10,5 Millionen Dollar für eine Wohnung im West Village auf den Tisch gelegt. Auch Privatjets würden wieder gebucht. Der Zehn-Stunden-Flug nach Hawaii koste je nach Jet-Typ zwischen 20000 und

40 000 Dollar. One-way-Ticket. Ein anderer Beitrag berichtete über eine Untersuchung der Stiftung Warentest. Die Beratung der Banken, so das Ergebnis, sei tatsächlich »so schlecht wie ihr Ruf«. Nur drei von 21 geprüften Geldinstituten erreichten ein »Befriedigend«. Die eigene Abschlussprovision, so das Fazit, sei wichtiger als der korrekte Umgang mit Kunden.

Eine Ausgabe des *Greenpeace-Magazin* erinnerte an den Klimagipfel von Kopenhagen vom Dezember 2009, der ohne Ergebnis endete. Die Welt verfüge über genügend Möglichkeiten, um die Katastrophe abzuwenden, erklärte ein Forscher auf einem der Podien, doch dafür müsste sich unsere Wirtschafts- und Lebensweise ändern. Es sei der wachsende Energiehunger, der das Klima so stark verändere wie noch nie. In Schwellenländern wie China, Indien, Indonesien oder Südafrika schössen Kohlekraftwerke wie Pilze aus dem Boden. Fast täglich gehe irgendwo auf diesem Globus ein neuer Killer ans Netz. Der Kopenhagen-Gipfel lag Jahre zurück, aber wirklich getan hatte sich nichts. Eine Titelgeschichte des *Spiegel* mit der Schlagzeile »Der verheizte Planet« schrieb von einer »Bestandsaufnahme des kollektiven Versagens«. »Wann hat die Erderwärmung aufgehört, ein Szenario, eine Computersimulation zu sein?«, fragte der Beitrag. Die Antwort war: »Irgendwann zwischen den Siebzigerjahren, in denen die Welt 660 Naturkatastrophen verzeichnete, und dem vergangenen Jahrzehnt mit seinen 3 322 Stürmen, Hitzewellen und Überflutungen muss dieser Moment vorbeigehutscht sein, während die meisten von uns wegsahen.«

Ich musste an meinen eigenen »ökologischen Fußabdruck« denken, mit dem ich durch Mitteleuropa stapfe und ein Übermaß an CO_2-Emissionen hinterlasse. Haben wir rundum Geister gerufen, die wir nicht mehr bändigen können? Ist der Kapitalismus an allem schuld, der auf unendlichen Konsum und rücksichtslose Ausbeutung angelegt ist? Aber leben wir im Westen nicht auch in einer Epoche, die uns Wohlstand brachte wie noch nie?

Manchmal ist es, als befänden wir uns inmitten eines Sturmes, der das Raumschiff Erde hin und her peitscht und aus der Verankerung löst. Wissenschaftler sagen, wir lebten so, als hätten wir noch einen zweiten Planeten zur Verfügung, der den gewaltigen Verbrauch, den wir betreiben, ausgleichen könnte. Paradox: Einerseits eröffnen sich ungeahnte neue Möglichkeiten, andererseits scheinen wir an einem Punkt angelangt zu sein, an dem wir die Wirklichkeit, die wir geschaffen haben, kaum noch fassen können. Geschweige denn, dass wir sie in den Griff bekämen.

Immer weniger funktioniert. Dass trifft nicht nur auf Großvorhaben wie den Berliner Flughafen, Stuttgart 21 oder die wuchernde Bürokratie einer EU-Verwaltung mit 40 000 Beschäftigten zu, deren Gesetze niemand mehr verstehen kann. Während die digitale Revolution ganz neue Räume schafft, geraten bisher gut funktionierende Systeme an ihr Limit. Die Grenzen des Wachstums und seiner Wirkung auf die Umwelt sind unübersehbar geworden. Inzwischen bekommen wir zu spüren, welche Grenzen auch der Natur *des Menschen* gesetzt sind, die er zu achten hat. Zeigen neue Volkskrankheiten wie Burn-out, Depression, Karriereangst, Orientierungs- und Ratlosigkeit nicht eine zunehmend kranke, unbefriedigte Gesellschaft, die das Glück, das sie so verbissen sucht, nicht mehr finden kann? Was passiert da eigentlich?, überlegte ich. Wo gehen wir hin?

In 99,9 Prozent der Zeit, seit wir diesen Planeten bewohnen, betrug die menschliche Lebensdauer nicht viel länger als 30 Jahre. Mozart starb mit 35, van Gogh mit 37. Aber jeder konnte das Gefühl haben, sein Leben dauere lange. Gerade mal seit 3 500 Jahren kennen wir die Schrift. Vor 500 Jahren wurde der Buchdruck erfunden. In den vergangenen zwei Jahrhunderten aber nahm der Takt erheblich zu. Alles schien förmlich zu explodieren. In diesem Zeitraum entstand die gesamte moderne Technologie, vermehrte sich die Weltbevölkerung von einer Milliarde auf nun 7,3 Milliarden Menschen. Alleine 95 Prozent aller Wissenschaftler, die jemals auf diesem Planeten geforscht haben, leben heute, in diesem Augenblick – und ihre Forschungen multiplizieren sich in einem Ausmaß, das alles Bisherige in den Schatten stellt.

Tag für Tag werden neue Produkte auf den Markt geworfen. Tag für Tag verändert sich die Software- und Telekommunikations-Technologie. Unablässig schrauben Programmierer, High-tech-Ingenieure, Hochfrequenz-Händler am Tempo ihrer Angebote. »Die ganze Welt«, beobachtete der amerikanische Soziologe Jeremy Rifkin, »strampelt sich ab, um nur ja nicht die Revolution des Informationszeitalters zu verpassen.« Überall gelte es, Zeit zu komprimieren und unser Tun zu beschleunigen. »Könnte es sein«, fragte Rifkin, »dass die Informations- und Telekommunikationsrevolution das menschliche Leben in einem so bedrohlichen Maß beschleunigt, dass wir Gefahr laufen, unserer Gesellschaft und uns selbst schweren Schaden zuzufügen?«

Die Beschleunigung ist mit das zentrale Moment im Veränderungsprozess, der die Welt in Atem hält. Alles wurde immer schneller. Man kam schneller von A nach B, wusch schneller Wäsche, kochte schneller, warf Kleider, Produkte, Beziehungen schneller weg und ging sogar schneller. Selbst Bücher wurden schneller. *rororo* stand für Rowohlts-Rotations-Romane. Die Rhythmen wurden schneller, Filmspulen im Kino liefen schneller, die Schnitte zwischen den Szenen wechselten schneller. In den 1990er-Jahren schien sich die Welt ein wenig auszuruhen, mit Revivals, Re-Mix, Re-Loaded und Retro-Look. Gleichzeitig wurde Mobilität zum Zauberwort. Das neue Leitbild war die Ich-AG, der Mensch als Unternehmer seiner selbst, der unentwegt nach Möglichkeiten sucht, sein Potenzial auszuschöpfen. Der Optimierungswahn: steilere Karriere, besserer Sex, schlauere Kinder. Jeder vierte Zögling bis acht Jahren wird in Deutschland mittlerweile zur Fördertherapie geschickt. Das perfekte Leben ist machbar, so das Mantra. Selbst in der Spitzengastronomie herrsche »ein aberwitziges Tempo«, notierte die *Süddeutsche Zeitung*:

»Köche suchen nach der Selbstoptimierung, die Gäste wollen den ultimativen Kick.«

Die heraushängende Zunge auf dem berühmten Cover der Rolling Stones konnte bereits als Logo für Hast, Hetze, Atemlosigkeit und Erschöpfungszustände interpretiert werden. »Have a break!«, riet Kit-Kat, mach mal Pause. Aber wir machten keine Lichter mehr aus. Wir sendeten Fernsehen rund um die Uhr. Wir öffneten die Geschäfte acht Tage in der Woche. Zum anderen passierte einfach mehr. Mehr Menschen, mehr Handlungen setzten eine Vielzahl neuer Prozesse in Gang. Einmal, in ihrer frühen Phase, brüstete sich die Sowjetunion mit der Einführung einer Zehn-Tage-Woche. Sie galt als Ausdruck äußerster Modernität gegenüber einem Sieben-Tage-Takt, der von den Kommunisten nicht etwa als ein dem Leben eingegebener Rhythmus, sondern als überkommenes Relikt der Religion eingestuft wurde. Erst wurden die Tiere krank, dann die Menschen, bis das Experiment abgebrochen wurde. Wir hingegen stellen sogar die Uhren zweimal im Jahr um, um noch mehr Speed zu haben. Weihnachten beginnt im Oktober, und die Politiker fahren auch sonntags mit ihren Limousinen vors Kanzleramt, um zu zeigen, wie vorbildlich sie auch am Tag des Herrn ihre hektischen Sitzungen betreiben.

Das Kennwort »24/7« drückt aus, was wir unter *modern living* verstehen: Aktivität rund um die Uhr, 24 Stunden am Tag, sieben Tage die Woche. Einkaufsmärkte, TV-Unterhaltung, Online-Dienste – alles im 24-Stunden-Takt, ein Leben ohne Sendepause. Fast schien, als drehe sich auch die Erde schneller, parallel zum Geschwindigkeitsrausch ihrer Bewohner. Die Winde nahmen zu. Die Sonnenstrahlen kamen heißer. Die Pole wurden nicht mehr kalt und die Wellen schlugen höher, hoch genug, dass sie ganze Küstenregionen überspülten. Das Karussell sauste und ächzte, es gab die ersten Sprünge. Aber erst das Internet hat das Tempo der Zeit auf unvorstellbare Weise beschleunigt und den Topf zum Kochen gebracht.

Heute genügt bereits ein Smartphone, um einen Menschen Tag und Nacht auf Trab zu halten. SMS-schreiben, WhatsApp-Nachrichten checken, Mails scrollen, Wetter abfragen, twittern, Routen planen, Updates ausführen, die neusten Spiele spielen. Pro Jahr laden wir rund 175 Milliarden Apps herunter, für Gesundheit, Einkauf, Reisen, Finanzen, Partnersuche. Manche Nutzer kriegen die Finger nicht mehr vom Touchscreen, als seien sie in Hypnose gefallen. Wenn in Online-Medien dieselbe Meldung länger als eine Stunde erscheint, wirkt eine elektronische Zeitung alt wie Methusalem. Die digitale Welt, so der Kulturjournalist Tobias Haberl, sei zusammengesetzt aus Dauergequassel, Verpassensängsten, Überforderungsgefühlen, Oberflächenabsurfen und permanenter Ablenkung. Vierzig Webseiten besucht man im Durchschnitt am Tag, 50-mal öffnet man das E-Mail-Fenster, 77 Instant Messages gehen über »Senden« in den Orbit. Ein Teenager empfängt im Schnitt 3417 Kurznachrichten pro Monat, das sind sieben pro Stunde und 168 am Tag. Wo wäre da noch Zeit zum Zuhören? Oder gar zum eigenen Nachdenken? »Das Leben beschleunigt sich auf allen Ebenen permanent«, so Haberl, »das Netz macht da nur einen Teil aus, wenn auch einen geradezu diabolischen: Indem es uns hilft, Dinge zu finden, zu ordnen, zu senden, und damit Schritt zu halten mit dem enormen Tempo um uns herum, erhöht es dieses Tempo nur immer weiter.«

Wir nehmen ein Flugzeug und springen vom Winter in den Sommer. Vergangenheit, Gegenwart, Zukunft – über die neuen Medien lösen sich die Grenzen zwischen den Zeitzonen mehr und mehr auf. War nicht gerade Weihnachten – oder steht es schon wieder bevor? Überfordert, überlastet, pausenlos gegängelt, weil alles nach unserer Aufmerksamkeit trommelt, wurden wir Opfer von Räubern, die uns die Langeweile nahmen und eine neue Armut schufen: die Zeit-Not. Ist es, weil wir denken, die Zeit auf dieser buckligen Welt sei die einzige, die wir zur Verfügung haben? Und die daher ständig »optimiert« und gnadenlos ausgebeutet werden muss? Zeit schinden – um mit der geschundenen Zeit uns selbst zu schinden.

Womöglich ist längst auch vom Weltall aus zu erkennen, überlegte ich, wie der Lifestyle den Planeten zum Beben bringt. Die Fische in den Meeren jedenfalls werden taub davon. Wale verlieren die Orientierung. Die Menschen statten ihre Häuser mit Lärmschutz aus und errichten an Straßen kilometerlang neue Eiserne Vorhänge als Schutzwall gegen einen Feind, der keine Grenzen kennt. Neu sind undefinierbare Summ- und Brumm-Geräusche, die im Zuge der Technisierung unser gesamtes Umfeld durchdringen und Nervenkrisen auslösen. Und ist nicht auch die Flut der Bilder und Werbeslogans gleichsam schreiend? Gar nicht zu reden vom Gedröhne einer Event- und Freizeit-Industrie, die nicht Ruhe, sondern Unruhe zur ersten Bürgerpflicht macht. Lärm macht krank, das hat sich herumgesprochen. Lärm macht dumm. Und Dumme machen doppelt Lärm. Aber noch immer gelten Leute, die Krach machen, als Zeitgenossen, die zu leben wüssten.

Als ob das hektische neue Lebenstempo nicht schon anstrengend genug wäre, überreizen wir es zusätzlich durch Schlafentzug, der wiederum zu chronischer Übermüdung führt, dieser neuen Massenkrankheit – mit Folgen für Konzentrationsfähigkeit und Gedächtnis. Niemand scheint zu hinterfragen, ob die Entwicklung zur Hochgeschwindigkeitskultur nicht auch ursächlich dafür ist, warum wir immer weniger Geduld haben oder zuhören können. Warum wir auf der Straße, in Schule, Büro und Familie gereizter miteinander umgehen. »Die Menschen reagieren auf den täglichen Kleinkram mit der Wucht eines Programms«, urteilte ein US-Forscher, »das eigentlich nur für lebensbedrohliche Notfälle ausgelegt ist.«

Als mein Name aufgerufen wurde, erwachte ich erschreckt aus meinen Fantasien. Eine Helferin führte mich in eine Art Abstellkammer und setzte eine um die andere Ampulle an meine Venen, als wolle sie ein Depot für Vampire anlegen. Ihre Augen wurden groß wie glühende Sonnen. Sie schienen sich regelrecht in mich hineinzubohren. Ich starrte an die Decke und fühlte mich elend. Plötzlich fror mich. Jede Woche im Wartezimmer irgendeines Arztes – beim Orthopäden wegen der Schulter, beim HNO-Arzt wegen der Schnarchprobleme, beim Hautarzt wegen »gefährlicher« Muttermale – war ich zu einer Wanderbaustelle geworden? Wir sind Opfer des eigenen Systems, schoss es mir durch den Kopf. Ausgepowert und verelendet, genau wie Marx es prophezeit hatte. Mein Leben: 40 Jahre Vollgas. Schlafentzug wie in einem sibirischen Gulag. Von Dibbuks besessene Hauskatzen, die einen nachts in die Zehen beißen. Dann der Job. Die Beziehungskrisen. Das schlechte Wetter. Die Berge von Zigaretten und Meere von Rum und Grappa, die es zu besiegen galt. Mein Körper war vermutlich stärker kontaminiert als eine Asbestplatte aus dem früheren Palast der Republik in Berlin. Gäbe es keine Friedhöfe, müsste ich nach dem Exitus auf die Sondermülldeponie.

Vieles ist aus dem Ruder gelaufen. Die Rückrufaktionen der Millionen von Autos, die Monat für Monat als defekt und gefährlich gemeldet werden, weil sie durch ein überstürztes Entwicklungstempo nicht »reifen« konnten, sind nur der äußerste Ausdruck für eine überhastete Zeit und den allgegenwärtigen Druck der Maximierung. Regierungen kreisen pausenlos um den Globus. G-20-Gipfel, G-7-Gipfel, Klima-Treffen, Konferenz von Geber-Ländern – viele der Präsidentenmaschinen müssten im Grunde in der Luft betankt werden, um bei der Unmenge an Krisentreffen auch nur annähernd im Zeitplan zu bleiben.

In den Medien lesen wir von ständig neuen Taskforces, die sich um den jeweils neuesten Skandal kümmern. Sie schreiben vom Niedergang der Eliten; dem Untergang der politischen Klasse; dem Versagen der Hirten in den Kirchen. Immer häufiger werden Dinge falsch berechnet und fehlerhaft ausgeführt. Gesellschaftswichtige Einrichtungen wie Verkehrswesen, Krankenversorgung, Rentenversicherung, Stromnetze, Bahnverkehr, Computerdienste, Bauvorhaben haben die Grenze ihrer Belastbarkeit erreicht. Murks und Unvermögen richten immer größere Schäden an. Wirtschaftsverbände klagen über Azubis, die weder rechnen noch schreiben können und übermüdet zur Arbeit erscheinen. Aber wie sieht es mit den Erwachsenen aus? Mit den Managern, die offenbar ebenfalls nicht rechnen können und riesige Vermögen an die Wand fahren? Die Rechtskosten der 16 größten Banken der Welt – für Strafen, Vergleiche, Rückstellungen – durchbrachen im Juni 2015 erstmals die 300-Milliarden-Dollar-Marke.

Viele der Abläufe in Wirtschaft und Verwaltungen werden nicht nur komplizierter und anfälliger, sondern auch immer weniger durchschaubar. Vielfach haben Rechner die Leitung der Operationen übernommen, was kein Grund zur Beruhigung ist. Heute haben wir Angst vor dem Chef, intriganten Kollegen und uns selbst, künftig werden wir auch Angst vor Maschinen haben. Hinzu kommt eine überbordende nationale und supranationale Bürokratie, deren Wucherungen niemand mehr Herr wird. Viele Betriebe nehmen an öffentlichen Ausschreibungen nicht mehr teil, weil sie der kafkaeske Aufwand hierfür ruinieren würde. Es wird unter Hochdruck eingefordert, und plötzlich ist es nicht mehr wichtig, weil sich über Nacht die Vorgaben von Politik oder Management wieder geändert haben. Nicht »Schwarmintelligenz« sei das Thema in Verwaltungen, so der Mathematikprofessor Gunter Dueck, sondern »Schwarmdummheit«. Durch Überschätzung von Teamwork mit der Unzahl von sinnlosen Meetings, kiloweisen neuen Berichten und unbefriedigenden Kompromissen verkomme der Arbeitsalltag zur gedankenlosen Routine. Der Druck, der von den Führungsetagen ausgeübt werde, bringe letztlich alle dazu, ständig am Limit zu arbeiten – und dabei nichts richtig Gutes und Vernünftiges zu schaffen, sondern nur halbwegs Brauchbares.

Ein unvergessliches Beispiel in der Reihe der Innovationen, die zu kolossaler Konfusion führten, ist die Rechtschreibreform. Der Neoliberalismus verbindet mit dem Begriff »progressiv« Verhaltensweisen, die auf eine Auflösung bestehender Normen hinauslaufen. Wie andere »fortschrittliche« Projekte wurde die Reform damit begründet, die Sache »gleicher« und »leichter« zu machen, Zugänge zu öffnen. Was herauskam, ist die vernichtende Niederlage rechtschaffener Regeln der Grammatik. Ergebnis: Heute weiß niemand mehr, was richtig und was falsch ist, und wie Schreiben überhaupt geht.

Wer erinnert sich nicht auch an das Desaster mit der Schweinegrippe? Am Anfang standen die Panikmeldungen. Eine Ausbreitung der Seuche, befanden Experten, bedeute nach dem Börsencrash von 2008 den endgültigen Kollaps für die Weltwirtschaft. Eiligst wurde Impfstoff für 50 Millionen Menschen geordert. Große Firmen entwickelten Notfallpläne. Im Verlag der *Süddeutschen Zeitung* beispielsweise wurden Listen erstellt, wer für die Produktion wichtig und wer weniger wichtig sei, wer also vorrangig und wer nachrangig geimpft werden müsse. Gleichzeitig wurden Zweifel an der Zuverlässigkeit des Impfstoffes laut. Schließlich war durchgesickert, dass es davon mehrere Varianten gab. Die Regierung etwa werde mit einem anderen Medikament versorgt als die Normalbevölkerung. Als der teure Impfstoff endlich bereitlag, war die Hysterie abgeklungen. Das deutsche Volk hatte überlebt. Einziges Problem blieb die Aufgabe, die riesigen Mengen der mit Quecksilber angereicherten Medikamente möglichst unschädlich zu vernichten.

Auch das zeigte der Fall: Im Dauergewitter des Informationszeitalters, mit seiner ständigen Präsenz von Krisen, Katastrophen und Terror, sind die Medien einerseits Teil der Lösung, weil sie notwendige Informationen liefern und Vertuschungen aufdecken. Andererseits sind sie Teil des Problems – weil sie durch Skandalisierung und Erregungsmanie auch da Gefahren an die Wand malen, wo keine sind.

Eine Gesellschaft am Limit. Es ist kein Zufall, dass synchron zu Beschleunigung und Überlastung weltweit Krankheiten zunehmen, die unverkennbar mit Zeitdruck und Reizüberflutung zusammenhängen. Ob Burn-out, Depression oder Bluthochdruck. Jeder fünfte Arbeitnehmer leidet permanent unter Angst und Anspannung, fand das Karlsruher Institut für Arbeits- und Sozialhygiene heraus. Nach einer DGB-Studie schlucken 46 Prozent der jungen Beschäftigten Medikamente, um für den Job fit zu bleiben. Die chronische Daueranspannung führt zu Schwindelgefühlen, Hörsturz und Tinnitus, Magen-Darm-Geschwüren und schlimmstenfalls zum Herzinfarkt. Schon in wenigen Jahren werden nach ernst zu nehmenden Untersuchungen 30 Prozent der Bevölkerung in den westlichen Ländern so hohe seelische Schäden aufweisen, dass sie Behandlung brauchen.

Das größte Leid trägt die nachfolgende Generation. Die Stressgesellschaft frisst ihre Kinder: Laut Kinderreport Deutschland, erstellt vom Deutschen Kinderhilfswerk, wird eine wachsende Zahl der etwa 4,5 Millionen Kinder im Alter zwischen acht und zwölf Jahren immer öfter krank. Ein Drittel nimmt häufig Medikamente ein. Kinderärzte beobachten eine erhebliche Zunahme von Konzentrationsverlust und Hyperaktivität. Rund 20 Prozent der Erstklässler seien sprachgestört. Pausenlose Übermüdung und Verhaltensstörungen sind inzwischen genauso der Normalfall wie der Gebrauch psychoaktiver Substanzen. Zappeligkeit und »seelische Verwahrlosung« nähmen dramatisch zu, so der *Spiegel*. Durch den Verlust an Familienbeziehungen könnten sich Identität und Persönlichkeit des Menschen nicht entwickeln, die vor allem an das Urbedürfnis nach Kontakt und Bindung gebunden sind.

Ist es ein Fortschritt, wenn Kinder schon in der Grundschule

Schweißausbrüche bekommen, weil sie Angst haben, ihren Zwölf-Stunden-Tag mit Pauke, Nachhilfe, Flötenunterricht, Golf- und Tennistraining nicht mehr auf die Reihe zu kriegen? Wenn Eltern nur noch über Leistung sprechen, damit Prinz und Prinzessin eines Tages auch wirklich den am besten bezahlten Job bekommen? Wenn sich gleichzeitig immer weniger Mütter und Väter für Frühstück, Schularbeiten, gemeinsames Essen, notwendige Nachtruhe, Sport oder gar für kulturelle Angebote ihres Nachwuchses interessieren? Jede dritte Schülerin, so das Jenaer Institut für Psychosoziale Medizin und Psychotherapie in einer Studie, zeige Anzeichen von Magersucht und Bulimie. Umgekehrt schnellt aber auch die Zahl der Übergewichtigen in die Höhe. Fettsucht bei Kindern habe fast Ausmaße einer Epidemie erreicht, warnen Mediziner. Die Hälfte aller Erstklässler sei heute noch nicht einmal mehr in der Lage, eine halbe Minute auf einem Bein zu stehen.

Eine unserer Freundinnen, Lisa, ist Schulpsychologin. Wir trafen uns im Advent auf ihrer Terrasse und tranken Glühwein. Sie habe in ihrem Leben noch nie so viel gearbeitet, meinte sie nach einiger Zeit. Die Zunahme von verhaltensschwierigen Kindern sei einfach gewaltig. Es sei eine gigantische Welle, die da anrolle, und alle, die damit befasst seien, wüssten nicht, wer sie stoppen könnte. »Viele der Kinder sind völlig haltlos geworden.« Das Problem sei, dass sich das Elternhaus nicht viel von den Kindern unterscheide. Immer mehr Väter und Mütter verfügten weder über Autorität noch über eine brauchbare Struktur, noch über den Willen, daran etwas zu ändern. Hinzu komme der Einfluss durch das Internet. Kinder verlören den Bezug zur Realität, seien pausenlos übermüdet, fahrig, unkonzentriert und im Grunde auch uninteressiert. Da sei zum einen die Kriminalität der Jugendlichen selbst, wenn sie im Nullkommanix Passwörter knackten, sich in fremde Datenbanken einloggten und Dinge manipulierten. Andererseits die Anfälligkeit der Kinder für Verbrecher. In der Anonymität des Netzes könnten sie nicht mehr unterscheiden, wer Freund oder Feind sei.

Die zierliche Person stand ein wenig verloren da. Es war plötzlich ganz still geworden. Keiner fand irgendwelche Worte. Und Lisa wirkte, als wolle sie ein hilfloses »Warum hört uns denn niemand?« hinausrufen. An die Behörden und Ministerien. An die Politik. »Das überrollt uns«, sagte sie, »das Internet ist eine Qualle.« Aber sie wusste, dass sie genauso gut an den Mann im Mond hinaufrufen könnte. Erich, ein weiterer Schulpsychologe, verzog sein Gesicht: »Niemand soll mir noch diesen Spruch von Sokrates erzählen, dass die nachkommende Generation schon immer schwierig war. Ich bin alt genug, dass ich aus eigener Erfahrung weiß, dass es anders ist als früher, gewaltig anders. Und das ist erst der Anfang.«

Aus einem Lautsprecher hörte ich plötzlich meinen Namen rufen. Ich rechnete mit dem Schlimmsten und trat gebückt ins »Sprechzimmer«. Der Doktor reichte mir die Hand. Dann schwenkte er seinen Drehstuhl Richtung Bildschirm. Ich beneide niemanden, der jemandem sagen muss, da sei irgendetwas in seinem Kopf, das heute oder morgen wie ein gefräßiges Tier Stück für Stück seines Bewusstseins wegfrisst. »Ganz erstaunlich«, meinte der Arzt, »Cholesterin, Harnsäure, Leber, EKG – alles in Ordnung. Wie es aussieht, haben Sie das Herz eines 30-Jährigen und die Lunge eines Nichtrauchers. Nur weiter so. Sie wissen ja: regelmäßig Sport, mediterrane Kost. Alles Gute.«

Ich war unfähig, auch nur ein einziges Wort hervorzubringen. Die Sprechstundenhilfe mit der schönen Bluse streckte mir ein Rezept für eine Reihe von Fangopackungen entgegen. Doch als ich beschwingt die Treppen hinuntereilte, schoss mir ein furchtbarer Gedanke durch den Kopf: Konnte es sein, dass jemand die Befunde vertauscht hatte? In dieser Minute würde der Doktor womöglich einem anderen Patienten die schreckliche Diagnose mitteilen, die eigentlich für mich bestimmt war:

»unheilbar«. Eine andere Möglichkeit war gar nicht vorstellbar.

Mir kam mein Freund Kurt in den Sinn. Fünfzig Prozent der Beschäftigten in der IT-Branche, in der er arbeitet, seien »am Limit«, hatte er gemeint. Sie könnten sich nur noch mit Psychopharmaka über Wasser halten. »Wir sind an einem Punkt angekommen, wo die Menschen merken, dass wir an die Wand fahren, wenn wir so weitermachen. Aber wir haben ein Wahrnehmungsproblem. Wir wissen es, aber wir wollen es nicht sehen. Wir flüchten uns in Hoffnungen, die keine sind.«

Kurt war selbst ein Burn-out-Fall gewesen und hatte unzählige Seminare besucht. »Es war ein tiefer Blick in die Seelen«, meinte er, »was Menschen durchgemacht haben und was sie unter der Oberfläche mit sich herumschleppen. Kaputte Ehen, Ausgebrannte, Drogenopfer, Arbeitslose, Vergewaltigte. Das waren lauter Gestörte. In Wirklichkeit sind das Leute wie du und ich, Leute, wie man sie auf der Straße trifft.«

Kurts neues Leben begann mit dem Pantomimen Samy Molcho. Er hatte eines Tages an dessen Seminar teilgenommen. Der Titel war: »Ich führe euch auf einen neuen Planeten.« Der Coach wollte nicht nur zeigen, wie man sich bewegen, sondern wie man sich verändern kann. Es begann mit dem Sitzkreis, in dem alle Teilnehmer wie eingepfercht nebeneinandersaßen. »Fühlt ihr euch da wohl?«, fragte Samy. Niemand antwortete. »Ihr könnt etwas daran ändern.« Als die ersten ihre Stühle verschoben und mehr Platz machten für sich und andere, wurde die Situation sofort entspannter.

Die Wahrheit war, dass mir der Schock in der Praxis ganz guttat. Ich war nicht unheilbar krank, aber es braucht die Erschütterung, um eingefahrene Verhältnisse zu verändern. Denn noch immer war es möglich, dem ganzen Wahnsinn ein Schnippchen zu schlagen. Wir achten auf die Qualität von Lebensmitteln. Warum achten wir nicht auf qualitativ wertvolle Zeit?, überlegte ich. Oder führen Zeit-Stolperschwellen ein, echte Halte-Punkte, um nicht aus der Kurve zu fliegen? Warum achten wir auf Werthaltigkeit bei der Produktion von Waren, nicht aber in unserem Lebensstil?

Ist nicht auch das eine Form von Gier: immer auf der Jagd nach dem nächsten Kick zu sein; immer in der Angst, etwas zu versäumen? Als Ausdruck eines Daseins, das sich auf das Hier und Jetzt begrenzt, sodass es bis zur Neige ausgekostet werden muss? Kein Schiff kann durch die Luft fliegen. Man mag es Luftschiff nennen, aber es ist und bleibt ein Schiff. Wir sind die Schiffe, die durch die Luft geworfen werden; Bruchlandung folgt. Den Anforderungen einer getunten Jobwelt sind wir auf Dauer nicht gewachsen. Die Versuchungen der Freizeitwelt erdrücken uns. Wir finden keinen Schlaf. Wir kommen nicht mehr auf die Beine.

Aus der unbefriedigten Gesellschaft mit ihren vielen Krankmachern kommt heute freilich auch einer jener Aufschreie, die schon immer Revolutionen auslösen konnten: Wir schaffen es nicht mehr! Und wir wollen nicht mehr! Freiheit! Raus aus dem Takt einer Speed-Kultur, der wir biologisch nicht gewachsen sind. Überlebensstrategien finden angesichts einer Umwelt, die mit menschlichen Ressourcen Raubbau betreibt. Nicht von ungefähr behandeln die Top-Ten der *Spiegel*-Bestsellerliste der letzten zehn Jahre fast ausschließlich Themen wie Stille, Aussteigen, zur Ruhe kommen. Motto: Ich bin dann mal weg.

Viele suchen nach Alternativen. Sie überlegen, was sie in ihrem Leben ändern können. Kleine Dinge zunächst. Dies und jenes abschalten. Den Level zurückfahren. Sinnvollere Beschäftigung suchen, ob im Job oder in der freien Zeit. Anders miteinander umgehen. Nicht nur qualitative Lebensmittel, sondern auch eine qualitative Zeit haben wollen. Dem bloßen Haben das Sein, dem Unwesen wieder das Wesen entgegenstellen. Sich selbst wieder spüren können. Vor allem: gesund werden. Heil im ganzen Sinne.

UMWELT UND VERSCHMUTZUNG

1 400 Milliarden Euro

So hoch beziffert die Weltgesundheitsorganisation (WHO) die Folgekosten alleine der Luftverschmutzung für Europa. In einem Gutachten ließ der französische Senat erstmals auch die atmosphärischen Umweltbelastungen für Frankreich berechnen. Ergebnis: 100 Milliarden Euro. Der Rapport umfasst Folgen für Gesundheit, Landwirtschaft, Ökosysteme und historische Bauten. Alleine durch Feinstaub und Ozon gäbe es bis zu 45 000 vorzeitige Todesfälle. »Die Umweltverschmutzung ist nicht nur ein gesundheitlicher Wahnwitz«, folgerte der Senat, »sondern auch eine ökonomische Absurdität.« Das Gutachten trägt den Titel »Die Kosten des Nichtstuns«.

Planet Plastik

In den Weltmeeren gibt es inzwischen sechsmal mehr Plastik als Plankton. Jeder von uns hat inzwischen Kunststoff im Blut. Eine Folge sei Unfruchtbarkeit bei Männern, weil die Anzahl der Spermien immer mehr zurückgehe. Inzwischen haben wir so viel Plastik produziert, dass man damit die gesamte Erde mehrfach umwickeln und damit ersticken könnte.

5,25 BILLIONEN TEILCHEN AUS PLASTIK schwimme alleine an der Oberfläche der Meere. Eine noch unbekannt große Menge lagert zudem in der Tiefe. Von de 200 Millionen Tonnen Kunststoff, die jährlich weltwe produziert werden, landen nach Schätzungen sechs b 26 Millionen im Meer.

Müll im Fluss.

Auch in der Donau gibt es inzwischen mehr Plastik als Fisch. Der Fluss schwemmt täglich rund 4,2 Tonnen Kunststoff ins Schwarze Meer. Pro 1 000 Kubikmeter Wasser finden sich 317 Plastikpartikel und nur 275 Fischlarven.

Seevögel verwechseln Plastikmüll mit Nahrung.
Altglas, Plastikflaschen, Konserven, Plastiktüten, Gummistückchen oder Metallteile: Zwei Drittel der Vögel vor Australiens Küsten haben Plastik im Magen. Bis zum Jahr 2050 könnten gar 99 Prozent von 186 untersuchten Arten ihren Magen mit Plastikmüll verderben.

10 Millionen Fernsehgeräte verkauften Händler 2012 in Deutschland, dazu 13 Millionen Personalcomputer und 22 Millionen Handys. Mobiltelefone, die 2011 in die Schubladen wanderten: **83 Millionen.** Nur 18 Monate lang wird ein Handy genutzt, bis es durch ein Nachfolgemodell ersetzt wird.

»Wir behandeln die Erde wie eine Müllhalde und Wasser wie eine unendliche Reserve. Ich weiß nicht, welchem Wahn wir unterliegen, dass wir glauben, wenn wir dieses System zerstören, können wir einfach woanders hin. Wohin denn?«

Ozeanforscher Fabien Cousteau, Enkel des berühmten Ozeanforschers Jacques Cousteau.

8 Kilogramm. **So viel Elektroschrott lieferte der Bundesbürger im Schnitt jährlich an den Sammelstellen ab, insgesamt 80 000 Tonnen. Gewicht der jährlich neu gekauften Elektrogeräte: acht Millionen Tonnen.**

1 Billion

so hoch ist die jährliche Produktion von Plastiktüten aus Erdöl. Jeder Deutsche verbraucht im Schnitt 71 Beutel pro Jahr. Jeder Beutel wird 20 Minuten benutzt. Bis zu 400 Jahre dauert es, bis das Material wieder abgebaut ist. Spitzenreiter ist Bulgarien mit 421 Plastiktüten pro Verbraucher. Die Herstellung von Jute- oder Baumwollbeutel kostet allerdings so viel Wasser und Energie, dass man ihn mindestens 130-mal benutzen müsste, bis er in der Gesamtbilanz die Plastiktüte schlägt.

Das große Müll-Ranking:

- 617 Kilogramm Abfall fielen in Deutschland 2013 im Durchschnitt je Einwohner an. EU-Durchschnitt: rund 481 Kilogramm je Einwohner.
- Noch höhere Werte gibt es in Zypern (624 Kilogramm), Luxemburg (653 Kilogramm) und Dänemark (747 Kilogramm). Das sind EU-weit rund 250 Millionen Tonnen Müll.

---

40 MILLIONEN TONNEN, so groß ist laut UNEP (Umweltprogramm der Vereinten Nationen) der jährliche Anfall von Elektroschrott weltweit. Von den 2,5 Millionen Mikrowellengeräten, die jährlich alleine in Großbritannien weggeworfen werden, haben 54 Prozent nur Kratzer oder kleinere Defekte.

200 Millionen Tonnen Gülle aus der Massentierhaltung und Gärreste aus rund 8 000 Biogasanlagen haben dazu geführt, dass Felder in vielen Regionen Deutschlands überdüngt und Grundwässer belastet sind. Die Nitratwerte hierzulande gehören zu den höchsten in Europa. Die EU-Kommission hatte bereits im Herbst 2013 ein Verfahren gegen Deutschland angestrengt.

»Wir müssen versuchen uns vorzustellen, was die Welt über uns erzählen wird, wenn wir nicht mehr da sind.«
Claire Colebrook, Philosophin

Der Ersatz-Planet

Nach Berechnungen des WWF verbraucht die Menschheit so viel Ressourcen, dass ab 2030 zwei Erden nötig wären, um den Bedarf zu decken. Jeder der heute schon mehr als sieben Milliarden Menschen verbraucht im Schnitt 1,5-mal so viel an Nahrung, Energieträgern (Kohle, Gas und Öl) und anderen natürlichen Rohstoffen, wie die Natur geben kann. Reiche Länder hinterlassen einen weitaus höheren »ökologischen Fußabdruck« pro Einwohner als Länder mit niedrigem Einkommen.

Grundwissen zum Klimawandel

Das sind die wichtigsten Prognosen des Weltklimaberichts 2014:

- **Kriege und Flüchtlinge:** Wenn der Klimawandel die Knappheit lebenswichtiger Ressourcen weiterhin verschärft, drohen vermehrt Bürgerkriege.
- **Wasser:** Vor allem in den Subtropen droht Wasserknappheit.
- **Ernährung:** In vielen Regionen ist ein Rückgang der Erträge von Weizen, Reis, Soja und Mais um bis zu einem Fünftel zu erwarten.
- **Gesundheit:** Hitze, Feuer, Unterernährung und Wassermangel könnten vermehrt Krankheiten verursachen.
- **Wirtschaftliche Entwicklung:** Eine Erderwärmung von zwei Grad Celsius wird bis zu 2 Prozent der Wirtschaftsverluste verursachen.
- **Meeresspiegelanstieg:** Stetig schwellende Meere werden vermehrt zu Überflutungen führen.
- **Ozeanversauerung:** Ozeane werden durch das Treibhausgas Kohlendioxid immer saurer. Meeresorganismen wie Korallen oder Austern fällt es schwerer, ihre Schalen aufzubauen.
- **Artensterben:** Klimazonen werden sich so schnell verschieben, dass Tiere und Pflanzen aussterben.
- **Landschaften:** Hochgebirgsgletscher und das Meereis der Arktis schrumpfen. Ein Baumsterben könnte drohen. Städte: Hitzestress und Extremregen könnte zum Problem werden.
- **Europa:** mehr Flusshochwasser, Extremregen, Wasserknappheit im Süden.
- **Afrika:** Wassermangel, Ernteeinbußen, Extremregen, Extremhitze.
- **Asien:** hitzebedingte Todesfälle, Unterernährung durch Wassermangel und Nahrungsknappheit.
- **Nordamerika:** mehr Buschfeuer, häufigere Hitzezeiten.
- **Mittel- und Südamerika:** Wasserknappheit, Nahrungsmangel.
- **Australien:** Extremregen, gefährliche Meeresfluten.
- **Inselstaaten:** weniger Siedlungszonen.

Earth Overshoot Day

Das ist der Begriff für jenen Tag im Jahr, an dem die Menschheit bereits so viele Ressourcen verbraucht hat, wie die Natur in zwölf Monaten erneuern kann. 1987 fiel der »Earth Overshoot Day« auf den 19. Dezember, 1993 schon auf den 21. Oktober, 2003 auf den 22. September. 2014 war es der 20. August.

Miese Lebensqualität

Um 28 Prozent verschlechterten sich in den letzten 40 Jahren die Lebensbedingungen von 2700 Tierarten, so der Living-Planet-Index der Umweltorganisation WWF. In den Tropen sind es gar 61 Prozent. Über 50 Prozent der häufigsten Pflanzenarten und 35 Prozent der Tierarten werden bis 2080 nur noch die Hälfte ihres heutigen Lebensraumes zur Verfügung haben.

»Der Mensch will wie Gott sein und verwüstet die Schöpfung. Das ist es, was wir tun, die Schöpfung verwüsten, das Leben verwüsten, die Kulturen verwüsten, die Werte verwüsten, die Hoffnung verwüsten.«

Papst Franziskus in seiner Allerheiligenpredigt am 1. November 2014

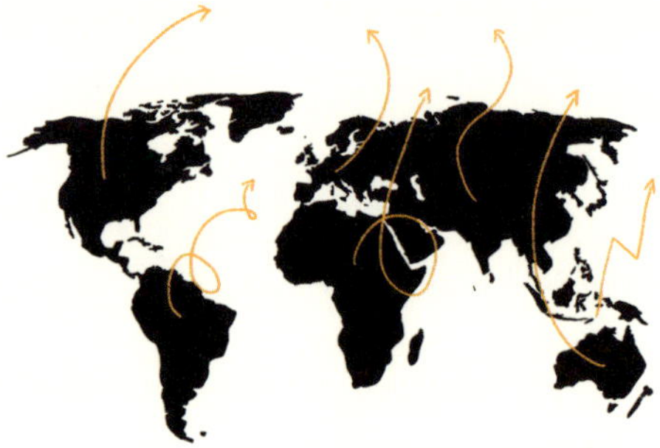

Die wichtigsten Veränderungen, die bereits mit großer Sicherheit auf den Klimawandel zurückgeführt werden können:

- Europa: Rückgang der Gletscher, längere Vegetationsperiode, Fische ziehen nordwärts.
- Afrika: Rückgang der Gletscher, Erwärmung der Seen.
- Asien: Permafrostgebiete und Korallenriffe schrumpfen.
- Australien: Veränderungen der Flora und Fauna, Korallenbleiche.
- Nordamerika: Schrumpfen der Gletscher, Schmelzwasserflüsse versiegen früher im Jahr, Fische wandern nordwärts.
- Mittel- und Südamerika: Andengletscher schrumpfen, Korallenbleiche in der Karibik.
- Inselstaaten: erodierende Küsten, Korallenbleiche.

89 Prozent der Flüsse und Bäche, 57 Prozent der Seen und 38 Prozent der Grundwasserleiter in Deutschland sind in einem **»schlechten chemischen Zustand«**. In Niedersachsen sind 60 Prozent des Grundwasserreservoirs aufgrund der Massentierhaltung stark nitratbelastet. In Bayern mussten seit 1990 1000 Trinkwasserbrunnen wegen zu hoher Nitratwerte geschlossen werden. Nitratverbindungen gelten als krebserregend.

Ozeane so warm wie nie

140 Jahre alte Daten belegen, dass die Oberflächentemperatur der Meere weltweit im Schnitt um 0,59 Grad zugelegt hat. Im Juni 2015, dem heißesten je registrierten Monat überhaupt, lag die Durchschnittstemperatur auf der Oberfläche der Ozeane 0,88 Grad über dem Durchschnittswert des 20. Jahrhunderts, so die Nationale Ozean- und Atmosphärenverwaltung (NOAA) in Washington. Die Weltmeere beinhalten 700 Billiarden Liter Wasser.

Saure Erde. Deutsche Böden haben einen Stickstoffüberschuss von 112 Kilogramm pro Hektar. Deutschland liegt hinter Malta damit auf Platz zwei bei der Grundwasserbelastung mit Nitrat. Folgen: Mikroalgen wuchern und verdrängen andere Pflanzen und Tiere.

7,6 Zentimeter sind die Ozeane laut NASA seit 1992 im Schnitt gestiegen. Um mindestens einen Meter werden die Pegel der Weltmeere nach Einschätzung der US-Weltraumbehörde in den kommenden 100 bis 200 Jahren ansteigen, stärker, als bisher erwartet.

Bittere Pillen. Arzneimittelrückstände in Flüssen und Seen verändern das Verhalten von Fischen dramatisch. So werden beispielsweise Schwarmtiere wie die Barsche zu draufgängerischen Einzelgängern, die deutlich mehr fressen. In unserer Umwelt finden sich inzwischen Spuren von 156 verschiedenen Arzneistoffen, 24 davon sind für Organismen gefährlich oder sogar tödlich.

GOOD NEWS. DER HERING IST SICHER. 2005 WAREN 94 PROZENT DER ERFORSCHTEN FISCHBESTÄNDE GEFÄHRDET. 2013 IST DIE QUOTE BEI 39 PROZENT ANGELANGT.

Der EU-Umweltschutzbericht 2015:

- 60 Prozent der geschützten Arten und 77 Prozent der Lebensräume in Europa geht es schlecht, das EU-Ziel, den Artenverlust bis 2020 zu stoppen, wird verfehlt.
- Fruchtbare Böden gehen weiter verloren.
- Wasser- und Luftreinhaltung machen Fortschritte. Der Anteil intakter Flüsse und Seen ist EU-weit zwischen 2009 und 2015 von 43 auf 53 Prozent gestiegen.
- Zwar wird fast ein Fünftel weniger CO_2 ausgestoßen als noch 1990, allerdings wird das Ziel von 80 Prozent weniger Treibhausgasausstoß ohne weitere Bemühungen im Jahr 2050 verfehlt.

»Wir haben den letzten Umkehrpunkt hinter uns gelassen.«
Der Geologe Eric Rignot von der University of California in Irvine über die Gletscherschmelze in der Westantarktis.

100 Milliarden Dollar pro Jahr werden die Kosten durch Flutschäden in den 136 größten Küstenstädten der Welt betragen, wenn keine Schutzmaßnahmen ergriffen werden, so die Prognose der Weltbank. Derzeit entstehen jährliche Kosten von sechs Milliarden Dollar, vor allem in Miami, New York, New Orleans und Guangzhou in China.

Bayerns Gletscherschmelze

Fast alle Gletscher in den bayerischen Alpen werden infolge des Klimawandels in 30 Jahren verschwunden sein. Seit 1820 hat sich die Gesamtfläche der Gletscher in Bayern von vier Quadratkilometern auf nur noch 0,7 Quadratkilometer reduziert. Blaueis- und Watzmanngletscher verlieren jedes Jahr einen Meter an Eisdicke.

Wer den Klimabericht schreibt: Alleine am ersten Teil des fünften Klimaberichts der Vereinten Nationen im Jahr 2013 wirkten 259 Autoren mit. 600 weitere Forscher arbeiteten ihnen zu. Zusätzlich haben die Autoren 54 677 Kommentare ausgewertet, die von 1 089 Experten und 38 Regierungen eingingen.

Korallen

Weltweit sind ein Viertel bis ein Drittel aller Korallenbänke schwer beschädigt. Das weltberühmte Great Barrier Reef vor der Küste Australiens ist seit 1960 gar um die Hälfte geschrumpft. Rund 70 Prozent aller Korallenstandorte könnte der Klimawandel bis 2030 nachhaltig schädigen.

---

63 Prozent der Fischbestände im Atlantik sind überfischt, im Mittelmeer sogar 93 Prozent. Sollten keine Maßnahmen erfolgen, werden ab 2048 die Meere völlig leer gefischt sein. Grund für die Überfischung sind industrielle Fangmethoden und der erhöhte Konsum. 13 Jumbojets würden neben- und übereinander durch die maulähnliche Öffnung eines pelagischen Schleppnetzes mit einer Größe von bis zu 23000 Quadratmetern passen. Während ein Deutscher 1980 im Durchschnitt noch 11,2 Kilogramm Fisch aß, waren es 2010 schon 15,5 Kilogramm. 30 Millionen Tonnen Tiere werden jährlich als unnützer »Beifang« tot ins Meer zurückgeworfen.

MEGABALLUNG

Der bevölkerungsreichste Ballungsraum der Welt ist die südchinesische Region am Delta des Perlflusses mit zusammenwachsenden Städten wie Guangzhou, Shenzhen und Luoyang. 2020 sollen dort 60 Millionen Menschen leben.

»Verlassen Sie São Paulo! Hier gibt es kein Wasser, nicht zum Baden, nicht zum Saubermachen, nicht mal Mineralwasser in der Flasche! Das ist kein Scherz!«

Der Direktor der Stadtwerke São Paulo, Paulo Massato, in einem Aufruf von 2012.

Das Zwei-Grad-Ziel beschreibt das Ziel der internationalen Klimapolitik, die globale Erwärmung auf weniger als zwei Grad Celsius gegenüber dem Niveau vor Beginn der Industrialisierung zu begrenzen.

»Wir müssen alle verstehen, dass die begrenzte Ressource nicht die Energierohstoffe sind, sondern der Platz in der Atmosphäre, um CO_2 abzulagern.«

Ottmar Edenhofer, Chefökonom am Potsdam-Institut für Klimafolgenforschung

---

Ausgereizt. Der Bericht des »Club of Rome« mit dem Titel »2052« geht davon aus, dass die Welt das gesetzte Ziel einer Reduzierung der Erderwärmung um nicht mehr als zwei Grad Celsius nicht erreichen wird. Schließlich würde der Ausstoß von Treibhausgasen bis 2030 anstatt ab- noch weiter zunehmen.

BEVÖLKERUNGSWACHSTUM

Am 16. Juni 2015 um 15:10 Uhr lebten 7 253 575 138 Menschen auf der Erde. Alle fünf Tage entsteht – bildlich gesprochen – in den Entwicklungsländern eine neue Stadt mit einer Million Einwohnern. Die jährliche Wachstumsrate lag 2012 bei 80 Millionen Menschen. Die UNO rechnet im Jahr 2100 mit einer Weltbevölkerung von 11,2 Milliarden Menschen. Die Prognose ist allerdings umstritten. Über eine so lange Zeitspanne, so Kritiker, könne man keine seriöse Vorausschau machen.

»Unsere größte Herausforderung wird sein, in zehn Jahren eine Milliarde mehr Menschen zu ernähren.«
Marie Haga, Direktorin des »Global Crop Diversity Trust«, des Welttreuhandfonds für Kulturpflanzenvielfalt. Die Nachfrage steige, so Haga, gleichzeitig gehe Ackerland verloren, Ernteerträge würden sinken, Wasser werde knapper. Die Artenvielfalt schwinde immer schneller. Marie Haga: *»Wir bekommen da ein Riesenproblem.«*

»DIE MENSCHEN KOCHEN IHREN PLANETEN – BUCHSTÄBLICH.«
US-Wissenschaftler Jonathan Overpeck

Auf der Erde leben zwischen acht und zwölf Millionen verschiedene Tier- und Pflanzenarten. Seit den 1970er-Jahren hat sich laut WWF der Bestand an bekannten **Tierpopulationen** um 50 Prozent reduziert. Weltweit verschwinden bis zu 58000 Tierarten – pro Jahr. Todesursache: die Zerstörung von Lebensräumen, die Folgen des Klimawandels und Wilderei.

- **In den Meeren** verschwanden 39 Prozent aller Wirbeltiere.
- **In Europa** leben heute rund 421 Millionen Vögel weniger als noch vor drei Jahrzehnten. Vom Rückgang betroffen sind zu 90 Prozent gewöhnliche Arten wie Spatz, Star, Lerche sowie das graue Rebhuhn.
- **In Afrika** droht Elefanten die Ausrottung: Lebten Ende der 1970er-Jahre noch bis zu drei Millionen dieser Tiere auf dem Kontinent, gibt es mittlerweile nur noch etwa eine halbe Million wilde Elefanten. Alleine im Februar 2012 wurden im Bouba-Ndjida-Nationalpark in Kamerun rund 400 Elefanten von Wilderern abgeschlachtet. In Tansania ist die Zahl der Elefanten seit 2009 um rund 65000 gesunken – das entspricht 60 Prozent der Gesamtpopulation. Das Land erhält Entwicklungshilfe in Millionenhöhe, um die Tiere zu schützen. Die zuständige Überwachungsgruppe der EU gab im April 2015 Entwarnung, ohne die neuen Zahlen anzufordern.
- **Auch die Zahl der Löwen** sinkt dramatisch: Derzeit werden in freier Wildbahn noch etwa 23000 der Tiere gezählt.
- **Die Aussterberate** ist zurzeit 1000- bis 10000-mal höher als ein durch gewöhnliche Evolution bedingtes Aussterben. Bislang gab es fünf große Artensterben. Das letzte fand vor 65 Millionen Jahren statt, als die Dinosaurier und mit ihnen etwa 70 Prozent aller Arten verschwanden.

Immer heißer. Durch das Verbrennen von Kohle, Öl und Erdgas ist die globale Durchschnittstemperatur so stark und so schnell angestiegen wie nie zuvor in den vergangenen 10 000 Jahren Erdgeschichte: um 0,8 Grad Celsius.

KLIMA-GIPFEL

Auf dem G7-Gipfel im Juni 2015 im bayerischen Elmau beschlossen die sieben großen Industrienationen, im Laufe des Jahrhunderts komplett aus fossilen Energieträgern auszusteigen. Dafür müssten die Subventionen für fossile Energieträger abgeschafft und die Investitionen in erneuerbare Energien bis 2030 von 270 Milliarden Dollar auf 400 Milliarden Dollar erhöht werden. Laut einem Bericht der Internationalen Energieagentur (IEA) könnten Wind, Sonne und Wasserkraft in 15 Jahren weltweit Kohle und Öl als wichtigste Energiequellen bei der Stromerzeugung ablösen, wenn die Klimakonferenz im Dezember 2015 in Paris in ihrem Beschluss festschriebe, bereits 2020 den Höhepunkt beim Ausstoß von Treibhausgasen zu erreichen.

Negativrekord.

Verglichen mit der Winter-Eisausdehnung der Jahre 1981 bis 2010 ging in der Arktis eine Eisfläche von fast 1,1 Millionen Quadratkilometern verloren. Auch Grönlands Nordosten beginnt zu tauen. Er verliert jährlich zehn Milliarden Tonnen Eis und trägt damit knapp 0,03 Millimeter pro Jahr zum Anstieg der Ozeane bei. Auch die Gletscher im Südwesten der Antarktischen Halbinsel, die bislang als stabil galten, tauen auf, wie Satellitendaten belegen. Insgesamt verliert die Westantarktis jährlich 147 Gigatonnen an Eis, diagnostizierte die UNO in ihrem Sachstandsbericht 2015.

Der Wasser-Report

- In Deutschland liegt der jährliche Pro-Kopf-Verbrauch an Wasser bei 1 426 Kubikmetern, in den USA bei 2 842, in Bangladesch bei rund 750.
- 748 Millionen Menschen haben keinen Zugang zu sauberem Trinkwasser. 90 Prozent davon leben in Asien und in Afrika südlich der Sahara.
- Jeden Tag sterben 1 000 Kinder unter fünf Jahren an Durchfallerkrankungen, verursacht durch verschmutztes Trinkwasser, fehlende Toiletten und mangelnde Hygiene.
- Der weltweite Bedarf an Wasser wird durch das Bevölkerungswachstum bis 2050 um 55 Prozent ansteigen. Schon bis 2030 wird die Lücke zwischen dem Bedarf und der natürlichen Neubildung von Grundwasser auf 40 Prozent anwachsen.
- Für 92 Prozent des Wasserverbrauchs ist die Agrarproduktion verantwortlich, die industrielle Produktion für 4,4 Prozent und der häusliche Verbrauch lediglich für 3,6 Prozent.
- China, Indien und die USA verbrauchen 38 Prozent des weltweit genutzten Wassers.

---

507 **Millionen Liter Erdöl strömten ins Meer, als 2010 die Bohrinsel Deepwater Horizon explodierte. Die Folgen: Fast 2 000 Kilometer Küstenlinie waren ölverschmiert, auf dem Ozean trieb monatelang ein Ölteppich von der anderthalbfachen Größe des Saarlands. Hunderttausende von Vögeln und Fischen und Hunderte von Meeressäugern starben. Ganz zu schweigen von den nicht absehbaren Spätfolgen. BP musste lediglich 13,7 Milliarden Dollar als Strafe zahlen. Bereits ein Jahr später erzielte der Konzern einen Gewinn von 23,9 Milliarden Dollar.**

WASSERNOT:

- 240 Gigatonnen – so hoch ist der Verlust von Grundwasser im Westen der USA aufgrund anhaltender Dürren. Durch das fehlende Gewicht hob sich der Erdboden um durchschnittlich vier Millimeter pro Jahr an. Die kalifornischen Berge sind dabei von 2000 bis 2014 um anderthalb Zentimeter gewachsen.
- Auch auf der Arabischen Halbinsel schwinden die Grundwasservorräte. In Afrika und Zentralasien breiten sich Wüsten aus, so berichtet der Spiegel im Februar 2015. In Israel, Australien und Brasilien trocknen Seen und Flüsse aus.
- Per Dekret hat Kaliforniens Gouverneur Jerry Brown 2015 das Wassersparen für Privathaushalte angeordnet. Rasen an Universitäten, Golfplätzen und Friedhöfen wird durch anspruchslosere Pflanzen ausgetauscht. Die Landwirtschaft, die für 80 Prozent des Wasserverbrauchs verantwortlich ist, bleibt von den Zwangsmaßnahmen weitgehend ausgenommen.
- Akuter Wassermangel betrifft 77 Millionen Menschen um die Metropolen Rio de Janeiro und São Paulo. 70 Prozent des Trinkwassers verbraucht die industrialisierte Landwirtschaft. Alleine durch undichte Rohre und Hydranten gehen jährlich 37 Prozent des Wassers verloren. Inzwischen streiten Rio de Janeiro und São Paulo vor dem höchsten brasilianischen Gericht um das Wasser aus dem Fluss Paraiba do Sul.

Der Fracking-Boom.

Bei der Methode des Frackings wird Gas, das in Sandstein oder im Schiefergestein lagert, mit viel Chemie und hohem Druck aus dem Stein herausgepresst. Nach Bohrungen werden immer wieder giftige Substanzen im Grundwasser der Umgebung nachgewiesen. Der beim Fracking eingesetzte Chemikaliencocktail enthält unter anderem krebserregendes Benzol und Quecksilber.

Nach einem Beschluss des Bundestages bleibt Fracking in Deutschland verboten, mit Ausnahmen. 2300 Milliarden Kubikmeter Gas werden in deutschem Gestein vermutet. 85 Milliarden Kubikmeter Gas wurden 2014 in Deutschland verbraucht. In den USA gab es 2013 rund 500000 Bohrlöcher zur Erdgasförderung. Im Süden Australiens stieß der Konzern Linc Energy bei Probebohrungen auf ein Gasreservoir mit einem Marktwert von 15 Billionen Euro.

DIE KOSTEN DES NICHTSTUNS.

190 Milliarden Euro an Kosten im Jahr würde ein ungebremster Klimawandel für Europa für den Zeitraum 2071 bis 2100 verursachen, so Berechnungen von Klimaforschern des Joint Research Centre der EU. Die Summe entstünde durch höhere Aufwendungen zum Beispiel für Küstenschutz, veränderten Energiebedarf, Verschiebung der Landwirtschaft von Süd nach Nord und steigende Ausgaben im Gesundheitssystem.

SOLL UND HABEN.

Ein von den Vereinten Nationen eingesetztes Forschergremium des University College London hat Anfang 2015 errechnet, wer auf wie viel seiner Bodenschätze verzichten müsste, um den Klimawandel zu begrenzen:

Kanada auf 98 Prozent seiner Ölreserven (dürfte nur noch 2 Prozent in Anspruch nehmen);

USA auf 95 Prozent ihrer Kohlereserven;

Afrika auf 25 Prozent seiner Ölreserven;

Europa auf 89 Prozent seiner Kohlereserven;

der Nahe Osten auf 38 Prozent seiner Ölreserven und 61 Prozent der Gasreserven;

die Gebiete der ehemaligen Sowjetunion auf 96 Prozent ihrer Kohlereserven und 60 Prozent der Gasreserven;

China und Indien auf 76 Prozent ihrer Kohlereserven.

Zudem müsste die Weltgemeinschaft auf sämtliche der noch nicht entdeckten, aber vermuteten Ressourcen verzichten, etwa auch auf die Rohstoffe der Arktis und Schiefergas und Ölsand.

Heiß wie nie.

Nachdem bereits in Mai, Juni und September globale Höchstwerte gemessen wurden, ging der Oktober 2014 als heißester Monat in die Geschichte der Wetteraufzeichnungen ein. Im Juli 2015 meldete die US-Wetterbehörde NOAA einen neuen weltweiten Hitzerekord seit Beginn der Messungen 1880. Die Jahre seit 2000 gehören fast sämtlich zu den wärmsten der bislang gemessenen.

---

60 Prozent mehr Treibhausgase hat die Weltbevölkerung 2014 in die Atmosphäre gepustet als noch 1990. Alleine in China stiegen zwischen 1990 und 2013 die CO_2-Emissionen um 312 Prozent, in Indien um 200 Prozent. Dennoch will der indische Premier Narendra Modi Indiens Kohleproduktion bis 2019 verdoppeln. Seit Anfang der 1960er-Jahre stieg der CO_2-Gehalt in der Atmosphäre um rund 40 Prozent.

Der Wert der Natur.

Einige Beispiele*:

- 8,7 Milliarden Euro im Jahr beträgt der Erholungswert des Waldes in der Schweiz.
- 3,9 Milliarden Euro im Jahr sind alle Leistungen wert, die die Ökosysteme in den rund 100 000 Schutzgebieten der Erde für den Menschen bereitstellen.
- 274 Millionen Euro im Jahr bringen die 160 000 Hektar großen Korallenriffe vor Hawaii durch Fischerei, Tourismus und als natürlicher Schutz gegen die Brandung ein.
- 162 Millionen Euro Gewinn im Jahr erzielen allein die Bienenvölker in der Schweiz, indem sie Pflanzen bestäuben. Nicht mitgerechnet der Wert des Honigs, den sie produzieren.
- 7,7 Millionen Euro im Jahr spart Schilfrohr, das an den Ufern der Elbe wächst. Die Pflanzen filtern das Wasser und ersetzen so eine weitere Kläranlage.
- 154,00 Euro im Jahr ist ein Blaukehlchen wert, weil es Schädlinge bekämpft und Samen verteilt.
- 2,50 Euro im Jahr ist der Wert des Humusbodens, den Regenwürmer pro Hektar produzieren.

*Die Zahlen stammen aus Berechnungen von: Welternährungsorganisation (FAO); Bundesamt für Umwelt; »The Economics of Ecosystems and Biodiversity« (Teeb); spiderpharm.com; Geo; und dem Systemtheoretiker Frederic Vester.

Wenn ganze Regionen versinken:

Teile des Südens und Westens der 22-Millionen-Einwohner-Metropole Mexico City sacken um zweieinhalb Zentimeter pro Monat ein. Schuld ist die Entnahme von Grundwasser. Der Boden, so Experten, werde dadurch regelrecht ausgehöhlt.

In Groningen in den Niederlanden hat durch Gasförderung der Boden seit den 1970er-Jahren um 30 Zentimeter nachgegeben.

In der chinesischen Stadt Semarang senken sich küstennahe Stadtviertel bis zu 15 Zentimeter pro Jahr.

Auch Teile der indonesischen Hauptstadt Jakarta sacken durch Entnahmen aus dem Boden mehrere Zentimeter im Jahr ein.

Tokio hatte sich Mitte des 20. Jahrhunderts gleich um vier Meter gesenkt. Seit die Grundwasserförderung drastisch eingeschränkt wurde, konnte das weitere Absinken gestoppt werden.

80 Prozent der Energie werden in Deutschland noch immer aus Kohle, Öl und Gas erzeugt. Rund 500 Kohlekraftwerke gibt es bundesweit. Um das Klimaziel zu erreichen, müssten bis 2020 neben den 48 Kohlekraftwerken, die zum Abschalten angemeldet sind, mindestens 50 weitere vom Netz genommen werden.

Aggressive Pollen.

Die Luftverschmutzung lässt den Gehalt an Allergien auslösenden Stoffen in den Pollen wachsen. Pflanzen reagieren gestresst auf den Dreck in der Luft. 18 Prozent der Deutschen leiden damit umso stärker unter Juckreiz, Niesen und Husten.

Die ersten Boten des **Klimawandels** in Deutschland nach Angaben des Umweltbundesamtes:

- In der Nordsee gehen regelmäßig Südfische ins Netz.
- Die Welt der Sing- und Zugvögel gerät durcheinander, weil sich die Jahreszeiten verschieben.
- Zunehmende Wärme schadet der Qualität landwirtschaftlicher Produkte. Rieslingtrauben zum Beispiel von der Mosel haben dann weniger Säure und liefern einen weniger charaktervollen Wein.
- Die Ansiedlung der Tigermücke am Oberrhein belegt die Gefahr von Tropenkrankheiten. Die Schnake kann Denguefieber übertragen.
- An Donau, Elbe, Weser und Rhein kommt es seltener zu Niedrigwasser. Die Regenfallmengen im Winter nehmen zu, die im Sommer eher ab.
- Die Region um Frankfurt an der Oder zählt mit zehn zusätzlichen Tagen von Spitzentemperaturen mit über 30 Grad Celsius die größte Steigerung an Hitzetagen.
- Immer häufiger melden Forstämter hohe Waldbrandgefahr. Ein Drittel aller Feuer bricht in Brandenburg aus.

3 322 Stürme, Hitzewellen und Überflutungen wurden in Deutschland in den vergangenen zehn Jahren gezählt. Gab es 1970 im Schnitt zehn Umweltkatastrophen pro Jahr, sind es inzwischen 35.

265 Milliarden Dollar, das ist der neue Höchstwert an Schäden durch Naturkatastrophen, den ein Erdbeben in Neuseeland, Überschwemmungen in Asien und der Tsunami in Japan im ersten Halbjahr 2011 verursachten.

Preisexplosion durch Extremwetter. Wirtschaftswissenschaftler errechneten, der Preis von Mais könnte durch Wetterkapriolen bis 2030 um 177 Prozent steigen, der Weizenpreis um 120 Prozent, Reis um 107 Prozent. Bereits heute müssen eine Milliarde Menschen in ärmeren Ländern 75 Prozent ihres Einkommens für Lebensmittel ausgeben.

---

250 Millionen Retouren, so viele Pakete werden in Deutschland jedes Jahr zurückgeschickt. Würden sie hintereinandergelegt, ergäbe das eine Strecke von knapp 100 000 Kilometern, zweieinhalb Mal um die Erde. Der Transport der Retouren produziert 123 667 Tonnen CO_2-Emissionen.

Die Amazonas-Wälder nehmen immer weniger Kohlendioxid auf. Von den 1990er-Jahren bis in die ersten Jahre des neuen Jahrtausends sank die jährliche CO_2-Aufnahme um 30 Prozent.

Neue Kohlekraftwerke.

Die neu gebauten Kohlemeiler werden bei einer Laufzeit von 40 Jahren weltweit insgesamt 307 Milliarden Tonnen Kohlendioxid in die Atmosphäre blasen, so Wissenschaftler von der University of California in Irvine und der Princeton University im US-Bundesstaat New Jersey.

Fahrverbot wegen Smog.

Aufgrund starker Luftverschmutzung wurden im März 2014 im Großraum Paris Fahrverbote erlassen. Die Konzentration der teils als krebserregend eingestuften Feinstaubpartikel hatte einen Wert von 180 Mikrogramm pro Kubikmeter erreicht. Zulässige Obergrenze: 50 Mikrogramm. Schulen wurden aufgerufen, Kinder nur noch kurz ins Freie zu lassen.

Smog-Hauptstadt der Welt:

Neu-Delhi ist die Hauptstadt mit der schlechtesten Luft weltweit. Die Menge der Feinstaubpartikel ist mit 144 Mikrogramm pro Kubikmeter 13-mal höher als das von der WHO als verträglich eingestufte jährliche Limit. Partikel mit einem aerodynamischen Durchmesser kleiner als 2,5 Mikrometer (PM 2,5) sind besonders gesundheitsschädlich, weil sie tief in die Lunge und teils sogar in die Blutbahn eindringen. 2014 befanden sich 13 der 20 Städte mit der schlechtesten Luft in Indien. Eine aktuelle Studie der University of Chicago kommt zu dem Schluss, dass Indiens dreckige Luft die Hälfte der Einwohner des Landes, also 660 Millionen Menschen, mehr als drei Jahre ihres Lebens kostet.

»Die ausufernde Störung des Untergrunds in Tiefen von mehr als fünf Kilometern durch eine biologische Spezies (den Menschen) bedeutet eine erhebliche geologische Intervention.«

Fazit der Forscher der University of Leicester.

Prognose Feinstaub.

Im Jahr 2030 werden 80 Prozent der EU-Bevölkerung einer Feinstaubbelastung ausgesetzt sein, die über den Empfehlungen der WHO von 20 Mikrogramm je Kubikmeter liegt. So die Prognose des Internationalen Instituts für Angewandte Systemanalyse (IIASA). In Städten wie Paris, Turin und Mailand, Warschau und Sofia wird der Feinstaub dauerhaft Werte über 35 Mikrogramm erreichen. Auch München, Berlin und Bremen würden mit 25 bis 35 Mikrogramm den Grenzwert überschreiten. Feinstaubpartikel sind verantwortlich für jährlich 2,1 Millionen Todesfälle weltweit. In Europa sterben jedes Jahr 430000 Menschen daran.

---

18 Millionen Hektar

Waldfläche gingen der Erde nach einer Studie von »Global Forest Watch« alleine im Jahr 2014 durch Abholzung verloren. Das entspricht der doppelten Fläche Portugals. Vor allem Tropenwälder sind betroffen.

Instabil.

In vier Bereichen habe die Menschheit jenes Maß überschritten, das bislang das Fortbestehen stabiler Verhältnisse garantierte: 1. beim Klimawandel, 2. bei der Artenvielfalt, 3. bei der Landnutzung und 4. bei den globalen Phosphor- und Stickstoffkreisläufen. Das Eingreifen des Menschen in die Natur ist laut einer Untersuchung des »Stockholm Resilience Centre« so dramatisch gestiegen, dass die »relativ stabile Epoche« in der Nutzung der Ressourcen der vergangenen 12000 Jahre beendet wurde.

250 000 Fledermäuse

pro Jahr erleiden in Deutschland wegen großer Luftdruckänderungen an den Rotorblättern der Windkraftanlagen ein sogenanntes Barotrauma, bei dem innere Organe zerreißen. Nur ein Bruchteil der aktuell rund 24000 Windkraftanlagen erfüllt die Auflagen zum Schutz dieser Säugetiere.

Das Menschen-Zeitalter: Eine neue geologische Epoche hat begonnen – das »Anthropozän«. Wissenschaftler der University of Leicester zählen sechs drastische Eingriffe in die Natur auf, die für das »Zeitalter des Menschen« stehen:

- Oberfläche: Bereits mehr als drei Viertel der Landoberfläche der Erde seien durch den Menschen künstlich umgestaltet. Nur noch 23 Prozent sind Wildnis.
- Unterhöhlung: Im Untergrund hat sich ein dichtes Netz von U-Bahn-Schächten, Wasserrohren, Strom- und Telefonleitungen, Tunneln, Geheimgängen und Tiefgaragen ausgebreitet. Unter Deutschland liegen 1,4 Milliarden Kilometer Abwasserleitungen. Genug, um die Erde 35000-mal zu umrunden.
- Bergbau: In Deutschland befinden sich Tausende Kilometer an Stollen. Als Folge der Aushöhlung haben sich manche Gebiete um bis zu 30 Meter abgesenkt.
- Bohrungen: Das tiefste Bohrloch der Welt sticht gut zwölf Kilometer in die Erde der nordrussischen Insel Kola. Alleine in Großbritannien durchlöchern rund eine Million Bohrungen den Untergrund.
- Deponien: In vielen Ländern wurden riesige Lager für radioaktiven Abfall, chemischen Müll, Erdgas oder Trinkwasser angelegt.
- Atomtests: Mehr als 1500-mal explodierten bereits Atombomben im Boden.

Gen-Anbau.

Bisher war die Europäische Lebensmittelsicherheitsbehörde EFSA davon ausgegangen, dass ein Sicherheitsabstand von bis zu 30 Metern zu einem Feld mit Genpflanzen ausreichend sei, um das Nachbarfeld vor Verunreinigung zu schützen. 2015 ergaben Forschungen, dass Maispollen mehrere Hundert Meter weit fliegen. Der Rekord lag bei 4,5 Kilometern.

Verlorener Regenwald. **Tausende Satellitenaufnahmen belegen, dass die Abholzung des Regenwalds weltweit rasant zugenommen hat. Alle fünf Jahre verschwindet ein Areal, das beinahe so groß ist wie Deutschland. Zwischen 2000 und 2010 lag der Rückgang bei 6,5 Millionen Hektar – eine Zunahme von 62 Prozent.**

Atommüll.

Experten erwarten das Einbringen des letzten Atommüllbehälters in ein Endlager in Deutschland erst zwischen 2075 und 2130. Die Kosten könnten deshalb in den nächsten Jahrzehnten auf 50 bis 70 Milliarden Euro steigen. Die vier Stromkonzerne E.ON, RWE, EnBW und Vattenfall haben für den Abriss der Atomkraftwerke und die Zwischen- und Endlagerung bisher weniger als 40 Milliarden Euro zurückgelegt.

200 Millionen Menschen leben in einer Umgebung, die von Umweltgiften schwer belastet ist. Die Schweizer Stiftung Green Cross stellte die Orte zusammen, die weltweit am meisten verschmutzt sind:

- Methylbenzol gelangt durch ungeklärte Abwässer der über 5 000 Fabrikanlagen entlang des Río Matanza-Riachuelo (Argentinien) in den Fluss und gefährdet 20 000 Menschen.
- Blei wird in Accra (Ghana) beim Recyceln alter PCs und Monitore freigesetzt und bedroht die Gesundheit von 40 000 Menschen.
- Quecksilber, das bei der Goldgewinnung in die Umwelt gelangt, gefährdet in Indonesien 225 000 Menschen.
- Cadmium, Chrom und Pestizide auf Java gefährden bis zu fünf Millionen Bewohner.
- Bis zu zehn Millionen Menschen leiden immer noch unter der Verstrahlung in Tschernobyl.

Bienensterben.

Das Bienensterben nimmt dramatische Ausmaße an und gefährdet die Lebensmittelproduktion. Verantwortlich ist der Einsatz verschiedener Pflanzenschutzmittel. In Maryland (USA) untersuchten Wissenschaftler Pollen von 63 Bienenstöcken und entdeckten dabei 35 verschiedene Pestizide. Drei Viertel der Nutzpflanzen sind abhängig von Bestäubung. Wissenschaftler der Universität Göttingen beziffern den Wert der Bestäubung durch Bienen allein für Erdbeeren in der EU auf jährlich gut eine Milliarde Euro.

Fukushima.

Die Atomkatastrophe von Fukushima vom 12. März 2011 ist das Resultat der Kungeleien zwischen der Regierung, der Atomaufsicht und der Betreiberfirma Tepco. Zu diesem Ergebnis kam eine Untersuchungskommission des japanischen Parlaments. Man habe gewusst, dass das AKW nicht den Sicherheitsanforderungen entspreche. Nach dem Super-GAU seien die Anwohner zu spät informiert und dann zum Teil sogar in Gebiete evakuiert worden, die stärker verstrahlt waren als ihre Heimatorte. 125 000 Menschen leben 2015 noch immer als Nuklearflüchtlinge in Notunterkünften. Im Dezember 2011, neun Monate nach der Katastrophe von Fukushima, befanden sich weltweit 64 neue Reaktoren in Bau: 26 in China, zehn in Russland, sechs in Indien und fünf in Südkorea. Im August 2015 fuhr Japan im Atomkraftwerk Sendai landesweit den ersten Reaktor wieder hoch.

Wetterextreme 2014:

Kalifornien erlebt die schlimmste Trockenperiode seiner Geschichte. Die Jahre 2012 bis 2014 sind die trockensten seit 1200 Jahren.

Japan verzeichnet den regenreichsten August seit 1946. Die Taifune Halong und Nakri bringen das Dreifache der üblichen Regenmenge.

In Südafrika gibt es die stärkste Dürre seit 1933.

In Deutschland, Österreich, Frankreich, Schweden, Belgien und Großbritannien ist es das wärmste Jahr seit Beginn der Wetteraufzeichnungen.

Das Zwei-Grad-Ziel.

Mehr als um zwei Grad Celsius soll sich die Erde – gemessen an den Temperaturen vor der industriellen Revolution – nicht erwärmen. Das haben die Staaten der Welt 2010 auf dem Klimagipfel in Cancún beschlossen. Doch um die Zwei-Grad-Grenze einhalten zu können, dürften die Treibhausgase am Ende des Jahrhunderts einen Wert von 450 Molekülen CO_2 pro eine Million Luftteilchen (ppm) nicht überschreiten. Zurzeit sind aber bereits 400 ppm Kohlendioxid in der Atmosphäre. Die Meldungen und Prognosen zur Erderwärmung sind allerdings umstritten. Ein 60-köpfiges US-Expertengremium etwa legte sich schon 2013 darauf fest, die Temperaturen würden bis zum Ende des Jahrhunderts um 2,2 bis 5 Grad Celsius steigen. Der Klimawandel sei nicht mehr zu ändern. Es gehe nur noch um Schadensbegrenzung.

LUFTVERKEHR.

Die Fluggesellschaften transportierten 2014 weltweit 3,2 Milliarden Passagiere. Die Zahl der Flüge stieg auf ein Rekordhoch von 33 Millionen, eine Million mehr als 2013. 31 Prozent des Luftverkehrs entfiel auf den asiatisch-pazifischen Raum, 27 Prozent auf Europa und 25 Prozent auf Nordamerika. Bis 2030 sollen sich die Passagierzahlen auf mehr als 6,4 Milliarden verdoppeln.

85 Prozent des Mais, 91 Prozent der Sojabohnen und 95 Prozent der Zuckerrüben sind in den USA genmanipuliert.

40,3 Grad Celsius – so heiß war es noch nie. Im bayerischen Kitzingen kam es am 5. Juli und am 6. August 2015 zu einem neuen Hitzerekord. Das ist die höchste jemals gemessene Temperatur in Deutschland.

GESUNDHEIT UND LEBEN

VOLKSKRANKHEITEN 2.0

Als Folge einer gestressten Gesellschaft gelten nach übereinstimmenden Studien diese neuen Volkskrankheiten, die teils Ausmaße einer Epidemie angenommen haben:

- Erhöhte Infektanfälligkeit
- verzögerte Wundheilung
- Zunahme von bösartigen Erkrankungen
- Bluthochdruck
- Zunahme des Bauchumfangs
- Diabetes
- schwindende Muskelmasse
- Kopfschmerzen
- Depressionen
- Hörsturz oder Tinnitus
- sexuelle Unlust und Unvermögen
- Nachlassen der Denkleistung
- Schlafstörungen
- höheres Risiko für Osteoporose.

300 Milliarden Euro

so hoch sind die Kosten, die das deutsche Gesundheitswesen jährlich verschlingt.

»Die Grenzen zwischen Arbeit und Freizeit sind aufgeweicht, wir können nicht mehr abschalten. Der eine kann nicht mehr schlafen, der andere hat Rückenschmerzen, Magenschmerzen oder ein Rauschen im Ohr.«

Dagmar Ruhwandl,
Fachärztin für Psychiatrie

---

38 Prozent aller Todesfälle in Deutschland werden durch diese drei Krankheiten ausgelöst: Herzerkrankungen, Schlaganfall und die Folgen einer Alzheimer-Demenz.

---

14 Millionen Menschen erkranken weltweit jedes Jahr neu an Krebs. Bis 2030 wird sich diese Zahl auf 22 Millionen Fälle verdoppeln. Ursachen hierfür sind nicht nur das Bevölkerungswachstum und die zunehmende Lebenserwartung, sondern auch schädliche Lifestyle-Gewohnheiten, etwa bei der Ernährung.

5 Millionen Menschen sterben pro Jahr an einem Schlaganfall. Wer dauerhaft schlechte Luft atmen muss, hat ein erhöhtes Schlaganfallrisiko.

Good News.

Menschen, die regelmäßig laufen, haben ein 45 Prozent geringeres Risiko, an einer Herz-Kreislauf-Erkrankung zu sterben, als Menschen, die nie joggen. Ob jemand 50 Minuten pro Woche joggt oder mehr als drei Stunden, macht keinen Unterschied.

15 Millionen Schwerhörige gibt es nach Schätzungen von Experten in Deutschland. 2014 stiegen die Ausgaben für Hörhilfen gegenüber 2013 um 65 Prozent auf fast eine Milliarde Euro.

Der zweithäufigste Grund für einen Klinikaufenthalt im Jahr 2013 waren psychische Störungen durch Alkohol (338 204 Fälle), so der Drogen- und Suchtbericht der Bundesregierung 2015.

60,25 MILLIARDEN EURO: das sind laut Experten die jährlichen Kosten, mit denen Alkohol- und Tabaksucht die deutsche Wirtschaft belasten. Die Anzahl der suchtbedingten Fehltage stieg in zehn Jahren von 2,07 Millionen (2002) auf 2,42 Millionen (2012).

STRESSTEST.

Rund 21 Prozent der Studenten in Deutschland erhielten einem Report der Techniker Krankenkasse (TK) zufolge im Jahr 2013 eine psychische Diagnose – das war mehr als jeder Fünfte. Frauen sind deutlich häufiger betroffen. Zu den am weitesten verbreiteten Erkrankungen unter Studierenden gehören Depressionen, Ängste, Anpassungs- und Belastungsstörungen.

Fettleibigkeitsepidemie:

- Die Weltgesundheitsorganisation (WHO) warnt vor einer »Übergewichtskrise enormer Ausmaße« in Europa. Besonders dramatisch könnte es Irland treffen. Dort werden bis 2030 fast alle Erwachsenen übergewichtig sein.
- In Deutschland ist jeder zweite Erwachsene übergewichtig. Fettsucht und deren Begleiterscheinungen belasten das Gesundheitssystem in Deutschland pro Jahr mit 17 Milliarden Euro.
- Kinder in den USA wiegen heute im Schnitt fünf Kilogramm mehr als ihre Altersgenossen vor fünf Jahren. In Brasilien stieg die Zahl der fettleibigen Kinder von 7 Prozent Anfang der 1970er-Jahre auf über 25 Prozent im Jahr 2010.
- Mexiko hat die USA 2014 als das Land mit den meisten Übergewichtigen abgelöst. Die Stadtverwaltung von Mexiko-Stadt hat reagiert: Wer zehn Kniebeugen vor speziell angefertigten Automaten macht, wird mit einer Fahrkarte für die U-Bahn belohnt.
- 3,5 Billionen Dollar pro Jahr – so hoch sind die sozialen und wirtschaftlichen Kosten weltweit, die durch falsche Ernährung, aber auch durch Mangelernährung entstehen.

---

19 Minuten ist der Takt, in dem in Amerika ein Mensch an Drogen stirbt. In New York bekommt man eine Tüte Heroin, also etwa 1,5 Gramm, schon für sechs Dollar. In Deutschland kostete 2014 ein Gramm Heroin, beispielsweise in München, etwa 80 Euro.

6 Millionen Menschen sterben weltweit jährlich vorzeitig an den Folgen des Tabakkonsums – alle sechs Sekunden ein Mensch; 3,3 Millionen an den Folgen von Alkoholmissbrauch; 3,2 Millionen an den Folgen von Bewegungsmangel. 82 Prozent der Opfer dieser Volkskrankheiten leben in Entwicklungs- und Schwellenländern.

---

90 Prozent aller neuen Medikamente taugen nichts. So der Innovationsreport der Techniker Krankenkasse. Drei von vier neuen Medikamenten sind dabei auch noch teurer als die bereits auf dem Markt befindlichen Präparate. Häufig gehe es nur um »kommerzielle Innovationen«, ohne dass die Patienten einen Zusatznutzen hätten.

»Die Ankunft eines guten Clowns ist für eine ganze Stadt heilsamer als die Ankunft von 20 mit Medikamenten beladenen Eseln.«
Thomas Sydenham, englischer Arzt (1624 – 1689).

SERIENJUNKIES.

Sie sind ein neues Phänomen: Einsame und deprimierte Menschen neigen zu vermehrtem Fernsehkonsum, speziell von TV-Serien. Und damit zu Müdigkeit, Übergewicht und anderen Gesundheitsproblemen.

Lärm macht krank.

Mehr als acht Millionen Erwachsene in Europa leiden unter **Schlafstörungen,** weil ihre Umgebung zu laut ist.

Jeder vierte Europäer ist zu hohem **Verkehrslärm** ausgesetzt.

Mehr als 900 000 Menschen in Europa leiden aufgrund der Lärmbelästigung unter **Bluthochdruck.** Die hohe Geräuschkulisse führt dazu, dass pro Jahr etwa 43 000 Menschen mit Infarkt oder Schlaganfall im Krankenhaus landen.

In 10 000 Fällen pro Jahr ist die Lärmbelästigung sogar der Grund für einen vorzeitigen Tod durch **Herzerkrankungen** oder Herzinfarkte.

Deutschland – »Jahrbuch Sucht 2015«:

- Bis zu 120 000 Menschen sterben jährlich an den Folgen des Zigarettenkonsums. Knapp jeder vierte erwachsene Deutsche greift regelmäßig zur Zigarette.
- 1,8 Millionen Menschen in Deutschland sind alkoholabhängig. Zehn Millionen haben ein problematisches Trinkverhalten.
- 3 Millionen Deutsche sind medikamentensüchtig.
- 319 000 Personen in Deutschland sind abhängig von Cannabis, Kokain oder Amphetamin.
- 436 000 Deutsche sind spielsüchtig.
- 560 000 Menschen gelten in Deutschland als internetsüchtig, knapp die Hälfte von ihnen ist zwischen 14 und 24 Jahre alt.

Die Deutschen rauchen täglich mehr als **225 Millionen** Zigaretten. In den vergangenen 30 Jahren stieg die Zahl der Frauen, die an bösartigem Lungen-, Bronchial- oder Kehlkopftumoren starben, um 186 Prozent – auf 14 500 Frauen 2011.

Die gefährlichsten Seuchen:

207 Millionen Menschen erkrankten im Jahr 2012 an **Malaria,** 627 000 von ihnen starben.

5 Millionen Menschen werden im Jahr weltweit von **Grippeviren** befallen. 500 000 kostet dies das Leben.

100 Millionen Fälle zählen Ärzte jährlich beim **Dengue-Fieber,** davon verlaufen 25 000 tödlich.

In den von **Ebola** betroffenen Ländern in Afrika wurden bis Juni 2015 insgesamt 5 335 Kranke erfasst und 2 622 Todesopfer gezählt.

Volkskrankheit Demenz:
Die WHO prognostiziert, dass sich die Zahl aller Demenzkranken weltweit bis 2050 auf 115 Millionen Menschen verdreifachen wird. In Deutschland wird die Zahl der Demenzkranken bis 2050 von derzeit 1,3 Millionen auf drei Millionen steigen.

Bereits jetzt belaufen sich die Kosten für die Pflege von Demenzkranken laut WHO auf jährlich 460 Milliarden Euro.

Psychopillen für den Nachwuchs. **Immer mehr Kinder und Jugendliche bekommen Neuroleptika verschrieben. Bei den Zehn- bis 14-Jährigen hat sich nach einer Analyse der Barmer Ersatzkasse die Zahl der Verordnungen zwischen 2005 und 2012 verdoppelt.**

7 000 Menschen infizieren sich weltweit täglich mit Aids. 1 000 davon sind Kinder. Derzeit leben 34 Millionen Menschen mit dem Aids-Erreger HIV. Insgesamt 60 Millionen Menschen haben sich bisher infiziert, 25 Millionen starben. 15 Millionen Menschen bekommen derzeit lebensrettende Arzneien. Jährliche Todesfälle durch HIV: zwei Millionen Menschen. Die gute Nachricht: »Die Welt hat es geschafft«, so UNO-Generalsekretär Ban Ki Moon, »die Aids-Epidemie aufzuhalten und zur Umkehr zu bringen.« Dank der weltweiten Bemühungen seit dem Jahr 2000 steckten sich 30 Millionen Menschen gar nicht erst an, acht Millionen Todesfälle konnten vermieden werden.

Aufmerksamkeitsdefizit-Hyperaktivitätsstörung:
Die Zahl der ADHS-Diagnosen bei den unter 19-Jährigen hat in Deutschland von 2006 bis 2011 um 42 Prozent zugenommen. ADHS ist eine bereits im Kindesalter beginnende psychische Störung, die sich durch körperliche Unruhe und Beeinträchtigungen in den Bereichen Aufmerksamkeit und Impulsivität äußert.

1,24 Millionen Menschen sterben jährlich weltweit im Straßenverkehr. 31 Prozent davon sind Autoinsassen, 23 Prozent Motorradfahrer, 22 Prozent Fußgänger und 5 Prozent Radfahrer (aktuellster Stand von 2010). Bei Flugzeugabstürzen kamen 2014 insgesamt 881 Menschen ums Leben, bei Schiffsunglücken gab es 445 Tote.

Jeder Siebte unter Deutschlands Kindern und Jugendlichen gilt als übergewichtig.

»Gestresste Eltern haben häufiger Kinder mit gesundheitlichen Beschwerden.«
Jürgen Graalmann, Vorstandsvorsitzender des AOK-Bundesverbandes.

»Da kommt eine Lawine auf uns zu.« Der Psychiater Karl Heinz Brisch weist auf Probleme hin, *»wenn zu Hause die Eltern nicht verfügbar sind. Das geht durch alle Schichten. Heute schon sind etwa 20 bis 25 Prozent der Grundschulkinder auffällig und haben so viele Symptome, dass sie eigentlich Unterstützung bräuchten.«* Kinder, die in den ersten Lebensjahren hingegen ein Gefühl von Bindungssicherheit, von Urvertrauen in sich, andere Menschen und die Welt entwickelt haben, *»sind offen, neugierig, lernbegierig, können sich besser konzentrieren, Probleme schneller lösen, die Sprachentwicklung ist besser, das hat enorme Vorteile«.*

Mobbing kann schlimmer sein als Gewalt. Wissenschaftler der University of Warwick (England) untersuchten die Auswirkungen von Misshandlungen durch Erwachsene und Mobbing zwischen Gleichaltrigen. Demnach ist die Wahrscheinlichkeit, im Alter von 18 Jahren eine Depression zu entwickeln oder sich selbst zu verletzen, bei Mobbing größer als bei Misshandlungsopfern. Dabei wisse man aus diversen Studien, dass jedes dritte Kind weltweit Mobbing erlebe.

Gesundheitsrisiko Scheidung. Kinder, die eine Trennung ihrer Eltern miterlebt haben, rauchen später doppelt so häufig wie Nicht-Scheidungskinder. Auch der Alkoholmissbrauch ist stärker ausgeprägt. Scheidungskinder haben eine größere Wahrscheinlichkeit, später selbst geschieden zu werden. Sie sterben fünf Jahre früher als Kinder aus nicht getrennten Familien.

Die Kindersterblichkeit geht weltweit zurück. Heute sterben täglich 17000 Kinder weniger pro Tag als 1990. Allerdings ist die Gefahr für ein Kind aus Niger, vor seinem fünften Geburtstag zu sterben, immer noch 84-mal höher als für ein Kind aus Luxemburg.

Fiese Fitness

Die Herz-Kreislauf-Fitness von Kindern hat seit 1975 weltweit abgenommen. In jedem Jahrzehnt ging die Ausdauer um 5 Prozent zurück. Beim Laufen von 1,6 Kilometern sind Kinder heute anderthalb Minuten langsamer als vor 30 Jahren.

Good News. 12,9 Prozent der deutschen Jugendlichen zwischen zwölf und 17 Jahren haben sich 2014 mindestens einmal im Monat in einen Rausch getrunken, 2008 waren es noch 20,4 Prozent.

Designerbabys.

Ein 16-köpfiges Team von Wissenschaftlern der Sun Yat Sen Universität in China hat gezielt das Erbgut menschlicher Embryonen verändert. Für die Modifikation der DNA von 86 künstlich erzeugten Embryonen nutzten die Forscher eine Technik namens CRISPR. »Mit CRISPR kann man komplexe Genome besonders simpel und schnell verändern«, erklärt der Biotechnologe Martin Zenke. Die Werkzeuge hierzu gebe es für 50 Euro im Internet. Die Forscher mussten ihren Versuch vorerst abbrechen, weil zu viele ungeplante Genveränderungen entstanden waren.

Social Freezing.

Apple und Facebook finanzieren ihren Mitarbeiterinnen das Einfrieren von Eizellen. Mit bis zu 20 000 Dollar wird jeder Schwangerschaftsaufschub unterstützt. Die Botschaft ist klar: Karriere geht nur, wenn du jung bist – Kinder bekommen kannst du auch noch später.

Stadt macht krank.

Das Risiko, an Schizophrenie zu erkranken, ist bei Stadtbewohnern doppelt so hoch wie bei Landbewohnern. Bei Depressionen liegt es um das 1,4-Fache höher. Je größer die Stadt, desto größer das Schizophrenierisiko.

Touch me.

Jeder dritte Deutsche möchte öfter angefasst werden. Berührungen wirken wie Antidepressiva. Sie beruhigen den Herzschlag, schütteln das Kuschelhormon Oxytocin aus und stärken das Immunsystem. Mittlerweile bieten professionelle Berührerinnen Streicheleinheiten an, in deutschen Großstädten finden Kuschelpartys statt. »Die Menschen streicheln lieber über ihr Smartphone«, diagnostiziert ein Psychologe, »als über den Arm ihres Partners.«

6,8 Millionen Deutsche haben chronische Rückenschmerzen. Eine medizinische Leitlinie empfiehlt, wie diese Rückenschmerzen behandelt werden sollten: interdisziplinär, ganzheitlich, konservativ. Dennoch haben 2011 lediglich 48 000 Patienten die empfohlene Therapie bekommen. Gegenüber stehen 175 000 Bandscheibenoperationen und 225 000 Operationen zur Wirbelsäulenversteifung. Jährlich entstehen 40 Millionen Fehltage durch Rückenleiden. 2012 ergab sich für die Volkswirtschaft dadurch ein Schaden von etwa 17 Milliarden Euro.

80 Prozent der mittlerweile knapp 190 000 Bandscheiben-Operationen in Deutschland gelten als überflüssig.

Bilder ohne Nutzen.

50 000 Patienten mit Rückenbeschwerden werden jedes Jahr unnötig geröntgt. Laut einer Untersuchung des Wissenschaftlichen Instituts der Techniker Krankenkasse (TK) wird etwa jeder dritte Patient mit akuten Kreuzschmerzen innerhalb der ersten sechs Wochen geröntgt. Dabei bilden sich bei mehr als 90 Prozent der Patienten die Beschwerden innerhalb dieser Zeit von alleine wieder zurück. In unabhängigen Studien urteilen Ärzte und Wissenschaftler, dass 70 bis 80 Prozent aller Röntgenbilder vom Rücken aus medizinischer Sicht überflüssig sind und aufgrund der Strahlenbelastung mehr Schaden als Nutzen anrichten.

Problematische Früherkennung.

40 bis 56 Prozent der Männer, bei denen ein Prostata-Bluttest auf Krebs hinweist, unterziehen sich unnötigerweise Bestrahlung, Operation oder Chemotherapie. Grund hierfür ist die Störanfälligkeit des verwendeten PSA-Tests. Nach den Eingriffen kommt es bei 11 bis 21 Prozent der Männer zu Infektionen. 17,8 Prozent sind nach der Operation inkontinent und 23,4 Prozent impotent, weil Nerven in Mitleidenschaft gezogen werden.

700 Euro pro Pille kostet das Hepatitis-C-Medikament Sovaldi der Firma Gilead. Es ist das erste Medikament, das wirksam gegen das Virus eingesetzt werden kann. 130 bis 150 Millionen Menschen weltweit sind chronische Träger von Hepatitis C. Allein im ersten Halbjahr 2014 nahm Gilead 5,8 Milliarden Dollar ein.

»Ich bin mir sicher, wir werden irgendwann alle implantierte Chips in unserem Körper tragen.«
Wendy Hall, Professorin für Computerwissenschaft an der Universität Southampton.

Krankheit Nr. 1: Depression.

350 Millionen Menschen jeden Alters leiden nach Schätzungen der Weltgesundheitsorganisation WHO an einer Depression. Sie ist die weltweit am stärksten verbreitete Krankheit. In Deutschland erkrankt jeder Fünfte einmal im Leben daran, rund vier Millionen Bundesbürger gelten als behandlungsbedürftig. 400 000 Deutsche nehmen Antidepressiva ein. Depressionen senken die Lebenserwartung um rund zehn Jahre, etwa so viel wie schweres Rauchen. Die volkswirtschaftlichen Schäden – verursacht etwa durch Fehltage in den Unternehmen und die Kosten der Behandlungen – belaufen sich auf jährlich zwischen 15,5 bis 21,9 Milliarden Euro. Der Anstieg der Fehlzeiten von 2000 bis 2014 betrug 86 Prozent. 2012 wurden in Deutschland 54 Millionen Fehltage durch psychische Erkrankungen verursacht. Etwa 74 500 Menschen gingen wegen psychischer Erkrankungen und Verhaltensstörungen in Frührente.

400 000

Gesundheit-Apps stehen sogenannten Self-Trackern zur Auswahl, also Menschen, die Körperdaten wie Blutdruck, Körperfettanteil oder den Biorhythmus über spezielle Tracking-Programme messen, auswerten und über soziale Netzwerke teilen. Die Lauf-App »Runtastic« zum Beispiel verzeichnete im Januar 2015 über 100 Millionen Downloads. Der Umsatz mit am Körper getragenen Messgeräten und den dazugehörigen Apps betrug 2014 bereits 14 Milliarden Dollar. 2018 sollen es mehr als 20 Milliarden Dollar sein. Die amerikanische Apothekenkette CVS bietet schon heute nur jenen Mitarbeitern eine betriebliche Krankenversicherung zum günstigeren Preis an, die ihre Körperdaten preisgeben.

Dubiose Allergietests.

Ärzte, Heilpraktiker und Labore nehmen bis zu 400 Euro für sogenannte IgG-Tests auf Lebensmittelunverträglichkeiten – obwohl diese nach dem Urteil von Fachleuten völlig ungeeignet sind. Geschätzter Umsatz: bis zu 20 Millionen Euro. »Der IgG-Test ist nur in sehr seltenen Fällen sinnvoll, Allergien gegen Nahrungsmittel gehören nicht dazu«, so Jörg Kleine-Tebbe, Arzt und Vorstandsmitglied der Deutschen Gesellschaft für Allergologie.

1 Milliarde Euro an Beitragsgeldern gaben die Krankenkassen in Deutschland für die Gesundheitsdatenautobahn Telematik aus. Das Resultat ist die neue elektronische Gesundheitskarte für jeden Versicherten. Das Dumme nur: Sie kann kein bisschen mehr als die alte Karte.

ABZOCKE. Bis zu 100 Euro verlangt manche Arztpraxis, um Patienten bei akuten Schmerzen einen schnelleren Termin in der sogenannten Selbstzahler-Sprechstunde anbieten zu können.

130 MILLIONEN FRAUEN werden laut UNICEF weltweit durch die radikale Beschneidung der Klitoris verstümmelt. Insgesamt werden in 28 Ländern Mädchen zum Opfer des grausamen Rituals, zunehmend auch in Südostasien und dem Nahen Osten. Für Deutschland wird die Zahl der Betroffenen nach Angaben der Frauenrechtsorganisation Terres des Femmes auf 36 000 Frauen geschätzt.

Vollrausch.

Fast jeder zweite junge Erwachsene zwischen 18 und 25 Jahren und jeder sechste Jugendliche zwischen zwölf und 17 Jahren trinkt sich mindestens einmal pro Monat in den Vollrausch. Bei 80 Prozent aller Gewalttaten ist Alkohol im Spiel.

Teledoktor.

»Doctors on Demand« (DoD), »Teladoc« oder »FirstOpinion« – derzeit nutzen bereits mehr als zwölf Millionen Amerikaner telemedizinische Angebote. Ein virtueller Arztbesuch bei »DoD« kostet 40 Dollar. Der Patient lädt die Applikation auf sein Handy, beschreibt seine Symptome und wird per Videochat mit einem Arzt verbunden. Der Arzt übermittelt das Rezept direkt an die Apotheke. Die Medikamente kommen per Lieferservice. Der Umsatz der Telemedizinbranche soll weltweit bis 2016 auf 27,3 Milliarden Dollar pro Jahr anwachsen.

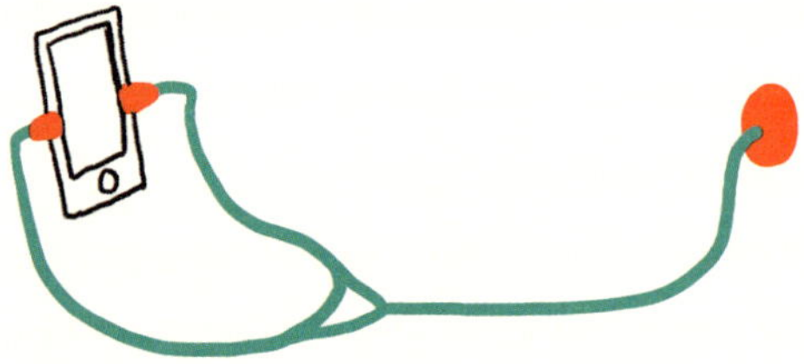

8 Millionen Deutsche leiden an behandlungsbedürftigen Ängsten:

Trypanophobie:
Angst vor Spritzen.
Haematophobie:
Angst vor Blut.
Erythrophobie:
Angst vor dem Erröten.
Akrophobie:
Angst vor der Höhe.
Coulrophobie:
Angst vor Clowns.
Arachnophobie:
Angst vor Spinnen.
Hoplophobie:
Angst vor Feuerwaffen.
Canophobie:
Angst vor Hunden.
Klaustrophobie:
Angst vor engen Räumen.
Dentophobie:
Angst vorm Zahnarzt.

Getrocknet, gemahlen, verkauft.

In China und Südkorea sind Babyfleischpillen sehr begehrt. Abgetriebene Föten werden in kleine Stücke geschnitten, über Nacht getrocknet, in der Mikrowelle eingedampft und zu einem groben Puder gemahlen. Preis: bis zu 30 Euro pro Tablette. Die Pillen werden als Wundermittel gegen Krebs und zur Potenzsteigerung angepriesen.

GEFÄHRLICHE TINTE.

In Deutschland gibt es bis zu 20 000 illegale Tattoostudios, die Billigtinte nutzen. Die Farbe enthält giftige Stoffe wie Schwermetalle, Ruß oder Pigmente von Autolacken. Die Folgen: Narbenbildung, Infektionen, Hauterkrankungen bis hin zu Krebs.

Britische Laboratorien haben in geheimen Forschungen bereits über 150 **Mensch-Tier-Kreuzungen** erzeugt. Tierische Eizellen werden mit menschlichem Spermium befruchtet, Menschenaffen werden menschliche Stammzellen in ihr Gehirn gespritzt – angeblich um embryonale Stammzellen zu entwickeln, mit deren Hilfe bisher unheilbare Krankheiten behandelt werden können. Die Mensch-Tier-Kreuzungen müssen nach geltendem Gesetz innerhalb von 14 Tagen zerstört werden.

Handy-Nacken.

Zwischen 700 bis 1400 Stunden glotzt der durchschnittliche Nutzer im Jahr auf sein Smartphone. Für den Homo oeconomicus smartphoniensis werden deshalb die Fitnessstudios bald auch Kopfbeugen im Programm haben. Denn wer mit einem Neigungsgrad des Nackens von 60 Grad in sein Handy schaut, löst ein Zuggewicht des Kopfes um 27 Kilogramm aus.

VERSICHERUNGSBETRUG. **Jede zweite Klinikabrechnung ist laut dem Spitzenverband der Krankenkassen fehlerhaft. Den Versicherten entsteht dadurch ein Schaden von über 2 Milliarden Euro pro Jahr. Würden die rund 2000 Kliniken richtig abrechnen, könnte der Beitragssatz in der Krankenversicherung um 0,2 Punkte auf 15,3 Prozent sinken.**

PFUSCH. Jahrelang ließen die deutschen Arzneimittelhersteller Betapharm und Hexal klinische Studien von einer Firma in Indien erstellen, die gefälschte Ergebnisse lieferte. Das Unternehmen GVK Bio in Hyderabad übernimmt im Auftrag weltweit agierender Pharmakonzerne Tests an Menschen.

TÖDLICHE PILLEN.

Über die Hälfte der gehandelten Pillen bei Internetapotheken ist nach Angaben der WHO gefälscht. 50 Prozent der aufgedeckten Fälschungsfälle enthalten keinen wirksamen Bestandteil, 19 Prozent eine falsche Menge und 16 Prozent Wirkstoffe, die für die angegebene Medikation nicht geeignet sind. Weltweit sind 10 Prozent aller verkauften Arzneimittel gefälscht – auch im herkömmlichen Handel. Forscher vermuten, dass jährlich zwischen 100 000 und einer Million Menschen am Gebrauch gefälschter Arzneimittel sterben. Der Verkaufswert gefälschter Medikamente liegt bei jährlich über 100 Milliarden Dollar.

---

2 278 gesundheitsgefährdende Waren meldeten Europas Verbraucherschützer für 2012. Ein Drittel der beanstandeten Produkte waren Kleidungsstücke, etwa T-Shirts, die giftige Chemikalien enthielten. Dahinter kommen gefährliche Spielzeuge. 58 Prozent der Artikel stammen aus chinesischen Fabriken.

Gefährliche Brüste.

Hunderttausende Brustimplantate aus minderwertigem Industriesilikon hatte die französische Firma Poly Implant Prothèse (PIP) verkauft, allein in Deutschland haben sich etwa 5000 Frauen Implantate einsetzen lassen. Der PIP-Gründer wurde zwar verurteilt, doch die Firma war insolvent. Eine zentrale Rolle spielte der TÜV Rheinland, der für die »Zertifizierung« der Implantate zuständig war. Tatsächlich wurden die Implantate nie im Labor untersucht.

Hey, Alter.

Männer sind in Deutschland im Schnitt 34 Jahre alt, wenn sie Väter werden. Durch höheres Alter der Väter, beispielsweise bei 45-Jährigen, haben Kinder ein 3,5-mal so hohes Risiko für Autismus, ein 13-mal so hohes Risiko für ADHS, ein doppelt so hohes Risiko für eine Psychose, ein 25-mal so hohes Risiko für eine bipolare Störung, ein 2,5-mal so hohes Risiko für Drogensucht. Das ergab eine Studie der Universität Indiana Bloomington (USA) und des schwedischen Karolinska-Instituts in Stockholm.

1,5 Cent. Apothekenrechenzentren verkaufen Rezeptdaten für 1,5 Cent pro Verschreibung an Marktforschungsunternehmen – und verdienen dadurch jedes Jahr mehrere Millionen Euro.

RUNTER VON DER COUCH!

Männer, die wöchentlich 20 Stunden oder mehr fernsehen, haben 44 Prozent weniger Spermien als Männer, die körperlich aktiv sind.

300 000 Deutsche leiden an Chronischem Erschöpfungssyndrom CFS (chronic fatigue syndrome). Symptome: bleierne Müdigkeit, geistiges und körperliches Erschöpfungsgefühl, Konzentrationsschwierigkeiten.

18,2 Millionen »IGe-Leistungen«, also privat zu zahlende ärztliche Angebote, wurden 2012 in Deutschland erbracht. Der Markt für solche Selbstzahler-Leistungen umfasste rund 1,3 Milliarden Euro. Nach Ansicht der Krankenkassen haben die meisten dieser »Individuellen Gesundheits-Leistungen« keinen nachweisbaren Nutzen oder sind zum Teil sogar schädlich.

Schlaflos in Deutschland.

Ein Viertel der Erwachsenen hat Schlafstörungen. Bei Schlafentzug lassen Konzentration, Denk- und Merkleistung nach. Allein 2014 wurden in deutschen Apotheken 18,7 Millionen Packungen von Schlaf- und Beruhigungsmitteln verkauft. Gerd Glaeske, Professor für Arzneimittelversorgungsforschung an der Universität Bremen, schätzt die Zahl der davon Abhängigen auf 1,2 bis 1,5 Millionen Menschen. Die Folgekosten der Medikamentenabhängigkeit veranschlagt die Deutsche Hauptstelle für Suchtfragen auf 14 Milliarden Euro im Jahr.

800 000 Patienten infizieren sich jährlich mit Krankenhauskeimen, so die Deutsche Gesellschaft für Krankenhaushygiene. Jedes Jahr sterben bis zu 40 000 Patienten an einer Krankenhausinfektion. Die mit Abstand häufigsten Infektionen sind Harnwegsinfektionen, Blutvergiftungen, Lungenentzündungen und postoperative Wundinfektionen.

Tödliche Antibiotika. Fast 40 Prozent der DAK-Versicherten bekommen mindestens einmal im Jahr Antibiotika verordnet, das sind bundesweit jährlich rund 40 Millionen Verschreibungen. Ein Drittel der Rezepte wurde laut Arzneiverordnungsreport 2014 allerdings völlig unnötig ausgestellt. Die Folgen: Supererreger, die gegen ein Antibiotikum oder sogar mehrere resistent werden und tödliche Infektionen auslösen. Die Zahl der dadurch verursachten Todesfälle könnte sich von derzeit 700 000 pro Jahr bis 2050 auf zehn Millionen erhöhen. Für Europa wird ein Anstieg von 23 000 auf 400 000 Tote prognostiziert. Damit würden mehr Menschen an multiresistenten Keimen sterben als an Krebs. »Die weltweite Zunahme von antibiotikaresistenten Keimen«, so Elisabeth Meyer vom Charité-Institut für Umweltmedizin, »gehört zu den größten Gefahren für die menschliche Gesundheit.«

10 Milliarden Euro wurden weltweit 2014 für die Einlagerung der Grippemittel Tamiflu und Relenza ausgegeben. Die Medikamente galten seit 2009 als Wundermittel gegen die Schweinegrippe. Untersuchungen zeigten: Weder an Lungenentzündungen noch an Bronchitis, an Nebenhöhlenentzündungen oder Mittelohrentzündungen erkrankten die Patienten seltener, wenn sie Tamiflu einnahmen. Dafür unterdrückt das Medikament die körpereigene Produktion von Antikörpern und schwächt somit die Abwehr gegen jene Infektion, vor der das Mittel eigentlich schützen soll.

14 663 Patientenbeschwerden gingen im Jahr 2014 beim Medizinischen Dienst der Krankenkassen (MDK) ein – in jedem vierten Fall bestätigten die Gutachter: Es handelt sich um Ärztepfusch. In 155 Fällen starben die Patienten an den Folgen des Behandlungsfehlers oder damit zusammenhängenden Komplikationen.

EXPERTEN-IRRTUM:

- **CHOLESTERIN:** Bisherige Empfehlungen von maximal 300 mg/Cholesterin pro Tag lassen sich nicht aufrechterhalten. Speck, Wurst und Sahne – nach neusten Erkenntnissen hinsichtlich Cholesterin unbedenklich.
- **GESÄTTIGTE FETTSÄUREN** schaden der Herz-Gesundheit, hieß es. Tatsächlich bergen Lebensmittel mit Kokosfett, Palmfett, Milchfett und Fleischfett kein erhöhtes Krankheitsrisiko.
- **OMEGA-3-FETTSÄUREN** in Speisefischen wie Lachs, Hering und Forelle helfen angeblich gegen Entzündungen und Augenkrankheiten. In Wahrheit essen wir zu viele Omega-3-Fettsäuren in Getreide, Soja und Fleisch.
- **NATÜRLICHE TRANSFETTSÄUREN** stellen entgegen früherer Angaben kein Problem dar, sie kommen in Lamm- und Rindfleisch, Milch und Butter vor und sind unbedenklich. Vorsicht gilt dagegen bei frittierten Lebensmitteln wie Pommes frites, Krapfen oder Donuts.
- **SALZ** kann hilfreich sein. Wer zwischen acht und 13 Gramm pro Tag zu sich nimmt, hat das geringste Risiko für Herz- und Kreislauferkrankungen.
- **ROT- UND WEISSWEIN** sind in Maßen förderlich. Männer sollten aber nicht mehr als 24 Gramm Alkohol pro Tag trinken (0,5 Liter Bier), Frauen 12 Gramm pro Tag (ein Glas Wein, 0,15 Liter).

Sinn und Unsinn der Mammografie.

Zum einen geht jedes Röntgen mit einer Strahlenbelastung einher, zum anderen kommt es zu zahlreichen Fehldiagnosen: Jeder fünfte durch Mammografie entdeckte Krebs gilt heute als falscher Alarm.

Organhandel boomt.

Organhandel zählt zu den Top Ten illegaler Geldbeschaffung, mit einem geschätzten Profit von jährlich 1,2 Milliarden Dollar weltweit. Inzwischen werden nach Angaben der WHO etwa 5 Prozent aller Transplantationen mit Organen aus dem Schwarzmarkt durchgeführt. In Ländern wie Indien hat sich ein regelrechter »Transplantations-Tourismus« entwickelt. Der Preis für eine illegale Niere beträgt im Schnitt 1 000 Euro. Die WHO stellt in ihrer Resolution SHA 63.22.2 fest, dass Flüchtlinge aus dem Sudan auf ihrem Weg nach Europa von Schmugglern abgefangen werden. Der Deal: Fluchtkosten gegen Organspende.

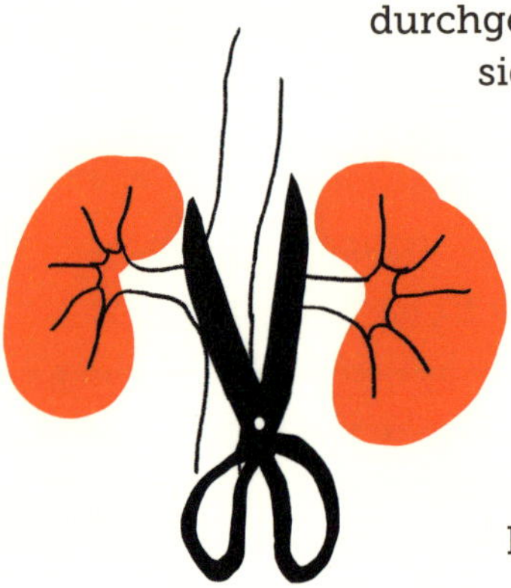

ORWELL ZWANZIGSECHZEHN

»Der Mensch leidet an einer fatalen Spätzündung. Er begreift alles erst in der nächsten Generation.«
STANISLAW JERZY

Daniel Genis hatte an der New York University studiert, er machte eine ansehnliche Karriere im Verlagswesen, und das Leben stand ihm offen. Dann der tiefe Fall. Heroin, Raubüberfälle, das ganze Programm. Eine zehnjährige Absenz von der Geschichte hinterlässt Lücken, eine große Offenbarung ist sie in der Regel nicht. Aber als Genis nach seiner Haftstrafe im Februar 2014 den ersten Schritt auf die Straßen Manhattans macht, ist es, als wäre er neu auf die Welt gekommen.

Nicht nur, dass an den Obstständen die Preise unverschämt in die Höhe geschossen waren. Restaurants beschrieben nun detailliert Herkunft und Zutaten ihrer Gerichte. »Glutenfrei« gehörte zu den üblichen Essensbeschränkungen. Bis zu diesem Zeitpunkt hatte Genis noch nie *YouTube* gesehen. Er weiß nichts von *Touchscreen*-Gesten oder einem *Account* bei *Facebook*. Die Möglichkeit, mit *connecting people* in der *sharing economy* ein Auto oder eine Wohnung zu teilen, hätte seinen Verdacht erregt. Alles hatte sich geändert, »Verhalten, Moral und Sitten«. Vor zehn Jahren wusste er, »wie man jemanden im Museum aufreißt«, inzwischen, stellt er fest, »verhilft *Ashley Madison* Verheirateten zu Seitensprüngen und auf *Grindr* können Homosexuelle One-Night-Stands organisieren.« Aber schon nach kürzester Zeit war Genis selbst im neuen Universum gelandet: »Mein Leben war jetzt partiell online, und durch das Telefon hatte das Digitale den Körper infiltriert.«

Zur selben Zeit in Tokio: Drei Freundinnen und Yumi, die neunjährige Tochter einer der Frauen, hatten Lust, sich in ihrem Lieblingslokal zu treffen. Sie hatten kaum Platz genommen, kurz ihre Bestellung aufgegeben, schon greifen alle nach ihren Smartphones. Sobald das Essen serviert wird, richten sie synchron die Handys über die Gerichte. Die Schnappschüsse laden sich automatisch auf »Line« hoch, einer Art Facebook und Skype in einem. Es dauert keine drei Minuten, bis die Geräte surren und erste Kommentare auf den Bildschirmen erscheinen. Kauend tippen die drei ihre Antworten in das Display. An eine frühere Klassenkameradin in Seattle, von der alle wissen, was sie gestern gegessen hat. Oder die Freundin in Schanghai, die nächste Woche ein Kostümfest plant. Miteinander gesprochen haben die Freundinnen nicht.

Junge Erwachsene nutzen in Japan ihre Apps im Schnitt anderthalb Stunden pro Tag. Manche Leute haben auch den Sex online. Sie bezahlen Cam-Girls fürs Video-Chatten oder entwickeln eine Beziehung zu virtuellen Schulmädchen, den interaktiven Comicgirls, die es im Abonnement gibt. Sich die Bürde einer Partnerin aufzuladen oder bei den langen Arbeitszeiten mühsam Freundschaften pflegen? Schnee von gestern.

In Japans technologischem Konkurrenten Südkorea verbringt jeder Einwohner im Schnitt gar viereinhalb Stunden täglich mit seinem Smartphone. Kritiker werfen der Regierung vor, zugunsten der IT-Industrie die Gesellschaft zu Versuchskaninchen gemacht zu haben. Mit Samsung, LG und Pantech stammen drei der weltgrößten Smartphone-Hersteller und App-Entwickler aus Südkorea. Fakt ist, dass die Regierung inzwischen 140 Internet- und Video-Game-Suchtzentren einrichten musste. Neun Prozent aller Südkoreaner und ein Viertel der Teenager gelten als akut Smartphone-suchtgefährdet. Viele Studenten, berichtet Brian Myers, Professor an der Dongseo-Universität in Busan, seien kaum noch in der Lage, korrektes Koreanisch zu schreiben. Soldaten erhalten neuerdings ein paar Urlaubstage mehr, sollten sie es schaffen, zwei Bücher im Monat zu lesen. Inzwischen habe die Re-Alphabetisierung, so Myers, für die Demokratie gefährliche Formen angenommen. In Nordkorea könne man, trotz Restriktionen, »noch ein tiefes seriöses Gespräch führen. Im Süden ist das kaum mehr möglich.«

Der tief greifende sozioökonomische Wandel, der den Globus erfasst hat, bleibt nicht ohne Folgen. Computer, Marketing, globale Konzerne, die Dynamik von Masse und Macht – all das gab es auch vor dem Jahrtausendwechsel, aber der Schub der digitalen Revolution hat regelrecht ein neues Zeitalter ausgelöst. »Heute, mit all der künstlichen Intelligenz«, so der Nobelpreisträger Robert Shiller, »erleben wir Dinge, die sich Ende der 90er niemand vorstellen konnte.« Etwa die Möglichkeit, jede Person zu jeder Zeit an jedem Platz orten, scannen und auswerten zu können. Oder die riesigen neuen Konzerne mit ihren gigantischen Vermögen, deren Einflusssphären antike Reiche wie das der Perser oder das Römische Imperium weit hinter sich lassen.

Ähnlich wie nach der ersten industriellen Revolution, deren Innovation durch die Dampfmaschinen mit Kapitalisten und Proletariat neue Klassen schuf, brachte die Digitalisierung zum einen eine Kaste junger, dynamischer Start-up-Entwickler und ein Heer neuartiger Programmierer hervor. Sie arbeitet gerade daran, mit Cloud-Computing, Supersensoren, künstlicher Intelligenz, der »Industrie 4.0« und dem »Internet der Dinge« der Welt einen weiteren kräftigen Drive zu geben. Auf der anderen Seite ein Millionen- und Milliardenheer an zusammengeschalteten Menschen, die sich »User« nennen und deren Daten für Unternehmen und Staaten wertvoller sind als Gold und Silber.

Das Rad lässt sich nicht zurückdrehen. Nie mehr wieder wird es eine Gesellschaft geben, die offline lebt. Die digitale Revolution hat sensationelle Möglichkeiten geschaffen, Arbeit, Leben und Gemeinschaft besser zu organisieren. Sie ist das Glied in der Kette für einen kaum für möglich gehaltenen Quantensprung, der den Traum der Menschheit von der Modifizierung von Zeit und Raum möglich macht. Techno- und Wissenschaftsoptimisten haben dabei keine Zweifel daran, dass die Welt kurz vor dem goldenen Zeitalter steht. Krebs und Alzheimer würden vollständig heilbar sein. Energie werde es dank billiger Solaranlagen im Überfluss geben. Fleisch wird industriell gezüchtet, und Nano-Roboter befreien die Welt von den schmutzigen Sedimenten des Kohle- und Ölzeitalters. Gegen die Klimaerwärmung sollen Megasatelliten im All mit riesigen Reflektoren die Strahlung der Sonne abschwächen. Man werde sogar Wege finden, so der Zukunftsforscher Ray Kurzweil, das menschliche Gehirn mit der immer stärkeren Leistung der Maschinenintelligenz zu verschmelzen. Der Mensch werde die Grenzen seines Körpers, die Beschränktheit seines Geistes und die Unausweichlichkeit seines Todes aufheben können.

Kurzweil ist nicht irgendein Outlaw. Er forscht an künstlicher Intelligenz und ist *Director of Engineering* bei Google, der digitalen Weltmacht Nr. 1. Schon heute, so Kurzweil, würden sich viele Mitbürger mit Maschinen und Computern wohler fühlen als unter Menschen. In Zukunft würden Mensch und Maschine eins werden. Kurzweil träumt in seinem Buch *Spiritual Machines* gar schon von dem Tag, an dem das Internet, gewissermaßen die Weisheit der vielen, die dem Einzelnen überlegen ist, als eine Art Welt-Meta-Gehirn das Kommando übernimmt, um alle Probleme der Menschheit zu lösen.

Alles ist einfach, alles ist möglich, alle sind gleich, so lautete das Credo, mit dem die Ingenieure des Internet in eine neue Zeit starteten. Der Gründungstext der Google-Erfinder Sergey Brin und Larry Page von 1998 gab vor, es gehe ihrer Firma lediglich darum, so vielen Menschen wie irgend möglich das Wissen des Netzes verfügbar zu machen. Das sei alles. Doch die vielen Hoffnungen und Illusionen, die das *Machine Age* anfangs auslöste, sind einer zunehmenden

Skepsis gewichen, die Euphorie einer Angst vor einem »Zeitalter des digitalen Imperialismus«, wie der Internet-Experte Ibrahim Evsan es ausdrückt. Schwärmten die Techno-Utopien bis vor Kurzem noch von der Demokratisierung der Bildung, einer neuen Transparenz der Politik und den Innovationen für die Wirtschaft, die das digitale Zeitalter bewirke, sorgen sich heute Beobachter, dass algorithmische Supermächte wie die NSA, Google oder Facebook mit den Datenfluten das Leben der Menschen quantifizieren und unter ihre Kontrolle bringen könnten. »Computer und Netzwerke sind mehr als reine Werkzeuge, sie sind selbst wie Lebewesen«, beschwört der Medientheoretiker Douglas Rushkoff, »es sind also die digitalen Technologien selbst, die unsere Welt gestalten werden – sowohl mit als auch ohne unser ausdrückliches Mitwirken.«

Rushkoff fügt hinzu: »Wir erschaffen gerade gemeinsam eine Blaupause, einen Entwurf unserer kollektiven Zukunft.« Gerade deshalb »zählt der jetzige Moment«. Es gehe darum, Programm oder programmiert zu werden: »Wir müssen endlich anfangen darüber zu diskutieren, was die Digitalisierung für die Zukunft des Denkens bedeutet.«

Es sind ausgerechnet die Pioniere des Digitalen, die heute als deren schärfste Warner hervortreten. Jaron Lanier zum Beispiel. Vor rund 30 Jahren war der Computerwissenschaftler der erste Posaunist der neuen Ära. Er prägte den Begriff von der *virtual reality*, stand auf der *Time*-Liste der 100 einflussreichsten Menschen und arbeitete in geheimer Mission für Microsoft. Heute fragt er: »Wem gehört die Zukunft?« Und liefert gleich die Antwort: uns nicht! Mit »uns« meint Lanier alle Internetnutzer weltweit, die nicht unbedingt einen digitalen Konzern besitzen. Oder einen Geheimdienst. Also jene Einrichtungen, die das Leben aller digital vernetzten Menschen beobachten, kontrollieren und in Datensätze verpacken, um daraus in irgendeiner Form Profit zu schlagen. »Du bist nicht der Kunde dieser Konzerne«, ruft der einstige Technologie-Guru den Netznutzern zu, »du bist ihr Produkt!«

Lanier, ausgezeichnet mit dem Friedenspreis des Deutschen Buchhandels, kritisiert, dass die Giganten des Silicon Valley in ihrem Herrschaftsanspruch immer arroganter über hart errungene zivilisatorische Leistungen der Menschheit trampelten und dafür auch noch gefeiert würden. Das Netz habe wie kein anderes Medium vor ihm das Zeug, eine Rudelmentalität zu befördern, deren extreme Folgen man im Dritten Reich erlebt habe. Der Informatiker beobachtet zwei parallel stattfindende Prozesse durch die Realität des Internets: Erstens die radikale Reduzierung unserer Persönlichkeiten. Diese Reduzierung würde immer stärker auch auf unsere realen Ichs zurückschlagen. Zweitens die Entwicklung einer Art Online-Diktatur der Masse. Das Internet fördere negatives Verhalten. Im Rudel neige der Mensch zu einer gefährlichen Bösartigkeit. Der Kult des Kollektivs und die »Dynamik der Meute« schaffe einen Druck zur Anpassung. »Sobald sich das Kollektiv geformt hat«, so Lanier, »ist jeder, der sich ihm nicht anschließt, in Gefahr, von ihm erstickt zu werden.« Was am Ende übrig bleibe, sei eine Art Mob-Ideologie, wie sie in vielen Forum-Beiträgen und in den Shitstorms zum Ausdruck komme.

Das Internet ist keine einzelne Maschine oder ein totalitäres staatliches System, das die Menschen zentral lenkt und unterdrückt. Dennoch hat es die Tendenz, den Alltag von Menschen komplett zu verändern. Der Philosoph Peter Sloterdijk sieht durch die neue Technologie, die mithilfe von komplizierten Algorithmen immer tiefer in unser Leben eindringt, die Welt in einen »ganz neuen Aggregatzustand« versetzt. Für den englischen Politikwissenschaftler Andrew Keen wiederum liegt in der grenzenlosen Macht der Netzkonzerne eine Gefahr für Demokratie und Menschenwürde. Das Internet vernichte Arbeitsplätze, unterbinde den Wettbewerb und befördere Intoleranz und Voyeurismus. Es sei kein Ort der Freiheit, sondern ein Überwachungsapparat, dem wir kosten- und bedenkenlos zuarbeiteten. Wer noch immer denke, das Internet sei ein Raum der Transparenz, Offenheit und Gleichberechtigung, liege völlig falsch. Keen: »Jeder ist davon betroffen. Firmen wie Google und Facebook verkaufen unsere Daten im Netz. Was das bedeutet, lässt sich noch gar nicht absehen.«

Manches an der Analyse der Netzkritiker mag im Furor der Aufklärung überzogen sein. Vielfach spielen irrationale Ängste mit, wie sie auch die industrielle Revolution ausgelöst hatte. Fest steht: Noch nie konnten auf diesem Planeten in so kurzer Zeit von so vielen Menschen aus so vielen Ländern so unvorstellbare Mengen an Daten gesammelt und ausgewertet werden. Ob für Staaten, Versicherungen, Banken, Geheimdienste, Marketing-Konzerne. Der Umgang mit Information wird damit zur entscheidenden Herausforderung der Zukunft. Niemals entstanden größere Massen an Menschen, ob nun als »Facebook-Family« oder als temporärer Zusammenschluss einer anonymen »Internet-Community« für gezielte Operationen. Aber wahr ist auch: Das Internet riecht nicht. Es lässt sich nicht anfassen. Es schmeckt nicht. Es gibt hier nicht nur keine echten Menschen oder Pflanzen, es gibt auch keine lebenden Tiere. Es gibt keine Jahreszeiten. Unvorstellbar, hier würden am Mittag die Glocken läuten. Es gibt keine Bauern, die ihre Felder bewirtschaften. Keine Winzer, die im Kreislauf des Jahres ihre Weinberge pflegen. Es gibt keinen Sonntag. Es gibt noch nicht mal Tag und Nacht. Es ist in der Tat eben auch eine Art von Unterwelt, in der sich alles Mögliche tummelt, unkontrollierbar wie in einem Tümpel.

Portale wie Facebook verändern das Leben insbesondere von Jugendlichen, wie Studien belegen, von den Schulnoten bis hin zum Flirtverhalten. Für viele Nutzer ist daraus eine Abhängigkeit entstanden, die bei einem Abschalten zu Verlustgefühlen führt. Eine für kurze Zeit abstinente Nutzerin fühlte sich gar »wie ein Kind, dessen Mutter gestorben ist«. Fast 90 Prozent der Jugendlichen beschäftigen sich auch noch in der letzten Stunde ihres Tages mit dem Handy, ergab eine Analyse aus Norwegen. Das Ergebnis: Je länger und mit je mehr elektronischen Geräten die Kids zugange waren, desto wahrscheinlicher verkürzte sich ihre Nachtruhe, da die blauen Wellenlängen des Lichts schlaffördernde Neuronen im Hirn hemmen. Digitale Medien bergen nicht nur ein gewaltiges Suchtpotenzial, so der Gehirnforscher Manfred Spitzer, sie schaden langfristig auch dem eigenen Denken. Wenn wir unsere Hirnarbeit auslagern, sterben Nervenzellen ab, nachwachsende Zellen überleben nicht, weil sie nicht gebraucht werden. Die Aussage ist umstritten. Spitzer ist sich jedoch sicher, dass bei Kindern und Jugendlichen durch Bildschirmmedien die Lernfähigkeit drastisch vermindert werde.

Noch immer glaube er an viele der Hoffnungen, so Jaron Lanier, die sich mit der neuen Technologie verbinden. Gleichzeitig habe er jedoch Sorge, weil die digitale Revolution zu einem »fast metaphysischen Projekt« überhöht werde – »und das, nachdem so viele Götter versagt haben«. »Die Kirchen leeren sich und Facebook füllt sich«, sagt der koreanische Philosoph Byung-Chul Han, »es ist eine neue Kirche entstanden«, aber eine, »die keinen Sinn stiften kann.« Tatsächlich haben viele Seiten der neu entstandenen Realitäten mit ihren Erlösungsfantasien eine kryptoreligiöse Komponente, wenn nicht gar die Erscheinungsformen einer neuen Religion, einer neuen Gottheit. Die Skepsis beruht nicht zuletzt auf den Erfahrungen mit totalitären Systemen, die in der ersten Hälfte des letzten Jahrhunderts den Weltball in eine brennende Kugel verwandelten.

Nichts hat dabei das Misstrauen vor einer technisierten Zukunft stärker geprägt als George Orwells Zukunftsroman *1984.* Sein Gesellschaftsbild ist wie eine Prophezeiung, die sich in der Logik der herrschenden Gesetze nachgerade zwangsweise erfüllen musste. Orwells nach dem Zweiten Weltkrieg entstandene Vision galt angesichts von Notstandsgesetzen und Volkszählung bereits in den 1970er- und 1980er-Jahren als eine wahr gewordene Vorausschau, aber erst in unserer Epoche wird die beängstigende Realität einer möglichen neuen totalitären Gesellschaft sichtbar. Mit einem Unterschied, wie Frank Schirrmacher bemerkte: In Orwells düsteren Visionen sei wenigstens die Identität des Menschen nicht angegriffen gewesen. Und dass ihnen die Freiheit abhandengekommen ist, hätten die Menschen immerhin noch registriert.

Als Sozialist war Orwell schockiert über die Tendenzen, die sich in den 1930er-Jahren nicht nur in Nazi-Deutschland, sondern auch in kommunistischen Organisationen und den neuen sozialistischen Staaten abzeichneten. In *Nineteen Eighty-Four* beschreibt er ein System, dessen Ziel es ist, in einem gigantischen Gedankengefängnis die Gleichschaltung aller Bürger zum Zweck ihrer besseren Nutzbarmachung zu betreiben. Es ist eine Gesellschaft von umfassender Manipulation, der sich niemand entziehen kann. »Im Wachen und im Schlafen, bei der Arbeit oder beim Essen«, heißt es im Buch, »im Haus oder außer Haus, im Bad oder im Bett – es gab kein Entrinnen. Nichts gehörte einem außer den paar Kubikzentimeter im eigenen Schädel.« In einer vergangenen Zeit habe es noch »ein Eigenleben« gegeben, mit Liebe und Freundschaft, »heutzutage gab es Angst, Hass und Leid, aber keine starken und wertvollen Gefühle, keine tiefen und echten Schmerzen.« Die Gesellschaft wird regiert von einer kaum in Erscheinung tretenden zentralen Lenkungsinstanz: »Irgendwo saßen ganz anonym die leitenden Hirne, die den ganzen Betrieb koordinierten und die politischen Richtlinien festlegten.« Aber »das Schrecklichste war«, hält der Autor fest, »dass einfach alles wahr oder falsch sein konnte.«

Für die komplette Überwachung der Bürger sorgen in Orwells Vision bereits die Zweiwege-Televisoren der *Thought Police,* der Gedankenpolizei, die einerseits alle möglichen Räume abhören, andererseits ausgewählte Nachrichten, politische Direktiven und minderwertige Unterhaltung ausstrahlen. Ähnlich wie mit heutigen Smartphones und den eine Million Apps, die hierfür zur Verfügung stehen, kann jede Bewegung des Einzelnen zu jeder Zeit und an jedem Ort kontrolliert werden. Die Machtfülle dieser Mega-Instanz ist umfassend, psychisch wie physisch: »Es war, als drückte einen eine zwingende Kraft nieder – etwas, das einem in den Schädel eindrang, das Gehirn bombardierte, einem die eigenen Überzeugungen austrieb, einen fast dazu brachte, nicht länger dem Zeugnis der eigenen Sinne zu trauen.«

Bereits Orwells Begriff »Big Brother« nimmt auf verblüffende Weise das Wort von »Big Data« vorweg, die ungehemmte Erfassung und Auswertung riesiger Datenmengen mittels der künstlichen Intelligenz hoch entwickelter Mega-Computer. Wie in *1984* wird auch die heutige Gesellschaft von Kameraaugen beobachtet. Nicht mehr nur auf Flughäfen, sondern längst auch auf allen großen Plätzen, in U-Bahn-Geschossen, in Bussen, Discount-Märkten, in der Betriebskantine. Inzwischen sorgen Millionen von Überwachungskameras für den polizeilichen Überblick. Niemals sollte man vergessen, dass die Erfassung im öffentlichen Raum auch einer terroristischen Bedrohung geschuldet ist, die in den vergangenen Jahren nicht unbedingt geringer wurde. Aber es ist längst keine Sience-Fiction mehr, dass bald auch Daten-»Brillen« zum Einsatz kommen, etwa »Google Glass«, die mit Anschlägen wenig zu tun haben, immerhin aber die Umgebung des Brillenträgers ausspähen und jederzeit mit Informationen aus dem Netz verknüpft werden können – wer auch immer daran interessiert ist.

Dass die »totale Überwachung« Realität geworden ist, wissen wir spätestens seit den Skandalen um die Machenschaften der National Security Agency (NSA), mit denen der US-Geheimdienst weltweit Regierungen, Wirtschaft und Bürger ausspähte. Aber »Big Brother« Zwanzigsechzehn beschränkt sich nicht auf Kameras und Glasfaserleitungen. Es gebe keine neue App, wissen Experten, die nicht auch ein

Überwachungsinstrument sei. Und längst ist auch das menschliche Antlitz maschinenlesbar geworden. Der Schlüssel dafür sind Aufnahmegeräte, die unsere Gesichter vermessen und mit gespeicherten Bildern abgleichen.

Durch den Whistleblower Edward Snowden wurde öffentlich, dass die NSA täglich Abermillionen an Daten aus sozialen Netzwerken, Video-Chats, E-Mails und anderen Quellen abschöpft. Auch um sie mit Gesichtskennzeichen zu verknüpfen. In einem Konvolut aus 160 000 Mails und 8 000 Dokumenten, das Snowden weitergab, waren auch Bilder von Kleinkindern auf der Schaukel und in der Badewanne, Bilder von Männern, die ihre Muskeln präsentieren, und von Frauen in Unterwäsche. Ist unsere Physiognomie erst einmal mit unseren Daten verknüpft, greift die Überwachung nicht nur im Netz, sondern überall – auf der Straße, beim Einkauf, im Stadion. Vor allem in Schwellenländern fiebern Staatschefs der totalen Erfassung der Bevölkerung entgegen. In Argentinien wird das hierfür vorgesehene Programm als Weg zu einer »stärkeren Identität« gepriesen. »Jetzt sind Sie Ihr eigener Mensch«, heißt es in einem Werbevideo für die biometrische Volksvermessung, »wenn wir mehr darüber wissen, wer wir sind, können wir besser auf uns aufpassen.«

Die Datensammelwut kennt keine Grenzen mehr. Auf der einen Seite stehen Behörden, Geheimdienste, Polizeiorgane, auf der anderen Internetgiganten wie Google und Facebook, Versicherungen, Krankenkassen, Medienkonzerne. Hochgerüstet mit personaler Elektronik, vom PC bis zum Smartphone, wird der User zum permanenten Datenlieferanten, der nicht nur sich selbst, sein Denken, seine Handlungen preisgibt, sondern auch das Denken und die Handlungen seiner Umgebung. Jeder liefert »Profile«, jeder liefert Bewegungsmerkmale, jeder ist gewissermaßen IM, Informeller Mitarbeiter geworden. Und während in totalitären Staaten wie der früheren DDR »nur« etwa zehn Prozent der Bevölkerung bewusst oder unbewusst für den »Apparat« arbeiteten, sind es heute alle, die sich in das elektronische Netz eingeklinkt haben – und das beginnt bereits mit der simplen Verwendung einer Kreditkarte oder der Teilnahme an einem »Gewinnspiel«.

Der Bürger muss nicht mehr »gefasst« werden, er wird »erfasst«. Und längst nicht mehr nur vom Scheitel bis zur Sohle, sondern bis in die intimsten Bereiche seines Verhaltens und sogar seiner Gedanken, dem letzten Rückzugsgebiet der Person. Diese neue Qualität soll künftig mit Technologien erreicht werden, die den Abläufen im Gehirn nachspüren. Sie können über Gedanken und Emotionen, aber auch über Veranlagungen für geistige und körperliche Krankheiten oder Prädispositionen für Verhaltensmuster und Persönlichkeitstypen Auskunft geben. Beim »Affective Computing« zum Beispiel sind Neurodaten für Unternehmen interessant, die die Gedankengänge von Konsumenten verstehen und gezielt beeinflussen könnten, um ihre Produkte besser zu vermarkten.

Das eigentliche Äquivalent von Orwells Big Brother sind *Algorithmen*, jene Handlungsanweisungen für jede Art von Computer, die gewissermaßen das Maschinensystem der digitalen Welt bilden. Algorithmen stecken in der Software von Smartphones, Autos, Kameras, Küchenmaschinen, Uhren, Herzschrittmachern, Heizungen, kurz: Sie sind überall. Sie besorgen die Suchergebnisse im Netz oder die Software, die einem bei Amazon nach einem Einkauf vorschlägt, was man noch alles kaufen könnte. Ihr Auftrag heißt: Finde alles, was den Nutzer interessiert, und präsentiere es in einer bestimmten Reihenfolge. Dazu durchforstet die Software zunächst gigantische Datenmengen. Ob Währungskurse, Texte, Telefonverbindungen, den letzten Einkauf oder mitgeschnittene Gespräche. Computer mit künstlicher Intelligenz erkennen und speichern dabei Zusammenhänge, die ein Mensch niemals sehen würde. Unternehmen maximieren damit den Gewinn, den man aus einzelnen Menschen ziehen kann. Aber auch die Seiten von Online-Magazinen werden längst von Algorithmen bestimmt.

Jeder Artikel im Netz wird exakt vermessen. Und die Frage, welcher Text wie oft gelesen wird, entscheidet darüber, wie lange er auf dem Schirm bleibt – und welche Texte künftig erscheinen werden, um damit noch höhere Werbeeinnahmen zu generieren.

Wenn alles, was die Welt ist, in digitalisierte Daten übersetzt und damit potenziell zu jeder Zeit durchleuchtbar und auswertbar geworden ist, so folgert ein Kritiker, besteht kein Zweifel mehr daran, dass das Informations- zum Überwachungszeitalter mutiert und die globale Totalüberwachung zur Tatsache wird. Der Algorithmus übernimmt dabei immer öfter alleine die Kommandobrücke. Schon heute sind die Entscheidungen, die die Systeme an der Börse fällen, so schnell, dass nur andere Maschinen darauf reagieren können. Der Mensch kann nicht eingreifen. Selbst wenn er wollte, er ist zu langsam.

»Sie waren wie die Ameisen, die wohl kleine, aber keine großen Gegenstände erkennen können«, schreibt Orwell über die Menschen in seiner Vision, aber das »wirklich Charakteristische« ihres neuen Lebens sei »nicht seine Grausamkeit und Unsicherheit« gewesen, »sondern einfach seine Nacktheit, seine Schäbigkeit, seine Ruhelosigkeit.«

NETZWELT

DIE DIGITALE GESELLSCHAFT.

2,6 Milliarden Menschen verbindet das Internet über Grenzen, Sprachbarrieren und soziale Kluften hinweg. Hier die Zahlen:

- Jeden Tag erzeugen wir **2,5 TRILLIONEN** (2500000000000000000) Byte an Daten. Diese würden zehn Millionen Blu-Ray-Disks füllen, die gestapelt so hoch wären wie vier aufeinandergestellte Eiffeltürme.
- **1,3 TRILLIARDEN** (1300000000000000000000) Byte, so lautet die Prognose für die Menge an Daten, die 2016 durch das Internet rauschen wird. Das ist das Äquivalent von 328 Milliarden DVDs. Spezialisten erwarten, dass 1,2 Millionen Minuten Videomaterial pro Sekunde durch die digitalen Netze ausgeliefert werden.
- **44 TRILLIARDEN** (44000000000000000000000) Byte oder 44 Zettabyte wird das weltweite Datenvolumen im Jahr 2020 voraussichtlich betragen. Das entspricht nahezu der Anzahl aller Sterne des Universums.
- **28 MILLIONEN** Menschen in Deutschland haben schon einmal ein E-Learning-Angebot genutzt.
- **30 MILLIONEN** Computer werden in Deutschland am Arbeitsplatz genutzt. Bis 2020 werden es rund 37,5 Millionen sein.
- **191 MILLIARDEN** E-Mails werden jeden Tag versendet.
- **2 TRILLIARDEN** (2000000000000000000000) Byte an Daten wurden Schätzungen zufolge 2013 weltweit gespeichert.
- **33 MILLIONEN** der in Deutschland lebenden Personen sind im Social Web aktiv.
- **50 MILLIARDEN** Geräte, wie etwa Kaffeemaschinen, Gesundheitsmessgeräte oder Wecker, werden bis 2020 an das Internet angeschlossen sein.

Weltmacht Internet. Wäre das Internet ein Staat, wäre es aufgrund seiner Umsätze im Jahr 2016 nach den USA, China und Japan die viertgrößte Volkswirtschaft der Welt.

Lauschfunktion.

Smart-TVs von Samsung hören über eine eingebaute Spracherkennung zu, wenn in ihrer Umgebung geredet wird. Der Elektronikhersteller warnt in den Nutzungsbedingungen: »Bitte beachten Sie, dass sämtliche gesprochenen Worte, auch persönliche oder sensible Informationen, bei Ihrer Nutzung der Spracherkennung erhoben und an einen Drittanbieter übertragen werden.«

»NEW« ECONOMY.

Laut Analysen von Appnation Research werden sich die Umsätze mit Apps bis 2017 auf 151 Milliarden Dollar mehr als verdoppeln. 2013 gaben Nutzer 8,5 Milliarden Dollar allein für Spiele auf ihren Mobilgeräten aus.

18 Millionen

E-Mail-Adressen und Passwörter – das ist in Deutschland die bislang größte Menge an Daten, die von Kriminellen im Frühjahr 2014 auf einen Schlag erbeutet wurde.

»Es sind die digitalen Technologien selbst, die unsere Welt gestalten werden – sowohl mit als auch ohne unser ausdrückliches Mitwirken. Gerade deshalb zählt der jetzige Moment. Wir erschaffen gerade gemeinsam eine Blaupause, einen Entwurf unserer kollektiven Zukunft.«

Douglas Rushkoff,
Medientheoretiker und
Autor von *Present Shock.*

Die Vernetzung der Welt hängt buchstäblich an gläsernen Fäden. Australien und Neuseeland sind mit Südostasien über ein einziges, nur armdickes Unterseeglasfaserkabel verbunden. Es kann 20 Millionen Telefonanrufe parallel übertragen. Deutschland ist über fünf Seekabel-Zugangspunkte mit dem Internet verbunden.

DAS WIKIPEDIA-UNIVERSUM.

Wikipedia gehört zu den zehn am häufigsten besuchten Webseiten. 95 Prozent der 14- bis 19-jährigen deutschsprachigen Internetnutzer greifen darauf zurück. Weltweit wird die Online-Enzyklopädie von mehr als 70 Prozent aller Internetnutzer konsultiert. 7200 Wikipedia-Artikel pro Tag schreibt dabei der Roboter »Lsjbot«. So viel schafft ein guter Journalist vielleicht in seinem ganzen Leben. Sein Programmierer, der Schwede Sverker Johansson, kann in Anspruch nehmen, für 8,5 Prozent aller Wikipedia-Einträge weltweit verantwortlich zu sein. 2,7 Millionen Stichworte hat die Software bereits hinzugefügt.

Der aktivste Administrator in der deutschsprachigen Wikipedia (»Aka«) hat in zehn Jahren fast 800 000-mal Beiträge eingestellt, verändert, kommentiert oder gelöscht. Im Februar 2015 waren 249 deutschsprachige Wikipedia-Administratoren mit der Macht ausgestattet, Artikel auch gegen den Willen ihrer Autoren dauerhaft zu löschen oder zu verändern. Bei Wikipedia führt nicht die geprüfte Kompetenz, sondern nur hohe Aktivität zu diesem mächtigen Status. Anfang 2015 umfasste die deutschsprachige Wikipedia knapp 1,8 Millionen Artikel.

Virtuelle Kindheit.

56 Prozent der Kinder zwischen zehn und 13 Jahren sind in Deutschland täglich online. 82 Prozent der Kinder haben Computererfahrung, etwa ein Fünftel einen eigenen Laptop oder Computer und 57 Prozent ein eigenes Handy oder Smartphone.

Suizidgedanken,

Selbstverletzungen und Essstörungen – düstere Themen wie diese häufen sich in sozialen Netzwerken und Internet-Communitys. Und die Verfasser werden immer jünger. Experten von jugendschutz.net haben allein im Februar und März 2015 in sieben bei Jugendlichen beliebten Social-Web-Diensten rund 450 beunruhigende Beiträge gefunden. 90 Prozent davon stammten von Mädchen mit einem Durchschnittsalter von 15 Jahren.

90 Prozent der Jugendlichen in Norwegen beschäftigen sich in den letzten Stunden ihres Tages mit dem Handy. Teenager, die mehr als vier Stunden täglich am Bildschirm verbrachten, haben ein 50 Prozent höheres Risiko, sich länger als eine Stunde schlaflos im Bett zu wälzen. Die blauen Wellenlängen des Lichts, mit dem LEDs die Tablets, Laptops oder Handys beleuchten, hemmen schlaffördernde Neuronen im Gehirn und stimulieren Neuronen, die Wachsamkeit fördern. Zudem führt die Internetnutzung kurz vor der Nachtruhe zu emotionaler Aufregung und gestörtem Biorhythmus.

250 Millionen

Schadprogramme bedrohen permanent Computer in Deutschland. 300 000 neue Schadprogramme kommen täglich hinzu. Betroffen davon sind jeden Monat rund eine Million PCs. Diese Internetdienste werden am häufigsten angegriffen:
E-Mail und Messenger: 34,6 Prozent;
Soziale Netzwerke: 26,0 Prozent;
Bezahldienste wie PayPal und Banken: 14,6 Prozent;
Mobilfunk und Internetanbieter: 8,8 Prozent;
Online-Shops, Internet-Auktionshäuser: 7,1 Prozent;
IT-Anbieter: 5,6 Prozent;
Online-Spiele: 0,8 Prozent;
Massenmedien: 0,7 Prozent;
Regierungsorganisationen: 0,5 Prozent;
Sonstige: 1,3 Prozent.

Von diesen Ländern aus wurden im November 2014 die meisten

Cyberattacken

gestartet:
USA: 8 402 997 Angriffe.
Russische Föderation: 3 337 539 Angriffe.
Deutschland: 1 537 199 Angriffe.
China: 1 099 913 Angriffe.
Frankreich: 710 764 Angriffe.

Soziales Netz-Werkzeug: Der britische Geheimdienst GCHQ fordert eine engere Zusammenarbeit der großen Internetfirmen mit seinen Agenten. Schließlich seien soziale Netzwerke inzwischen »die bevorzugte Kommandozentrale von Terroristen«. GCHQ spähte laut *The Guardian* 2013 etwa 200 Glasfaserleitungen aus, die britische Grenzen queren. Über zwei der Kabel leitete unter anderem die Deutsche Telekom ihre Daten. Bereits jetzt können die Agenten mit dem Spähfilter »Squeaky Dolphin« (quietschender Delfin) ohne Zutun der Unternehmen Klicks auf Facebook und YouTube analysieren.

»Ich weiß nicht, was gefährlicher ist: der Computer oder die Atombombe?«
Norbert Wiener 1948 in seinem Buch Cybernetics.

Like it. Im Auftrag von Konzernen wie Opel, Sigma, Bayer oder auch TUI fälschte eine Wiener Agentur konsequent Produktbewertungen im Netz, vor allem auf Amazon. Zum Handwerkszeug gehören verschiedene IP-Adressen, anonyme E-Mail-Adressen und unterschiedliche Kennwörter. Der Tarif für eine gefälschte Bewertung liegt bei 20 Dollar.

ICLOUDS. Immer mehr Urlaubsorte Italiens klagen: Wetter-Apps halten Touristen fern – weil sie Vorhersagen machen, die dann nicht zutreffen.

IM VISIER.

In 90 Prozent der Fälle reichen laut Forschern vom Massachusetts Institute of Technology (MIT) bereits vier Informationsschnipsel aus, um eine Datenbank einer Person zuordnen und so ihr Konsumverhalten ablesen zu können.

NEUGIERIGE COOKIES. **Mithilfe von Cookies lassen sich Webseiten schneller laden. Sie geben aber auch Informationen über die Nutzer an die Unternehmen weiter, die damit ihre Werbung noch zielgenauer steuern können. Anzeigen in Suchmaschinen und auf den Internetseiten erreichen in den USA pro Jahr einen Umsatz von rund 35 Millionen Dollar.**

Darkroom.

Es gibt ein Internet, vor dem selbst Geheimdienste kapitulieren. »Deep Net« – so werden all jene Inhalte bezeichnet, die nicht von herkömmlichen Suchmaschinen erfasst werden oder die kostenpflichtigen Datenbanken angehören. Es geht darin um Geldwäsche, Killerdienste, Drogenhandel, Pornografie, militärische Ausrüstung, Angebote für Whistleblower, Anarchisten und Filesharer. Bezahlt wird mit Bitcoins, der digitalen Währung, deren Transaktionen nicht verfolgbar sind.

»Sozialen Netzwerken wird das Image eines öffentlichen Gutes angedichtet, eines Werkzeuges, das jedem eine Stimme verleiht und Freiheit verspricht. Viele Millionen Nutzer weltweit glauben das. Tatsächlich sind das alles private, gewinnorientierte Firmen, denen wir unsere Daten ausliefern.«
Andrew Keen, Autor des Buches *Das digitale Debakel.*

Luft-Post.

Amazon hat von der US-Luftbehörde FAA die Lizenz erhalten, im Bundesstaat Washington Post per Drohnen zuzustellen. In Deutschland kommt bereits ein sogenannter Paketkopter zwischen der Nordsee-Insel Juist und dem Festland zum Einsatz, um Medikamente zu bringen.

»Das Internet wird nicht mehr Einfluss auf die Wirtschaft haben als das Faxgerät.«
Paul Krugman, Nobelpreisträger und Kolumnist der *New York Times*, im Jahr 1998.

500

Millionen Tweets werden über den Kurznachrichtendienst Twitter pro Tag versendet. Mit 284 Millionen aktiven Usern war Twitter im Januar 2015 die Nummer drei der sozialen Netzwerke, hinter Facebook und Google+. Mit dem Anschlag auf das Pariser Satiremagazin Charlie Hebdo stieg die Twitter-Aktie auf mehr als 40 Dollar. #JesuisCharlie wurde zu einem der populärsten Hashtags in der Geschichte des sozialen Netzwerkes. Auf dem Höhepunkt wurden pro Minute 6500 Tweets mit dem Hashtag verschickt. Anhand der Apps auf Smartphones und Tabletcomputern forscht Twitter nicht nur die Interessen seiner Nutzer aus, um Vorschläge zu unterbreiten, welchen anderen Nutzern man folgen könnte, sondern auch, um damit entsprechende Werbung zu schalten.

Giganten.

Die Digitalisierung verändert die Wirtschaft und Gesellschaft so grundlegend wie einst die industrielle Revolution. Der Rohstoff für die riesigen, neu entstandenen Weltkonzerne sind Daten, die in gigantischen Rechenzentren von komplizierten Algorithmen verarbeitet werden. Diese mathematischen Formeln bestimmen, wer mit welcher Werbung versorgt wird und künftig auch, wer einen Kredit oder eine Versicherung zu welchen Konditionen bekommt. Der Marktwert der Internetgiganten kennzeichnet den Stellenwert der virtuellen Realität (Stand Juli 2015):

Google: 470 Milliarden Dollar;
Microsoft: 380 Milliarden Dollar;
Apple: 748 Milliarden Dollar.

Einige Daten zum Apple-Universum:

- Apple machte in den drei Monaten September, Oktober und Dezember 2014 einen Profit von 18 Milliarden Dollar, den höchsten Unternehmensgewinn aller Zeiten. Hauptumsatzträger: 74,5 Millionen verkaufte iPhones.
- Rekord an der Wall Street. Apple war im Februar 2015 als erster Konzern 710 Milliarden Dollar wert. Das Unternehmen könnte damit zweimal Griechenland kaufen.
- 13,6 Milliarden Dollar hat der Konzern in den ersten drei Monaten des Jahres 2015 verdient. Mit 40,3 Milliarden Dollar erwirtschaftete das iPhone insgesamt mehr als zwei Drittel des Geschäfts von Apple.
- »China Labor Watch« zufolge arbeiten für Apple bei einem chinesischen Zulieferer mehr als 10 000 Schüler unter teils gefährlichen Umständen.
- Für den Bau eines Rechenzentrums für globale Netzwerke investiert das Unternehmen 2 Milliarden Dollar.
- Bargeldreserven: Im April 2015 waren das 194 Milliarden Dollar. Das ist so viel wie etwa zwei Drittel des deutschen Bundeshaushaltes für das gesamte Jahr 2015.

SIE HABEN POST:

E-Mails zu bearbeiten kostet einen Arbeitstag pro Woche. 60 Millionen US-Dollar verliert ein Konzern mit 10 000 Mitarbeitern umgerechnet jährlich, weil die Teilnehmer in Meetings E-Mails lesen und schreiben, statt zuzuhören. 30 000 E-Mails erhalten Führungskräfte pro Jahr.

---

150 Millionen Mobiltelefone weltweit können mit einer Software der US-Firma CarrierIQ überwacht werden. Tastatureingaben, Positionsdaten, Kurznachrichten, all das kann mitgelesen werden. Die Software wird von Herstellern oder Mobilfunkanbietern auf von ihnen ausgelieferten Geräten vor dem Verkauf an die Kunden installiert.

---

59 Prozent der US-Amerikaner suchen im Netz regelmäßig nach Gesundheitsinformationen. Das Problem dabei: 56,5 Prozent aller Informationen, etwa zum sicheren Schlaf von Kindern, die sich bei einer Stichprobensuche im Internet fanden, waren entweder irrelevant (28,4 Prozent) oder falsch (28,1 Prozent).

Einige Daten zum Google-Universum:

- Die Suchmaschine ist seit 27. September 1998 online und hat 2014 mit 55 000 Mitarbeitern und gut 60 Milliarden Dollar Umsatz fast 15 Milliarden Dollar Nettogewinn erzielt. Etwa 90 Prozent des Gesamtumsatzes basieren auf Anzeigen von Werbekunden.
- Mit einem geheimen Algorithmus dominiert Google unseren Alltag. In 0,5 Sekunden beantwortet die Suchmaschine eine Frage mit 100 000 Treffern. Wer »googelt«, vertraut dem von »Google« eingesetzten Algorithmus, der die Treffer angeblich nach deren Relevanz ordnet. »Relevant« ist für Google aber auch, was Werbeeinnahmen, also Geld verspricht und nicht unbedingt, was dem Interesse des Nutzers entspricht. Umso mehr Daten der Suchmaschinenriese über den Nutzer sammelt – umso größere Teile des Internets blendet Google aus, weil sie nicht zum Profil passen.
- In Deutschland kam Google 2014 auf einen Marktanteil von 91 Prozent.
- 2 162 Milliarden Suchbegriffe werden weltweit pro Jahr eingegeben.
- Zwei von drei Smartphones werden vom Google-Betriebssystem »Android« gesteuert. Von den im Jahr 2013 verkauften 680 Millionen Smartphones verfügten sogar 80 Prozent über »Android«. Die Palette der Anwendungen des Betriebssystems reicht von Spielkonsolen über TV-Zusatzboxen bis hin zu Navigationsgeräten, Kameras, Computeruhren und elektronischen Lesegeräten. Sämtliche Daten, die bei all den Geräten anfallen, landen bei Google.
- »Google-Chrome« ist der beliebteste Internetbrowser, die Google-Tochter »YouTube« die wichtigste Videoplattform und Googles »Gmail« der erfolgreichste E-Mail-Dienst. Mit »Street View« hat Google weltweit Straßenzüge digital fotografiert. Keine andere Firma hat einen derart großen Datenfundus, aus dem sie mit Analyseprogrammen nicht nur Trends ableiten kann, sondern auch eine Menge Geld verdient, indem sie Werbung gezielter platziert.
- Auf Einkaufstour: Für 500 Millionen Dollar schluckte Google 2014 den Spezialisten für künstliche Intelligenz »Deep Mind«. Für 3,2 Milliarden Dollar das US-Unternehmen »Nest Labs«, das lernfähige Heizungsregler herstellt und an einer Technologie arbeitet, um Maschinen schlauer zu machen. Zudem erwarb der Konzern »Boston Dynamics«. Das Unternehmen arbeitet vor allem für das US-Militär und stellt unter anderem den hundeähnlichen Roboter »Big Dog« her.
- Mit dem Drohnenhersteller »Titan Aerospace« übernahm Google ein weiteres Unternehmen, um über den Luftweg entlegene Weltregionen an das Internet anzuschließen.
- Trotz der vielen Einkäufe verfügt der Konzern über ein Kapital von 60 Milliarden Dollar.
- Googles Vorstandschef Eric Schmidt hat 2014 fast 109 Millionen Dollar verdient. Sein Vermögen wurde vom Magazin *Forbes* zuletzt auf 9 Milliarden Dollar geschätzt.

Spionage-Brille. *Die Datenbrille »Glass« von Google kam für die Stasi zu spät, andere Dienste können darauf hoffen. Google-Glass ist ein Minicomputer mit Minidisplay und Minikamera, der auf das Gestell einer Brille montiert wird und direkt vor dem rechten Auge sitzt. Man kann damit – dirigiert durch Stimme, Kopfbewegung oder Augenzwinkern – im Internet surfen, Fotos machen und unbemerkt Videos drehen.*

CYBERKRIMINALITÄT.

445 Milliarden US-Dollar Schaden jährlich verursachen digitale Straftäter weltweit laut einer US-Studie. Gemessen am Bruttoinlandsprodukt ist Deutschland die am stärksten geschröpfte Nation. Die Schadensumme liegt hierzulande nach Schätzungen bei 51 Milliarden Euro im Jahr: 2014 soll eine russische Hackergruppe bis zu 1,2 Milliarden Internetpasswörter, Nutzernamen und E-Mail-Adressen erbeutet haben. 2013 wurden private Computerdaten von 16 Millionen Deutschen gestohlen. Fast jeder Dritte der 54 Millionen deutschen Internetnutzer ist von den Attacken betroffen.

Mehr als 80 Millionen Konten wurden 2014 bei der US-Großbank JPMorgan gehackt.

705 kritische Schwachstellen, die von Hackern leicht ausgenutzt werden könnten, wurden 2013 allein in 13 besonders relevanten Softwareprodukten wie Adobe Flash und Oracle Java festgestellt.

1,5 Millionen Kreditkartennummern aus den Datenbanken des US-Abrechnungsdienstleisters Global Payments stahlen Hacker im April 2012. Experten fanden 2014 im Schnitt auf mehr als jedem dritten Rechner Schadsoftware. 40 Prozent der Computer in Deutschland gelten als infiziert.

Zur Abwehr von Cyberattacken wurden in der Europäischen Union 150000 gut dotierte Jobs eingerichtet.

Wenn Hacker Autos knacken. Auf einer Konferenz 2013 in Las Vegas zeigten zwei spanische IT-Sicherheitsexperten, wie man Systeme in Autos überlistet. Sie manipulierten Tachos, schalteten die Servolenkung aus, brachten Autos zum Stehen oder steuerten sie fern wie von Geisterhand. Selbst Bremsen ließen sich ausschalten – mithilfe eines Equipments im Wert von 20 Euro.

KURZZEITGEDÄCHTNIS. Binnen zweieinhalb Jahren ist in der Regel ein Viertel der wichtigen Onlinequellen wieder verschwunden. Etwa zum Arabischen Frühling, dem Ausbruch der Schweinegrippe oder dem Tod von Michael Jackson. Es gibt nach wie vor keine Langzeitarchivierung des World Wide Web in Deutschland.

Milliarden-Ranking. Die teuersten Start-ups der Welt:

1. Xiaomi (chinesischer Smartphone-Hersteller), Wert: 46 Milliarden Dollar.
2. Uber (US-amerikanische Onlinevermittlung für Fahrdienste), Wert: 41,2 Milliarden Dollar.
3. Palantir (US-amerikanisches Unternehmen für Finanzsoftware), Wert: 15 Milliarden Dollar.
4. Snapchat (US-amerikanischer Kurznachrichtendienst), 15 Milliarden Dollar.
5. Flipkart (indischer Online-Händler), 15 Milliarden Dollar.
6. SpaceX (US-amerikanisches Unternehmen für Raumfahrttechnologie), 12 Milliarden Dollar.
7. Pinterest (US-amerikanisches soziales Netzwerk), 11 Milliarden Dollar.
8. Airbnb (US-amerikanischer Online-Marktplatz für die Privatvermietung von Unterkünften), 10 Milliarden Dollar.
9. Dropbox (US-amerikanischer Anbieter von Onlinedatenspeicher), 10 Milliarden Dollar. (Stand Mai 2015)

Good News.

Laut einer Studie des Instituts für Wirtschaftsforschung (Ifo) führt Internetzugang dazu, dass viele Menschen sich politisch und ehrenamtlich mehr engagieren, mehr Freunde haben und messbar häufiger Theater, Kino, Konzerte, Bars und Sportveranstaltungen besuchen.

»Sexting«
nennt man das Verschicken erotischer SMS, ob als Text oder Bild. Jeder vierte Teenager in den USA verschickt Nacktbilder von sich.

aufschlag.

Ein amerikanisches Reiseunternehmen verlangt höhere Preise von Kunden, die mit einem Apple-Gerät im Netz unterwegs sind. Wer sich teure Apple-Rechner leisten kann, so das Kalkül, wird auch bei Hotels nicht auf den Dollar schauen.

GENERATION SHITSTORM.

Eine Schülerin aus Aying bei München wurde fälschlicherweise im Netz als Hundetöterin tituliert. Zwei Millionen Zugriffe sind mit ihrem Namen verbunden, das Mädchen und ihre Familie wurden Opfer von weltweiten Schmähungen. Die Tierschutzorganisation Peta hatte 2000 Dollar Kopfgeld auf die vermeintliche Hundetöterin ausgesetzt.

Das digitale Testament.

Bis zu zehn vorher bestimmte Personen können Zugang zu den Google-Accounts eines Verstorbenen erhalten. Facebook friert auf Wunsch das Profil ein, und der Londoner Dienst Deadsocial ermöglicht es Verstorbenen, aus dem Grab heraus Twitter- und Facebook-Nachrichten an zuvor bestimmte Profile zu schicken, etwa an Familie, Freunde oder den Chef.

»Du dummer basdart! Erschieß dich bitte!«

Eintrag auf der Facebook-Pinnwand des ehemaligen Nationaltorhüters Timo Hildebrand.

Die Agentur Caveman bietet Shitstorms an. Das Paket S kostet 4 999 Euro. Geboten werden 100 Kommentare und 150 Likes. Den Shitstorm XL bekommt man für schlappe 199 000 Euro: 15 000 Kommentare, 5 000 Likes. Eigenwerbung der Agentur: »Wir potenzieren Ihren Unmut und fluten bei Facebook die Fanseiten mit Kommentaren und Likes.«

»Unboxing-Clips«, also Auspackvideos, nennt sich einer der vielen Trends bei YouTube. Eine Unbekannte packt vor der Kamera beispielsweise Spielzeug aus und beschreibt es – und die User sehen dabei zu. 6,7 Milliarden Klicks hat der YouTube-Kanal »FunToyzCollector« auf diese Weise bis Juni 2015 gesammelt.

Einige Daten zum Facebook-Universum:

- Die weltweite Nutzerzahl stieg 2015 auf 1,4 Milliarden. Allein in den Monaten Januar, Februar und März 2015 kamen rund 50 Millionen neue Nutzer hinzu.
- 798 Millionen Menschen greifen täglich über Smartphones und Tablets auf den Dienst zu.
- 73 Prozent der Werbeeinahmen von Facebook wurden auf den mobilen Geräten erwirtschaftet. Der Umsatz des Unternehmens lag 2014 bei 12,47 Milliarden Dollar.
- Auf der Facebook-Plattform werden täglich vier Milliarden Videoclips gesehen. Zudem verschickten Nutzer von Facebook-Apps 45 Milliarden Kurzmitteilungen pro Tag.
- Mit einem Forschungslabor für künstliche Intelligenz und Deep Learning will Facebook die Daten seiner 1,4 Milliarden Nutzer noch besser verstehen lernen. Ziel sind Programme, die dem Vorbild der Neuronen im menschlichen Gehirn nacheifern und zur Bildklassifikation oder Spracherkennung benutzt werden. Bei Facebook geht es dabei um Daten, die beschreiben, wer mit wem verbunden ist, wer wen und welche Webseiten unter welchen Umständen »liked« – um unter anderem Vorhersagen zu machen, welche Werbung bei wem gut ankommt.
- Anfang 2013 kaufte Facebook den Datenbrillenentwickler Oculus für 2,3 Milliarden Dollar. Im Februar 2014 erwarb Facebook den Kurznachrichtendienst WhatsApp für 19 Milliarden Dollar. WhatsApp verzeichnete im April 2015 knapp 800 Millionen Nutzer. Täglich kommt eine Million hinzu.
- Facebook kann in die Zukunft sehen. Das soziale Netzwerk weiß laut den eigenen Datenspezialisten anhand der Interaktionen zweier Nutzer bereits 100 Tage vorher, ob sich eine Beziehung anbahnt.

»Phishing« ist der Versuch, über gefälschte Webseiten, E-Mails oder Kurznachrichten an persönliche Daten eines Internetnutzers zu gelangen und damit Identitätsdiebstahl zu begehen. Immer öfter müssen »Phishing«-Opfer selbst für ihren Schaden haften. Nach Auffassung der Gerichte müsse sich herumgesprochen haben, dass Online-Bankkunden auf eine Aufforderung per E-Mail hin keine Daten preisgeben sollen.

Gefährliche Internet-Trends:

Zündelvideos. 2014 starben zwei deutsche Jugendliche bei einer Explosion, die sie im Video festhalten wollten.

Eyeball-Licking. Mit der Zungenspitze über den Augapfel einer anderen Person lecken.

Necknominate: Alkoholische Getränke auf ex trinken, sich selbst dabei aufnehmen, das Video online stellen und anschließend eine weitere Person nominieren.

Happy Slapping. Jugendliche greifen grundlos ein Opfer an und filmen die Gewalttat.

Die Cinnamon-Challenge: Ein Teelöffel voller Zimtpulver muss innerhalb von 60 Sekunden heruntergeschluckt werden. Zimt trocknet die Schleimhäute aus. Hundertfach finden sich im Internet Videos, in denen Jugendliche schwer husten und sich fast erbrechen.

Condom Snorting. Würgend und schluckend versuchen Jugendliche in zahlreichen Internetvideos, Kondome durch die Nase in den Mund zu befördern.

Alkohol-Rauchen: Onlineanleitungen zeigen Teenagern, wie man Alkohol inhaliert.

---

71 Prozent der deutschen Mütter stellen Fotos ihrer Kinder ins Netz, bevor diese zwei Jahre alt sind.

300 Stunden Videomaterial werden jede Minute auf YouTube hochgeladen. Längst gibt es Agenturen für sogenannte YouTube-Stars. Für Produktplatzierungen werden bei einem Video mit bis zu 10 000 Aufrufen laut einer Preisliste der Agentur »Mediakraft« 525 Euro bezahlt. Für ein Video mit bis zu 50 000 Aufrufen gibt es 3 500 Euro.

Einige YouTube-Stars:

- Nilam Farooq gibt Schminktipps. 970 000 Abonnenten, 146 Millionen Aufrufe. Ein Post auf ihrem Instagramaccount kostet 2 970 Euro.
- Gronkh spielt Videogames. 3,5 Millionen Abonnenten, 1,3 Milliarden Aufrufe.
- Der neunjährige US-Schüler Evan packt Spielzeug aus. Eine Million Abonnenten, eine Milliarde Aufrufe.
- Die singenden Zwillinge Heiko und Roman Lochmann – alias »Die Lochis« – haben mehr als 1,2 Millionen Abonnenten. Für die 15-Jährigen ist der YouTube-Kanal neben der Schule zum Fulltime-Job geworden.

Smart Home. 45 Millionen Smart-Home-Systeme werden nach einer Prognose von Samsung bis zum Jahr 2018 weltweit installiert sein. Künftig könnten Sensoren die Gewohnheiten der Bewohner erkennen und zum Beispiel zur Aufstehzeit Licht und Kaffeemaschinen einschalten. Das jährliche Marktvolumen werde dann 100 Milliarden US-Dollar betragen.

Wer bist du? Die Identifizierung von Kunden mithilfe von Apps hilft Informationen über das Kaufverhalten zu sammeln. Bis 2018 soll der Markt für diese Technik auf 4 Milliarden US-Dollar wachsen.

»Dein Handy weiß alles über dich.«

Bruce Schneier, weltweit einer der bekanntesten Experten für Verschlüsselung.

Vier Technologien, die unseren Alltag verändern werden:

1. **Roboter** werden als schweigende Helfer im Krankenhaus, als Lagerarbeiter oder als Einparkhelfer eingesetzt. Feuer löschen, Parkplätze bewachen und Ski fahren können sie bereits heute.
2. **Selbstfahrende Autos.** Bis 2020 will Google in die Massenproduktion von selbstfahrenden Autos einsteigen.
3. **Der Live-Übersetzer.** Microsoft hat bereits einen Echtzeitübersetzer für Skype angekündigt. Bald wird es normal sein, wenn Touristen einfach Sätze in ihr Smartphone sprechen – das Handy übersetzt in die richtige Sprache.
4. **Künstliche Intelligenz als Betriebssystem.** Die digitale Lebenswelt der Zukunft braucht noch ein Betriebssystem. Bislang heißen solche Kommandozentralen Siri oder Google Now. Sehr bald werden Computer aber besser verstehen, was wir von ihnen wollen.

Internet der Dinge.

Bisher haben sich nur Menschen mithilfe von Computern miteinander vernetzt. Inzwischen erobern physische Objekte wie Fahrzeuge, Produktionsmaschinen, Kühlschränke oder Heizungsanlagen das Internet. Sie werden zunehmend mit Sensoren, Software und Netzwerktechnik ausgestattet, um untereinander sowie mit anderen IT-Systemen zu kommunizieren. Jedes dieser Objekte hat seine eigene IP-Adresse, also seine eigene Präsenz im Netz. Bis 2020 könnten es 30 Milliarden, 50 Milliarden oder sogar 212 Milliarden Objekte sein, die miteinander vernetzt sind.

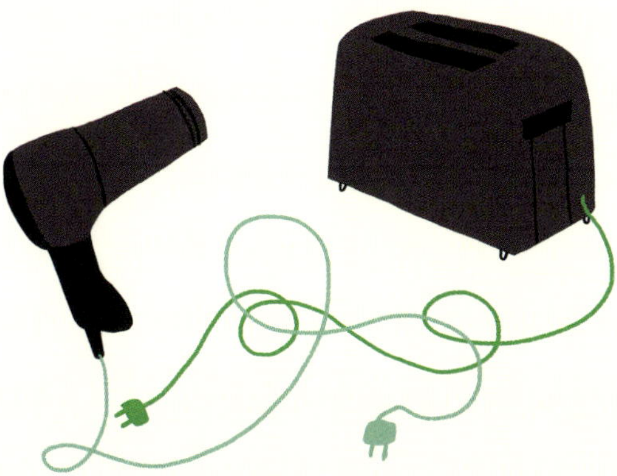

Ausbeute.

In einem Smartphone stecken über 60 verschiedene Rohstoffe, darunter Edelmetalle wie Gold und Kupfer. Kobalt ist wichtiger Bestandteil von Laptop-Akkus und wird vor allem im Kongo und in Sambia unter gefährlichen Bedingungen, teils mit Kinderarbeit, gefördert. Während sich über 150 Staaten im »Basler Übereinkommen« verpflichteten, den Elektroschrott im Entstehungsland zu entsorgen, haben die USA das Abkommen bis heute nicht ratifiziert.

Psycho.

Zeig mir, was du »likest«, und ich sag dir, wer du bist. Durch den »Gefällt-mir«-Button lassen sich Persönlichkeitseigenschaften ablesen. Experimente an der Universität Cambridge haben gezeigt: Algorithmen können anhand dieser Daten sogar besser als Menschen voraussagen, ob Probanden Drogen nehmen, depressiv oder bei schlechter Gesundheit sind.

»Wir sind alle schon Cyborgs. Was die Natur des Menschen ist, wird immer weniger klar.«

Amber Case, amerikanische Anthropologin.

Hirn im Chip.

Der Computerkonzern IBM hat mit »TrueNorth« einen Chip entwickelt, der ähnlich funktioniert wie das Gehirn des Menschen. Mit 5,4 Milliarden Transistoren auf der Fläche einer Briefmarke lassen sich eine Million Neuronen und 256 Millionen Synapsen nachbilden. Unter den Entwicklungsförderern befindet sich auch das US-Verteidigungsministerium.

Haushaltsware.

Zum Verschicken von Spam-E-Mails benutzen Cyberkriminelle inzwischen auch Heimnetzrouter, Multimediaplayer, Smart-TVs und sogar smarte Kühlschränke. Je mehr vernetzte Geräte in einem Haushalt existieren, desto einfacher können Hacker ans Werk gehen.

»FOMO« steht für »Fear of missing out«, die Angst, ständig etwas zu verpassen. Sie kann zu Unruhe, Nervosität und Konzentrationsproblemen führen. Wer dauernd auf sein Handy schaut, »wird aus allem herausgerissen und ist schrecklich unproduktiv«, sagt Markus Merkle, Experte für soziale Netzwerke.

Good fellows.

Der US-Telekommunikationskonzern AT&T ist tief in die Spähaktionen des amerikanischen Geheimdienstes NSA verstrickt. Laut einem Bericht der *New York Times* vom August 2015 habe das Unternehmen der NSA Zugang zu Daten von Milliarden von E-Mails und Handygesprächen gewährt. Im September 2003 sei AT&T der erste »Partner« gewesen, der eine neue Technik zur Datensammlung freigeschaltet habe, um der NSA eine »Live-Präsenz im globalen Netz« zu ermöglichen. Alleine in einem der ersten Monate der Operation seien der NSA-Zentrale 400 Milliarden Internet-Metadatenunterlagen zugeleitet worden. AT&T habe dem Geheimdienst auch erlaubt, die Internetkommunikation des Uno-Hauptquartiers in New York zu überwachen.

32 MILLIONEN NUTZER

waren betroffen, als Hacker Daten des Seitensprung-Portals »Ashley Madison« (ALM) veröffentlichten. Das im Darknet offengelegte Datenpaket beinhaltete Namen, sexuelle Vorlieben, Adressen, Kreditkartennummern und die verschlüsselten Passwörter der Nutzer. Die Hacker begründeten ihre Tat damit, dass ALM seine Kunden betrüge. Viele weibliche Profile seien gefälscht, 90 bis 95 Prozent der angemeldeten Ehebrecher seien männlich.

Die Top Ten der geknackten Passwörter:

admin.
12345678.
Test.
123.
Passwd.
test123.
User.
master.
password.
guest.

»Wir haben uns Technologien verschrieben, die wir nicht mehr verstehen. Wir sind in einem Ausmaß Netzen mit einem derart hohen Abstraktionsgrad ausgeliefert, dass selbst Experten nicht mehr verstehen, was passiert.«
Harald Lesch, Physiker und Naturphilosoph.

KRIEG UND TERROR

424
so hoch war nach Zählungen des Heidelberger Instituts für Internationale Konfliktforschung 2014 die Zahl der bewaffneten Konflikte weltweit. Die Zahl der Kriege stieg von 20 auf 21.

2000 Menschen sterben an jedem Tag weltweit durch illegal gehandelte Waffen. Der weltweite Umsatz von kriminellen Waffenhändlern umfasst etwa 60 Milliarden Dollar.

Der Preis des Krieges.

2014 gab es 180 000 Kriegsopfer weltweit und 20 000 Tote, die durch Terrorismus ums Leben kamen – ein Anstieg um 9 Prozent im Vergleich zum Vorjahr. Forscher des australischen »Institute for Economics and Peace« (IEP) berechnen die Kosten für Krieg und Terror im Jahr 2014 für die internationale Gemeinschaft anhand von festgeschriebenen Parametern (etwa die Ausgaben für internationale Streit- und Sicherheitskräfte, die Unterbringung und Versorgung von Flüchtlingen) auf 14,3 Billionen US-Dollar – ein Anstieg um 15,3 Prozent.

»Der Krieg ist überall. Die Welt ist in einem fürchterlichen Zustand. Für viele Menschen fällt diese Welt auseinander.«

Kofi Annan, von 1997-2006 Generalsekretär der Vereinten Nationen.

Einige Fakten zur Terrororganisation »Islamischer Staat«:

Am 9. Juni 2014 begann die Offensive der radikalen Islamisten, die in kürzester Zeit ein Drittel des Irak sowie weite Teile Syriens überrannten. Am 29. Juni erklärte IS-Chef Abu Bakr al-Baghdadi die eroberten Gebiete zum »Kalifat« und gründete als selbst ernannter Kalif den »Islamischen Staat«. Der Iraker behauptet, ein direkter Nachfahre des Propheten Mohammed zu sein.

CIA und andere US-Geheimdienste beobachteten die fundamentalistischen Kämpfer seit Jahren und wurden dennoch von den Überfällen überrascht. In weniger als 24 Stunden nahm der IS am 10. Juni 2014 Mossul ein. Die zweitgrößte Stadt des Irak ist von großer wirtschaftlicher Bedeutung aufgrund ihrer Ölraffinerien.

Die britische Zeitung *The Guardian* spricht von der »reichsten Terrorgruppe der Welt«. Nach der Eroberung der Millionenstadt Mossul sollen die Islamisten über ein Vermögen von 1,8 Milliarden Euro verfügt haben. Erbeutete Kulturschätze und Rohstoffe aller Art wurden ins Ausland geschmuggelt. Experten zufolge verdiente der IS 2014 täglich 2,5 Millionen Euro durch den Ölverkauf. Einige der eroberten Ölquellen veräußerte die Terrororganisation IS wieder an Syrien.

Die Terroristen nutzen zur Verbreitung ihrer Propaganda vor allem Netzwerke wie Facebook, YouTube, Twitter und WhatsApp. Bis Juni 2015 hatten sich etwa 25 000 Kämpfer aus mehr als hundert Ländern dem »Islamischen Staat« angeschlossen.

Ein eigenes Sozialsystem bezahlt den Familien toter Kämpfer eine Art Hinterbliebenenrente – und den lebenden »Brüdern« eine Heiratsbeihilfe.

Der Spiegel-Reporter Christoph Reuter belegt in seinem Buch *Die schwarze Macht* den politischen Kern des IS. Der Architekt dieser Struktur: ein Geheimdienstmann mit dem Tarnnamen Haji Bakr. Sein Handwerk hatte er unter Saddam Hussein gelernt. Anfang letzten Jahres wurde er erschossen. In seinen Räumen fand sich laut Reuter kein Koran.

Der IS versklavt in eroberten Gebieten christliche, jesidische oder kurdische Frauen und Mädchen – und verkauft sie auf Märkten an seine Anhänger.

Im Juli 2015 kontrolliert der IS ein Gebiet, das etwa halb so groß ist wie Deutschland. Die maximale Ost-West-Ausdehnung des »Islamischen Staates« beträgt fast 650 Kilometer, die Nord-Süd-Ausdehnung mehr als 400 Kilometer. Es ist die erzwungene Heimat von sechs bis acht Millionen Menschen. Christen, Jesiden und Muslime werden gefoltert, getötet und vertrieben.

Bis zu 3 000 Jahre alt waren die Kunstschätze im Museum der irakischen Stadt Mossul, die von den Fanatikern zerstört wurden. In der Bibliothek in Mossul vernichtete der IS mehr als 100 000 Bücher und Manuskripte. Das Grab des Propheten Jonah im Nordirak zerstörten Kämpfer im Juli 2014 mit Presslufthämmern. In der syrischen Wüstenstadt Palmyra wüteten sie gegen das antike Weltkulturerbe.

Auch außerhalb der Kernländer Syrien und Irak bekennen sich zahlreiche Terrororganisationen zum IS. Von »Boko Haram« in Nigeria über »Ansar Bait al-Maqdis« in Ägypten bis »Abu Sayyaf« in Indonesien verkünden Islamisten, dass die von ihnen gehaltenen Gebiete Teile des globalen »Kalifats« seien.

»Eine in Blut geschriebene Nachricht an die Nation des Kreuzes« – so betitelt der IS ein Schreckensvideo vom Februar 2015, das die Hinrichtung von 21 koptischen Christen am Strand in Libyen zeigt. Mit Messern werden den ägyptischen Gastarbeitern die Köpfe abgeschnitten. Im April 2015 erscheint ein weiteres Video mit den Enthauptungen von 30 äthiopischen Christen. Verbindungen zum IS wurden sowohl bei den Terroranschlägen in Sydney (Dezember 2014), Paris (Januar 2015), Kopenhagen (Februar 2015) und Garland (USA, Mai 2015) hergestellt.

Angeblich ausgeführte Operationen aus einem IS-Jahresbericht für 2014:

- 615 Anschläge durch Autobomben, davon 78 mit Selbstmordattentätern und 537 ferngezündet.
- 160 Anschläge mit Sprengstoffgürteln.
- 14 Anschläge mit ferngezündeten Motorradbomben.
- 4465 andere Sprengstoffanschläge.
- 336 Erstürmungen von Häusern.
- 1083 Liquidierungen mit Handfeuer- oder Stichwaffen.
- 607 Artillerieangriffe.
- 1015 Anschläge durch Zündung von Sprengladungen sowie Brandlegung in Gebäuden und Fahrzeugen.
- 30 Anschläge auf Kontrollpunkte.
- 1047 Angriffe durch Scharfschützen.
- Kontrolle über acht Städte und Liquidierung der führenden Oppositionellen.

»Bomben aus dem Hinterhalt oder Köpfen vor laufender Kamera, Massenentführungen, Geiselnahme, Versklavung, Vergewaltigung, Zwangsheirat, Erniedrigungen jeder Art: Der Triumph über Humanität und Menschenrecht ist von solcher Monstrosität, dass sich der Schluss aufdrängt, nicht mehr weltliches Machtinteresse, sondern nur der Schrecken selbst sei Zweck der Herrschaft.«

Andreas Zielcke *(Süddeutsche Zeitung)* über die weltweite Niederlage des Rechts.

---

10 000 terroristische Anschläge mit nahezu 18 000 Todesopfern wurden im Jahr 2013 registriert. 44 Prozent mehr als 2012. Die Zahl der Todesopfer stieg um 61 Prozent. Zwei Drittel davon gehen auf das Konto von IS, Boko Haram, den Taliban und al-Qaida. Allein im November 2014 verübten militante Islamisten weltweit mehr als 650 Anschläge und töteten 5 000 Menschen. 51 Prozent der Opfer waren Zivilisten, 80 Prozent Muslime. 170 Menschen fallen im Durchschnitt pro Tag islamistischen Terroristen zum Opfer.

Geiselnahme:

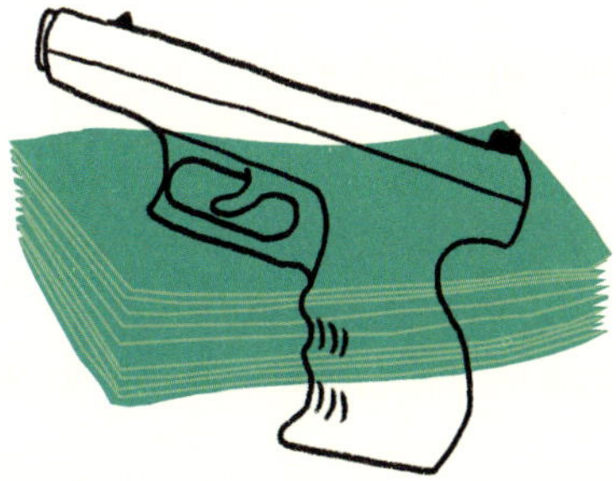

2013 nahm allein die Terrormiliz IS zwischen 35 und 45 Millionen Dollar an Lösegeldern ein. In den islamischen Maghreb-Staaten hat al-Qaida im Laufe der vergangenen fünf Jahre mindestens 75 Millionen Dollar erpresst. Insgesamt konnten Terroristen zwischen 2004 und 2012 durch Geiselnahmen weltweit schätzungsweise 120 Millionen Dollar erpressen.

Die Welt auf der Flucht!

60 Millionen Menschen sind weltweit auf der Flucht.
Darunter sind laut dem Report 2014 des UNO-Flüchtlingshilfswerks:

- 19,5 Millionen Flüchtlinge, die ihre Heimat verlassen mussten.
- 38,2 Millionen als Vertriebene innerhalb ihres eigenen Landes.
- 1,8 Millionen Asylbewerber.
- Mehr als die Hälfte der Vertriebenen kommt aus Syrien, Afghanistan und Somalia. Terrorgruppen wie »Boko Haram« oder der »Islamische Staat« zwingen täglich rund 30000 Menschen zur Flucht im eigenen Land. Zu diesem Ergebnis kommt der jährliche Weltbericht über Binnenflüchtlinge 2015.
- Die britische Organisation Oxfam schätzt, dass 2015 rund 8,7 Milliarden US-Dollar benötigt werden, um 18 Millionen Menschen allein in Syrien und in benachbarten Ländern mit lebensrettender Hilfe zu unterstützen. »So etwas hat es seit dem Zweiten Weltkrieg nicht mehr gegeben«, sagt Ertharin Cousin, Präsidentin des Welternährungsprogramms WFP.
- In Syrien wurden seit dem Ausbruch des Bürgerkrieges 2011 bis Mitte 2015 innerhalb der Landesgrenzen 7,6 Millionen Menschen vertrieben.
- In der Ukraine stieg bis Ende 2014 die Zahl der Binnenflüchtlinge auf 646500.
- Die Zahl der Flüchtlinge, die 2015 aus dem Nahen Osten und Afrika alleine in Deutschland eintrafen, wird auf mindestens 800000 geschätzt.

12,9 Milliarden Euro hat Europa seit 2000 ausgegeben, um Migranten abzuwehren. Im gleichen Zeitraum haben Migranten und Flüchtlinge nach Berechnungen der Datenjournalismus-Agentur »Journalism++« mehr als 15,7 Milliarden Euro an Schlepper gezahlt, um Europa zu erreichen. 6 000 Dollar verlangen Menschenschmuggler im Schnitt für eine Mittelmeerüberfahrt. Pro Schiff bleibt nach Abzug aller Kosten ein Profit von 2,5 Millionen Dollar.

Folter.

Laut dem Jahresbericht von Amnesty International zur Lage der Menschenrechte 2014/15 wird in 131 von 160 Ländern gefoltert. In 18 Staaten werden aktuell schwere Kriegsverbrechen begangen. In 35 der 160 untersuchten Länder werden Menschen von nichtstaatlichen, bewaffneten Gruppen bedroht.

DIE »TÖDLICHSTE FLÜCHTLINGSROUTE DER WELT«.

2014 überquerten mehr als 218 000 Menschen aus Afrika oder Asien das Mittelmeer. 300 000 wagten die gefährliche Überfahrt von Januar bis August 2015. Im Vergleich zum Vorjahreszeitraum ist die Zahl der an den europäischen Küsten eintreffenden Flüchtlinge um 83 Prozent gestiegen. Gleichzeitig sind nirgendwo mehr Menschen bei ihren Fluchtversuchen ums Leben gekommen – 2014 waren es 3 500 Tote. Von Januar bis August 2015 starben rund 2 500 Menschen. Das Mittelmeer gilt weltweit als die gefährlichste Grenze zwischen Staaten, die im Frieden miteinander leben.

30 000 Menschen sterben jedes Jahr in den USA an Schussverletzungen. Mindestens 47 Prozent der Amerikaner besitzen eine Schusswaffe. Die USA haben das Recht auf den Besitz von Waffen in ihre Verfassung geschrieben – in den zweiten Verfassungszusatz, gleich hinter der Meinungsfreiheit und noch vor dem Recht auf faire Gerichtsverfahren.

100 Millionen Christen werden nach Schätzungen der Menschenrechtsorganisation Open Doors weltweit aufgrund ihres Glaubens verfolgt. Christen sind damit die am meisten verfolgte Religionsgemeinschaft. Bis zu 70 000 Christen sind in Nordkorea in Arbeitslagern eingesperrt. Im Irak lebten 1990 noch 1,2 Millionen Christen, 2015 sind es nur noch etwa 300 000. In Syrien mussten 700 000 Christen infolge des Bürgerkriegs aus dem Land fliehen.

Kriegssteuer am Schwarzen Meer. Um den Krieg im Osten des Landes zu finanzieren, hat die Ukraine eine Gebühr in Höhe von 1,5 Prozent für alle Privateinkommen erhoben. Der Militäreinsatz gegen die Separatisten kostet das schwer in einer Wirtschaftskrise steckende Land täglich etwa 4,5 Millionen Euro.

140 Staaten wenden die Todesstrafe aktuell nicht mehr an – 99 Staaten haben sie vollständig abgeschafft.

TAUSEND KILO TOD.

Die israelische Soldatin Yuli Novak über die militärische Strategie im Gaza-Konflikt: »2002 war der Abwurf einer Ein-Tonnen-Bombe auf ein Haus und der Tod von 14 Zivilisten die Ausnahme … Sieben Jahre später, während der Operation ›Cast Lead‹ im Jahr 2009, gehörte es bereits zu der gängigen Strategie, Bomben über dicht besiedelten Gebieten im Gazastreifen abzuwerfen. Und nun, bei der derzeitigen Operation ›Protective Edge‹ (2014), rühmt sich die Luftwaffe damit, bereits mehr als hundert Ein-Tonnen-Bomben auf Gaza abgeworfen zu haben. Was damals eine extreme Ausnahme war, ist jetzt die offizielle Strategie.« Yuli Novak diente 2000 bis 2005 in der israelischen Luftwaffe, zuletzt als Oberleutnant. Seit 2013 ist sie geschäftsführende Direktorin von »Breaking the Silence«, einem Zusammenschluss regierungskritischer Soldaten.

»Kinder zwischen den Fronten«

Der »UNICEF-Report 2015«:

- 230 Millionen Kinder wuchsen 2014 in Kriegs- und Krisengebieten auf.
- Die Hälfte der 60 Millionen Flüchtlinge weltweit sind Kinder.
- 2014 gab es 23 Konflikte, in denen Kinder Opfer schwerster Menschenrechtsverletzungen waren.
- Konfliktparteien instrumentalisieren Kinder, um Terror zu verbreiten: Kinder werden entführt, als Sexsklaven missbraucht, als Soldaten oder Selbstmordattentäter in den Tod geschickt.
- 62 Millionen Kinder in 71 Ländern brauchen Hilfe, um Zugang zu Nahrung, Trinkwasser und medizinischer Versorgung zu bekommen – und vor allem vor Gewalt geschützt zu werden.
- 10 000 Kinder sind von 2011 bis 2015 in Syrien getötet worden.

2 300 Menschen kamen im Gaza-Krieg 2014 ums Leben. Während der 50-tägigen Kämpfe wurden 2 250 Palästinenser getötet, darunter 1 400 Zivilisten. Auf israelischer Seite starben 70 Menschen, unter ihnen sechs Zivilisten. Nach Einschätzungen der Vereinten Nationen könnte der Gazastreifen – auch aufgrund der Blockade – bis 2020 unbewohnbar werden.

Stellenanzeige für Nachwuchsterroristen. al-Qaida schaltete zur Anwerbung neuer Kämpfer Anzeigen im Internet. Die Bewerbung in Form einer verschlüsselten E-Mail sollte folgende Angaben enthalten: das eigene Gotteskrieger-Pseudonym, Staatsbürgerschaften, Aufenthaltsland, Sprachkenntnisse, Erfahrung, Gesundheitszustand und die persönliche »Sicherheitslage«. Als Arbeitsort wird angegeben: »Die ganze Welt«.

Im Namen der Freiheit.

In den Jahren nach den Anschlägen vom 11. September 2001 hat die CIA nicht nur Gesetze und Werte der USA missachtet, sie hat auch systematisch Regierung, Parlament und Öffentlichkeit belogen. Die Verhöre von Terrorverdächtigen, insbesondere in Guantanamo – ob Schlafentzug, Einläufe oder »Waterboarding« –, brachten keine brauchbaren Informationen. Die Erkenntnis aus 6,3 Millionen Seiten interner CIA-Dokumente lautet, dass Folter weder Anschläge verhindert noch Menschenleben gerettet, noch den Weg zu Osama bin Laden geebnet hat.

Das Folterprogramm hatte die CIA ab 2005 fast gänzlich an eine Privatfirma zweier ehemaliger Militärpsychologen ausgelagert – für rund 81 Millionen Dollar an Honoraren. Die Männer hatten weder Erfahrung mit Verhören noch konnten sie Arabisch.

MANIFEST DES BÖSEN. **Am 22. Juli 2011 gegen 14:15 Uhr verschickt Anders Breivik eine E-Mail an mehr als 1 000 Empfänger. Der Inhalt: ein 1 516-seitiges Pamphlet mit dem Titel »2083. Eine europäische Unabhängigkeitserklärung«. Es ist das Psychogramm eines Besessenen. Eine Stunde später zündet er in Oslo eine Autobombe, die acht Menschen vor der Staatskanzlei tötet. Gegen 17:10 Uhr geht er auf der Insel Utøya an Land, wo gerade ein Sommerlager der Jungsozialisten abgehalten wird. Er erschießt 69 junge Menschen, zumeist Jugendliche. Er habe Europa, so Breivik, vor Marxismus und Islamisierung retten wollen.**

AFGHANISTAN.

Der Kampfeinsatz der Internationalen Sicherheitsunterstützungstruppe (ISAF) in Afghanistan wurde 2014 nach 13 Jahren für beendet erklärt. Doch von einer Befriedung keine Spur: »In 32 der 34 Provinzen toben Gefechte, pro Woche sterben 100 Soldaten«, heißt es in einer Analyse des Innenministeriums in Kabul. Die Zahl der zivilen Opfer des Konflikts sei im vergangenen Jahr um 22 Prozent gestiegen, teilte die UNO-Mission in Kabul mit. 2014 wurden demnach 3699 Zivilisten getötet und 6849 weitere verwundet. In den ersten vier Monaten des Jahres 2015 meldete die UNO 974 Tote und 1963 verletzte afghanische Zivilisten – und damit erneut einen Anstieg um 16 Prozent. Laut einer Untersuchung der Brown Universität im US-Bundesstaat Rhode Island haben insgesamt rund 68000 Menschen ihr Leben verloren, seit die internationalen Truppen in das Land eingerückt sind. 3485 internationale Soldaten mussten ihren Einsatz mit dem Tod bezahlen, darunter über 50 Angehörige der Bundeswehr.

Netzgewalten – Aufrüste[n] im 21. Jahrhundert:

- Die britische Regierun[g] baut für 600 Millionen Euro eine Sondereinhe[it] gegen Cyberangriffe auf.
- Die US-Armee will künftig 4900 Einsatzkräfte beschäftigen, die sich nur mit Cyber-angriffen befassen.
- 6000 Hacker befehligt der nordkoreanische Diktator Kim Jong-un in seiner Sondereinheit »Büro 121«.
- China und Russland beschäftigen zwei der größten Cyberarmeen der Welt, mit einer riesigen Anzahl an Hackern.

80000 Tote

und 20000 Vermisste – so viele Opfer forderte d[er] Drogenkrieg in Mexiko seit 2006. Im Juni 2015 entdeckten Behörden in Tijuana, einer Stadt an der Grenze zu den USA, 41,6 Tonnen Marihuana das entspricht etwa 166 Millionen Joints zu je 0,25 Gramm.

CYBERWAR – ein dauerhafter Krieg, der längst begonnen hat. Einige Beispiele für Cyberschlachten:

- 2007: Hacker greifen wochenlang die Webseiten von Regierung, Firmen, Banken und Zeitungen in Estland an. Spuren deuten auf Russland. Wenige Monate später werden in Deutschland Spionageprogramme auf Computern von Kanzleramt, Außen- und Wirtschaftsministerium entdeckt. Hinweise deuten auf China.
- 2008: Etliche georgische Webseiten werden blockiert. Russland wird als Drahtzieher vermutet.
- 2009: Rechner von Behörden, Organisationen und Regierungen in 103 Ländern werden gehackt. Spuren deuten auf China.
- 2010: Stuxnet gilt als erster öffentlich bekannt gewordener digitaler Angriff. Mit dem Computervirus haben die USA und Israel erfolgreich das iranische Atomprogramm angegriffen, rund 1 000 Zentrifugen mussten ersetzt werden, 30 000 Computer wurden lahmgelegt.
- 2012 frisst sich ein Virus in die Computer der iranischen Ölanlage auf der Insel Kharg.
- 2014 dringen Hacker in das Computersystem der Filmproduktionsgesellschaft Sony Pictures ein. Sie drohten damit, alle E-Mails und Unternehmensdaten der Firma zu veröffentlichen, falls die Komödie »The Interview«, in der es um die Ermordung des nordkoreanischen Diktators Kim Jong-un geht, nicht vor der Premiere zurückgezogen würde. Sony nahm den Film vom Markt. Bereits Ende 2014 knacken russische Hacker das E-Mail-Postfach von Präsident Barack Obama und lesen dessen Nachrichten.
- 2015 entdeckt das russische Softwareunternehmen Kaspersky Lab ein neues Schädlingsprogramm, das Banken, Kernkraftwerke, Krankenhäuser und Botschaften attackiert. Innerhalb eines Jahres konnten Angriffe auf 500 Organisationen mit dem neuen Virus beobachtet werden. Betroffen sind vor allem Iran, Russland und Pakistan. Der Verdacht fällt auf die NSA.
- Zwischen 2014 und 2015 haben Hacker bei Angriffen auf die Verwaltung des Öffentlichen Dienstes der US-Regierung (»Office of Personnel Management«) und das Heimatschutz-Ministerium (»Homeland Security«) Informationen über bis zu 14 Millionen US-Regierungsmitarbeiter, CIA-Agenten und Militärs geklaut. US-Ermittler gehen davon aus, dass China hinter dem Cyber-Angriff steckt.
- Am 12. Mai 2015 bemerkt das Bundesamt für Sicherheit in der Informationstechnik (BSI) einen Cyberangriff auf das deutsche Parlament: Ein Experte hatte berichtet, durch den eingeschleusten Trojaner seien die unbekannten Hacker sogar an Administratoren-Passwörter für das interne Bundestagssystem gelangt.
- Laut Edward Snowden, dem ehemaligen US-Agenten, dessen Enthüllungen 2013 einen Einblick in das Ausmaß der weltweiten Überwachungs- und Spionagepraktiken von Geheimdiensten gewährten, gab es allein bis 2013 mehr als 61 000 Cyber-Attacken durch den US-Geheimdienst.

Im Juni 2015 verkündet Russlands Präsident Wladimir Putin eine **Aufrüstung** der Nuklearstreitkräfte mit 40 Interkontinentalraketen. Das russische Verteidigungsministerium will zudem neue atomwaffenfähige »Iskander«-Raketen in Kaliningrad an der EU-Grenze stationieren.

Automatischer Mord.

Der ehemalige NSA- und CIA-Chef Michael Hayden verplapperte sich auf einem Universitätspodium im April 2014, Zitat: »We kill people based on metadata« (»Wir töten Menschen auf der Basis von Metadaten«). Und das geht so: Die Ziele, auf die der Drohnenpilot die Raketen abfeuert – an seinem Computer weit entfernt vom Einsatzgebiet, beispielsweise im deutschen Ramstein –, werden algorithmisch ermittelt. Aus dem Metadatenstrom heraus wird eine riesige Zahl von Personenprofilen angelegt, oft mit dem Handy als Erkennungsmerkmal. Dann werden die Profile mit immer neuen Metadaten angereichert, zum Beispiel wer wem von wo eine SMS schreibt. Aus diesen Daten errechnet die Software die Wahrscheinlichkeit, ob eine Person ein Terrorist sein könnte. Die Folge: Bei den Versuchen, per Drohne 41 identifizierte Terroristen zu töten, wurden 1 147 Menschen ermordet. Im Dezember 2013 tötete eine Drohne im Jemen mindestens 15 Gäste bei einer Hochzeitsfeier, deren Fahrzeuge für einen »Terror-Konvoi« gehalten wurden. Der Digitalexperte Sascha Lobo: »Anhand von fehlerhaften Algorithmen werden vermeintliche Terroristen per Drohne aus der Ferne ermordet, ohne Verfahren, ohne Gerichtsbeschluss, sogar ohne Kriegserklärung.«

Roboterkrieg.

Marschflugkörper, Drohnen, automatische Verteidigungssysteme auf Schiffen oder Land- und Seeminen, die selbstständig angreifen können – immer häufiger wird künstliche Intelligenz in Form von Roboterwaffen Teil der Kriegsführung. Im Juli 2015 warnten mehr als tausend der renommiertesten Forscher im Bereich künstlicher Intelligenz in einem in Buenos Aires veröffentlichten Aufruf, die autonomen Waffensysteme könnten bald das werden, »was Kalaschnikows heute sind«.

- Südkorea hat an der Grenze zu Nordkorea stationäre Roboter (Security Guard Robot 1) postiert, die mit Maschinengewehren bewaffnet sind.
- Israel lässt seit 2012 an der Grenze zum Gaza-Streifen ein Roboter-Auto selbstständig Patrouille fahren.
- Die israelische »Harpy«-Drohne kann feindliche Radarstellungen ohne Hilfe angreifen.
- Die US-Army verlässt sich beim Einsatz von Drohnen unter anderem auf Verbindungsdaten wie Telefonnummern. Eine falsche SIM-Karte im Handy kann genügen, damit ein Unschuldiger ums Leben kommt. Allein in Pakistan wurden seit Juni 2004 zwischen 2 562 und 3 325 Menschen durch amerikanische Drohnen getötet – darunter 474 bis 881 Zivilisten, davon 176 Kinder.
- 6 Milliarden Dollar steckt das US-Verteidigungsministerium in die Erforschung und Entwicklung unbemannter Waffensysteme – jährlich. Die US Air Force geht davon aus, dass »bis zum Jahr 2030« die technischen Möglichkeiten automatischer Waffensysteme – sogenannte Lethal Autonomous Robots (LARs) – so weit fortgeschritten sind, dass der Mensch nur noch ein Störfaktor wäre. Mit Hellfire-Raketen (Höllenfeuer-Geschosse) werden Predator-Drohnen ausgestattet, die fast lautlos in der Luft kreisen. Einmal abgefeuert, gibt es vor diesen Raketen kein Entrinnen. LARs-Waffensysteme treffen die Entscheidungen über Leben und Tod selbstständig.

NEUES NUKLEARES WETTRÜSTEN.

Russland und die USA besitzen zusammen mehr als 90 Prozent aller Atomwaffen. Zwar sinkt die Anzahl der Waffen beider Länder seit Jahren, gleichzeitig modernisieren sie ihre Bestände. Zu Beginn des Jahres 2015 waren neun Staaten im Besitz von insgesamt 15 850 Nuklearwaffen.
Anzahl der Nuklearwaffen nach Angaben des Stockholmer Friedensforschungsinstituts SIPRI:

- Nordkorea: 6–8,
- Israel: 80,
- Indien: 90–110,
- Pakistan: 100–120,
- Großbritannien: 225,
- China: 260,
- Frankreich: 300,
- Russland: 1 600 sofort einsetzbare Sprengköpfe und 7 500 Nuklearwaffen,
- USA: 1 920 sofort einsetzbare Sprengköpfe und 7 260 Nuklearwaffen.

HOCHRÜSTUNG.

Die weltweiten Rüstungsausgaben beliefen sich 2013 auf 1,7 Billionen Dollar. Wegen gesunkener Aufwendungen in Europa und den USA gingen damit die Ausgaben um 1,9 Prozent zurück. Doch im Rest der Welt nahmen sie um 1,8 Prozent zu. Der Iran erhöhte sie um 27 Prozent. Saudi-Arabien um 14 Prozent auf 67 Milliarden Dollar. Russland steigerte seine Ausgaben um 4,8 Prozent auf 87,8 Milliarden Dollar. Die USA gaben trotz 7,8 prozentiger Kürzung 640 Milliarden Dollar aus. Deutschland rückte mit 48,8 Milliarden Dollar auf Platz sieben vor. China steigerte seine Ausgaben um 7,4 Prozent auf 188 Milliarden Dollar. Zwischen 2004 und 2013 legten die Ausgaben Chinas um 170 Prozent zu. Im Nahen Osten stiegen die Ausgaben zwischen 2004 und 2013 um 56 Prozent.

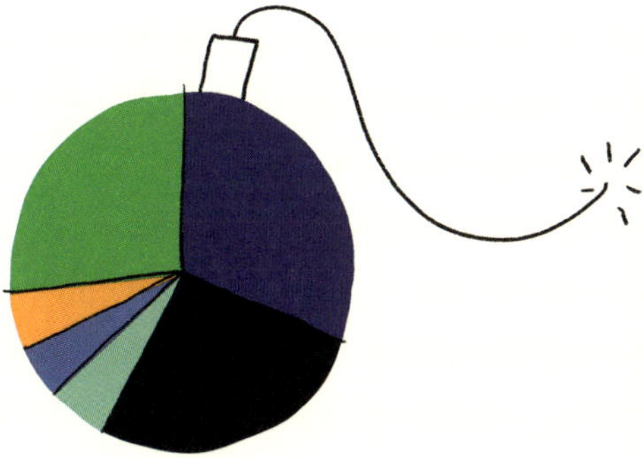

Rüstungsexporte.

Weltmarktanteile: USA: 31 Prozent; Russland: 27 Prozent; China, Deutschland und Frankreich: jeweils 5 Prozent. Zusammengenommen sind die fünf Staaten für drei Viertel aller Rüstungsexporte verantwortlich.

5,8 Milliarden Euro setzten deutsche Unternehmen 2013 mit Rüstungsexporten um. 2012 waren es noch 1,1 Milliarden. 52 Prozent der Lieferungen gingen in Drittländer außerhalb von EU und NATO, 10 Prozent gingen an Entwicklungsländer. Eine Auswahl nach Ländern:

Algerien: 825,73 Millionen; u. a. für gepanzerte Fahrzeuge.
Katar: 673,38 Millionen; Panzerteile, Ausrüstung für Kommunikation, Navigation, Radar.
USA: 610,69 Millionen; u. a. für Waffen, Teile für Panzer, U-Boote.
Saudi-Arabien: 361,02 Millionen; Teile für Kampfflugzeuge, Luftaufklärung, Waffen.
Indonesien: 295,70 Millionen; Panzer, Ortungsgeräte, Teile für U-Boote.
Israel: 266,55 Millionen; Teile für Panzer, Flugkörper, Munition, Abwehrsysteme.
Großbritannien: 257,83 Millionen; Munition, Hubschrauber, U-Boote.
Südkorea: 207,02; Millionen Teile für Panzer, gepanzerte Fahrzeuge, U-Boote, Raketen.
Singapur: 205,99 Millionen; Panzer, Kommunikationsausrüstung, Minenräumgeräte.
Frankreich: 146,59 Millionen; Raupenfahrzeuge, Geländewagen, Munition, Teile für Kampfflugzeuge.

1,5 Millionen Namen umfasste die Terrorliste der US-Regierung 2014. Laut den Leitlinien der US-Terrordatenbank reicht ein nicht näher zu begründender »angemessener Verdacht« zur Aufnahme in die Liste, »konkrete Fakten« oder unumstößliche Beweise« seien nicht erforderlich.

»Besorgniserregend ist vor allem, dass wir eine so große Zahl von geopolitischen Brandherden haben. Und es werden immer mehr, nicht weniger. Die Politik scheint an die Grenzen ihrer Handlungsfähigkeit gekommen zu sein.«

Nikolaus von Bomhard, Vorstandsvorsitzender des Versicherungskonzerns Munich Re.

2466

Todesurteile wurden 2014 weltweit registriert. Das ist ein Plus von 541 Tötungen. Ende des Jahres warteten 19094 Verurteilte auf die Vollstreckung. Mit schätzungsweise mehreren Tausend Hinrichtungen pro Jahr vollstreckt China mehr Todesurteile als alle anderen Länder zusammen.

Köpfen, Erschießen, Steinigung oder Spritze – eine Tötungsliste:

Iran: 289

Saudi-Arabien:
175 (zwischen August 2014 und Juni 2015

Irak: mindestens 61

USA: 35

Sudan: mehr als 23

Jemen: mehr als 22

Ägypten: mehr als 15

Somalia: mehr als 14

Jordanien: 11

13 Jahre, 9 Monate und 9 Tage

so lange dauerte es, bis die deutschen Sicherheitsbehörden nach dem Abtauchen von Uwe Böhnhardt, Uwe Mundlos und Beate Zschäpe erkannten, dass das Trio eine Rechtsterrorgruppe namens Nationalsozialistischer Untergrund (NSU) gegründet und neun Migranten und eine Polizistin getötet hatten. Beispiele für das Versagen der Sicherheitsbehörden bei den Ermittlungen zum NSU:

30 Millionen Bundesbürger fielen auf der Suche nach den Tätern in das Raster der Behörden. 20 Millionen Datensätze von Mobilfunkzellen, 13 Millionen Daten von Kredit- und EC-Karten, eine Million Daten von Autovermietungen und 300 000 Hotelübernachtungen wurden gefiltert. Doch das Suchmuster war falsch. Die Ermittler hatten einen möglichen rechtsradikalen Hintergrund der Täter nicht berücksichtigt.

Eine systematische Auswertung der diesbezüglich im Landesamt für Verfassungsschutz verfügbaren Informationen blieb aus.

Am 11. November 2011 sollte das Bundesamt für Verfassungsschutz den Fall an die Generalbundesanwaltschaft übergeben. Am selben Tag vernichteten Mitarbeiter wichtige Dokumente zu den Ermittlungen.

Die Aufklärung im Bundestag und in den Landesparlamenten wurde behindert, indem Ministerien und Ämter wichtige Unterlagen nur schleppend, unvollständig oder kurzfristig lieferten.

»Der Dritte Weltkrieg wird ein Guerilla-Informationskrieg sein, ohne Trennung zwischen Militärs und Zivilisten.« Das behauptete der kanadische Medientheoretiker Marshall McLuhan bereits 1970. Und tatsächlich trägt US-Admiral Michael Rogers seit April 2014 neben dem Titel DIRNSA für »Director oft the NSA« den des »Cyber Command« der US-Streitkräfte. Der Geheimdienst NSA rüstet ebenfalls zum Cyberfeldzug. Alleine für 2013 wurden zur Stärkung des Angriffspotenzials durch Computer-Netzwerk-Operationen über 1 Milliarde Dollar veranschlagt.

Schwerter zu Pflugscharen.

Damit bis 2030 das Leid von derzeit 800 Millionen Hungernden in der Welt beseitigt werden kann, bräuchte es jährliche Investitionen in Höhe von 241 Milliarden Euro. Das ergaben Berechnungen der Ernährungs- und Landwirtschaftsorganisation der Vereinten Nationen FAO. Experten rechnen vor, welche Hilfsprojekte mit Einsparungen von Rüstungsgütern möglich wären:

- Für die Kosten einer Kampfdrohne »MQ-9 Reaper« von 15,3 Millionen Euro könnte 113 000 Malariakranken das Leben gerettet werden.
- Anstatt eines Eurofighters »Typhoon« für 180 Millionen Euro könnten 10 900 Einraum-Schulen in Afrika gebaut werden. Schon eine Flugstunde mit dem Kampfflugzeug kostet mehr als vier solcher Schulen.
- Für den Preis nur eines Schützenpanzers »Puma« von 8,85 Millionen Euro ließen sich 804 Brunnen in afrikanischen Dörfern südlich der Sahara erschließen.
- Mit den 28,3 Milliarden Euro für die Erneuerung der britischen Trident-U-Boote könnten im Amazonasgebiet eine Fläche der 3,4-fachen Größe Belgiens wiederaufgeforstet werden.
- Eine Kürzung der weltweiten Militärausgaben eines einzigen Jahres um lediglich 2,2 Prozent würde ausreichen, um sofort die Bildungsziele der Weltgemeinschaft zu erreichen, wofür noch 39 Milliarden Dollar fehlen.
- Für die Kosten des US-Flugzeugträgers »Bush« von 5,7 Milliarden Euro könnten 39 Millionen afrikanische Kinder ein Jahr lang mit Essen für die Schule versorgt werden.

Der saudi-arabische **Blogger** Raif Badawi hatte auf seiner Internetseite immer wieder die Religionspolizei für ihre harte Durchsetzung der in Saudi-Arabien vorherrschenden strengen Auslegung des Islam kritisiert. 2014 wurde er wegen angeblicher Beleidigung des Islam verurteilt. Die Strafe: zehn Jahre Haft und 1 000 Peitschenhiebe.

»Wir haben den Propheten gerächt«, verkündeten die Brüder Cherif Kouachi (32) und Said Kouachi (34), nachdem sie am 7. Januar 2015 die Räume des Satire-Magazins Charlie Hebdo in Paris gestürmt und zwölf Menschen getötet hatten. Das Magazin hatte zuvor Karikaturen abgedruckt, in denen, so der Vorwurf, der Prophet Mohammed verunglimpft wird.

MUTIGE JOURNALISTEN. Alle 27 Stunden wird in Mexiko ein Journalist angegriffen. 56 Prozent der Angriffe gingen 2014 von Polizisten, Soldaten, Politikern und Staatsbediensteten aus. Seit 2000 fielen insgesamt 82 Journalisten tödlichen Attacken zum Opfer.

Boko Haram.
Bei Angriffen auf Polizei, Armee, Behörden, Schulen und Kirchen tötete die islamistische Terrorgruppe »Boko Haram« (übersetzt: Westliche Bildung ist eine Sünde) in Nigeria seit 2009 bereits mehr als 10 000 Menschen.

»Diese neue Methode der Kriegsführung steht auch Ländern offen, die keine konventionellen Kriege führen können, weil ihnen die Ressourcen zur Entwicklung von Waffen fehlen. Digitale Waffen verschieben die Messlatte nach unten … In einigen Fällen, je nach Komplexität, kann ein Teenager eine digitale Waffe bauen.«
Kim Zetter, Cyberwar-Expertin.

EXTRA: MEGAMACHT CHINA

Fake-City.

Kleine Industriesiedlungen in China erhalten die Namen europäischer Städte, die für weltberühmte Produkte stehen, und vermarkten eigene Erzeugnisse unter diesen Namen. Zum Beispiel Parma. Von dort liefern die Chinesen »Original Parma-Schinken«. Eine chinesische Bank nennt sich »Goldman Sachs«. Die Namensgleichheit mit dem US-Institut, so ein Sprecher der chinesischen Goldman-Variante, sei »rein zufällig«.

---

704 Millionen Menschen sahen die Frühlingsfestgala 2014 des Staatssenders CCTV. Die größte Fernsehshow der Welt hatte bereits im Jahr 2012 Werbeinnahmen von knapp 2 Milliarden Euro.

---

600 000 Kondome aus China beschlagnahmte die italienische Polizei im Juli 2015 am Flughafen Fiumicino in Rom. Die Kondome waren täuschend echte Fälschungen bekannter Marken, mangelhaft sterilisiert und mit giftigen Chemikalien versetzt.

CHINAWOOD.

Chinas Filmmarkt ist der zweitgrößte der Welt. Bösewichter in amerikanischen Filmen und Serien stammen deshalb nicht mehr aus dem Reich der Mitte, sondern aus Nordkorea. 2017 wird Hollywood mit seinen Produktionen erstmals mehr in China einnehmen als in den heimischen Kinos. Der prognostizierte Gewinn: 11,5 Milliarden Dollar.

Smog. 90 Prozent der wichtigen Städte Chinas sind smogbelastet. Nur acht von 74 Großstädten hatten im Jahr 2014 die staatlichen Grenzwerte eingehalten. Die Luftverschmutzung durch Kohleabgase bezahlen Hunderte Millionen Menschen im Norden Chinas im Durchschnitt mit einer um fünf Jahre verkürzten Lebenszeit.

Die zweitgrößte Handelsnation der Welt geht immer aggressiver auf Einkaufstour. Eine Spurensuche:

- In Peru hat ein chinesischer Staatskonzern eine Eisenmine übernommen. Die Löhne wurden um 40 Prozent gesenkt.
- Im Kongo investierten Chinas Staatskonzerne 6 Milliarden Dollar in die Infrastruktur. Abbezahlt werden die Schulden mit Kupfer und Kobalt. Der Gewinn für Chinas Unternehmen liegt zwischen 40 und 120 Milliarden Dollar.
- Die staatlichen Konzerne Chinas fördern das meiste Öl in Angola, das zum zweitgrößten Öllieferanten Chinas nach Saudi-Arabien aufgestiegen ist.
- Der chinesische Staatsfonds beteiligt sich an etlichen ausländischen Energieunternehmen, wie etwa dem kanadischen Ölkonzern Penn West Energy Trust.
- Alle zwei Jahre veröffentlicht die Regierung in Peking eine nach Ländern aufgeschlüsselte Tabelle mit Übernahmeempfehlungen. Deutschland steht mit dem Maschinenbau, der Umwelttechnik und dem Automobilbau prominent auf der Liste.
- Von 290 Neu-Milliardären auf der »Forbes-Liste« stammen ein Viertel aus China.

Die Rüstungsausgaben Chinas stiegen 2013 um 7,4 Prozent auf 188 Milliarden Dollar. Zwischen 2004 und 2013 legten die Ausgaben für die Volksbefreiungsarmee um 170 Prozent zu.

---

40 Millionen Waren aus China verletzten laut EU-Bericht 2012 das Urheber- oder Markenrecht. Der Gesamtwert der Produktfälschungen betrug knapp 1 Milliarde Euro.

In Peking haben die Verschmutzungswerte im Januar 2013 die WHO-Grenzwerte (25 Mikrogramm pro Kubikmeter) um mehr als das Zehnfache überschritten. In Chinas Hauptstadt erreichte die Skala einen Wert von 993 Mikrogramm. Ein Territorium von 1,3 Millionen Quadratkilometern ist unter dem Giftnebel verschwunden, eine Fläche dreieinhalbmal so groß wie Deutschland.

3,8 MILLIARDEN Tonnen im Jahr 2011, damit verbrauchte China alleine fast so viel Kohle wie der Rest der Welt zusammen mit 4,3 Milliarden Tonnen.

60 Prozent der in China transplantierten Nieren, Lebern, Herzen und Lungen stammen von hingerichteten Gefangenen. Schätzungsweise 10000 Organe werden jährlich in China transplantiert. Die Lunge eines getöteten chinesischen Häftlings gibt es für 130000 Euro. 170000 Euro kostet die Transplantation eines Herzens, samt Flug und Hotel.

Raffzahn. Während seiner politischen Laufbahn hat der frühere Premier Chinas, Wen Jiabao, ein Vermögen von mindestens 2,1 Milliarden Euro zusammengetragen. Das meldete die *New York Times* im Oktober 2012. Ein Angriff chinesischer Hacker auf die Zeitung folgte umgehend.

6,6 Milliarden Tonnen Beton verbrauchte China von 2011 bis 2013. Das ist mehr, als die USA im gesamten 20. Jahrhundert verbaut haben. Mehr als 20 Millionen Chinesen ziehen jedes Jahr von den Dörfern in Städte um.

Geldstrom zur Themse.
2012 wurde jede vierte Wohnung in London von Chinesen gekauft.

---

9 555 Bürgerrechtler wurden allein 2014 in China eingesperrt, unter Hausarrest gestellt oder ins Exil im Ausland gezwungen. Menschenrechtler reden von »albtraumhaften Zuständen« durch politische Verfolgung, gewaltsame Übergriffe und Missachtung der Meinungs- und Versammlungsfreiheit. Das neue »Gesetz zum Schutz der nationalen Sicherheit« vom Juli 2015 erlaubt dem Staat, Internet, Kultur und Religion noch schärfer zu kontrollieren.

---

296 Milliarden Dollar betrug 2013 der Gesamtwert aller Transaktionen auf den Webseiten von Alibaba. Der Onlinekonzern des Chinesen Jack Ma erlöste bei seinem Börsengang 25 Milliarden Dollar. Gewinn bei einem Umsatz von jährlich 8 Milliarden Dollar: 3,5 Milliarden.

Die Müllmacher.

Weil drei Viertel des chinesischen Plastikmülls falsch entsorgt werden und 263 Millionen Chinesen in Küstennähe leben, ist China am stärksten für den wachsenden Plastikmüll in den Ozeanen verantwortlich. Zwischen 1,3 und 3,5 Millionen Tonnen Kunststoff entlädt die Großmacht Asiens jährlich ins Meer.

Urlaubsdiktatur.

Das »Nationale Ferienamt« in China schickt alle seine 1,3 Milliarden Bürger zur selben Zeit für zehn Tage in die Ferien. Zwar blieben 2013 einige Chinesen zu Hause, trotzdem waren rund 428 Millionen gleichzeitig unterwegs, um in Staus zu stehen, sich auf der Großen Mauer aneinanderzureiben und in sechs Tagen ganze 109 000 Tonnen Müll zu produzieren.

CHINA-NAVI. Das Reich der Mitte baut ein eigenes Navigationssystem als Alternative zu GPS. 19 Satelliten wurden hierfür bereits im Orbit stationiert. Bis 2020 soll das System die gesamte Welt abdecken.

---

100 Millionen Auslandsreisen:
Damit sind die Chinesen Reiseweltmeister 2014. Den Titel Shoppingweltmeister sicherten sie sich bereits 2012, indem sie auf ihren Reisen mehr als 102 Milliarden Dollar ausgaben.

Rekordschulden.

Um das Wachstum hoch zu halten, dopt China seine Wirtschaft mit billigen Krediten und staatlich verordneten Bauprojekten. Ende Juni 2014 betrugen die Gesamtschulden der Volksrepublik 260 Prozent der Jahreswirtschaftsleistung. Mehr als ein Drittel der globalen Neuverschuldung zwischen 2007 und 2014 fällt allein auf China. Nach dem Wirtschaftsboom wächst die Gefahr einer Blase und damit eines Börsencrashs.

60 PROZENT von Chinas Grundwasser sind ungenießbar. Durch die Belastung mit Schwermetallen würden, so eine Untersuchung, jährlich rund zehn Millionen Tonnen Getreide vernichtet und zwölf Millionen kontaminiert.

Finanzspritzen aus China.

Der niedrige Ölpreis hat Venezuela an den Rand des Ruins getrieben. Eine Überweisung aus China in Höhe von 5 Milliarden Dollar soll die ärgsten Engpässe beseitigen. Die Regierung in Pakistan kann sich über 46 Milliarden Dollar freuen und den Aufbau einer neuen Seidenstraße für den Export chinesischer Waren vorantreiben.

100 MILLIONEN CHINESEN

reisten 2014 ins Ausland. Touristen der Volksrepublik haben Deutsche und Amerikaner damit als Reiseweltmeister abgelöst. Weil die Touristen das Ansehen Chinas in der Welt prägen, setzt Peking auf Erziehung und auf drastische Maßnahmen:

2014 wurde das 64-seitige Handbuch für zivilisiertes Reisen veröffentlicht, etwa mit den Empfehlungen: »Hinterlasse keine Fußabdrücke auf der Klobrille!« oder »Bohre nicht vor anderen in der Nase!«

Der Chef der Tourismusbehörde verkündete die Einrichtung einer Datenbank, in der sich jeder Tourist wiederfinde, der als »unzivilisiert« auffällt. Zudem will das Amt jedem Chinesen bei Landung in der Fremde eine SMS hinterherschicken: »Sei höflich und sauber, lärme und schmiere nicht herum!«

GESELLSCHAFT MIT BESCHRÄNKTER HAFTUNG

»Freiheit ist das Recht, anderen zu sagen,
was sie nicht hören wollen.«
GEORGE ORWELL

Manchmal saß ich mit ihm auf einer Parkbank im Hofgarten, meist aber im Café Arzmiller im Innenhof neben der Theatinerkirche. Wir lasen Zeitung und boten uns gegenseitig Zigaretten an. Schrödinger hatte einen runden Schädel, blaue Augen, ein fliehendes Kinn und einen auffälligen Adamsapfel. Seine kurz geschorenen Haare stachen in alle Richtungen. Er zählte sich zu jenen, die »ewig jung« bleiben wollen. »Echte Erwachsene«, meinte er, »sind in Deutschland ja eine aussterbende Art geworden.«

Es gibt Menschen, für die das Leben nichts als eine schöne Herausforderung ist. Sie strahlen gute Laune und Energie aus. Schrödinger aber sah überall nur Abzocke, Volksverdummung und Produkte, die von Haus aus so gebaut werden, dass sie möglichst bald kaputtgingen. Gleichzeitig war er der geborene Pechvogel. Wenn er einen Laden betrat, konnte man sicher sein, dass im selben Moment ein Stromausfall die Kasse blockierte. Von dem Blazer, den er zur Reinigung gab, fehlten bei der Abholung mit Sicherheit zwei Knöpfe. Über seine Vergangenheit sprach er nicht. Die einen meinten, er wäre der Enkel eines Rabbis aus der Izhbitza-Dynastie im polnischen Radzym. Sein wahrer Vorname wäre nicht André, sondern Mordechai. Die anderen hielten ihn für einen katholischen Dichter und Regimekritiker aus Tschechien, den die Kommunisten nach dem

Prager Frühling in den Kerker geworfen hätten. Nach der Haft habe er sich mit einem Job als Fensterputzer über Wasser gehalten.

Schrödinger blätterte in der neuesten Ausgabe eines Nachrichtenmagazins. Das Cover zeigte eine zerzauste junge Frau im Negligé. Sie wirkte, als habe sie gerade einen schlimmen Verkehrsunfall überlebt. »Mein Sex«, stand in der Titelzeile, »Selbstbewusst, mutig, tabulos.« »Was wollen Sie?«, meinte Schrödinger mit einem Kopfschütteln, »ich kann nicht in Werbung und Presse pausenlos erotisiert werden und gleichzeitig so tun, als wäre nichts. Bei manchem, was ich heute sehe, habe ich schmutzige Gedanken. Das Schlimme ist, all den Grünschnäbeln auf dem Schulhof geht es genauso. Erst war die Sexualisierung ein Skandal. Dann ein Ärgernis. Bald wird sie als normal gelten – und irgendwann als unverzichtbarer Teil unserer ›Lebenswirklichkeit‹.«

Schrödinger war davon überzeugt, dass wir in einer Gesellschaft lebten, in der ein Rückfall in die Barbarei zunehmend alles Geistige übertönen werde. Die Definition von dem, was nachahmenswert sei, orientiere sich am Fehlverhalten pubertärer Superstars. Jugendkult und der Kult um die Jugend selbst habe zur Infantilisierung einer ganzen Gesellschaft geführt. Vor allem glaubte er nicht an die Segnungen der Moderne. »Was heißt ›Zeitalter der Beschleunigung‹?«, regte er sich auf, »in Wirklichkeit dauert alles länger. Es dauert länger beim Arzt. Länger, bis ein Handwerker kommt; wenn er überhaupt kommt. Und länger, bis die Leute Kinder kriegen. Auf den Autobahnen geht schon lange nichts mehr vorwärts. Beschleunigt hat sich nur der Irrsinn politischer Entscheidungen und die Verdummung im Fernsehen.«

Wie Ambrose Bierce, gestand er, einer seiner Lieblingsautoren, stelle er sich manchmal den Teufel beim Zeitunglesen vor. Er könne den großen Verführer vor sich sehen, wie er diabolisch lacht und Nachricht für Nachricht als Erfolgsmeldung markiere. Wenn zum Beispiel die Zahl der Korruptionsfälle neue Rekorde erreicht. Wenn die dümmsten TV-Sendungen die meisten Zuschauer binden. Wenn Lebensmittel gepanscht und Doktortitel über Lug und Trug erworben werden. Wenn Patres die Kirche in Misskredit bringen. »Wie ist das mit uns?«, fragte er. »Angesehene Leute verdienen teuflisch viel Geld mit Dreck. Feiglinge und Dummköpfe werden uns als Idole vorgezeigt. Wenn man also so tut, als gäbe es den ganzen Schmutz um uns herum gar nicht; wenn man zusieht, wie man auf allen Ebenen belogen und betrogen wird – ist das Mitwisserschaft oder bereits Mittäterschaft? Es stinkt zum Himmel. Man bekommt Husten und Niesanfälle. Aber man hält sich lieber die Nase zu, als sie einmal zu putzen.«

Schrödinger war in Fahrt gekommen. »Angeblich ist alles leichter geworden. In den Firmen wurden die Strukturen verschlankt und die Abläufe gestrafft. Warum sind dann alle so überfordert oder klagen über Burn-out? Angeblich wird Essen immer besser. Die Regale quellen über mit Light-Produkten. Aber warum werden wir dann alle so dick? Angeblich wird unsere Gesellschaft immer sozialer. Dabei gibt es eine Gruppe, die separiert wird wie die ›Proles‹ bei George Orwell. Sie haben Mindestlöhne; sie wohnen in Trabantenstädten; sie ernähren sich aus Discountern; sie haben ein TV-Programm mit Trash-Unterhaltung, sie haben sogar ihre eigene *Bild*-Zeitung, die niederste Instinkte pflegt. Für die ›Proles‹ wurden Ferienreviere mit Massenhotels eingerichtet, die von Billig-Airlines angeflogen werden. Als das Ideal eines ›Proles‹-Urlaubes gilt: tagsüber Sonnenbrand am Massenstrand, nachtsüber Flatrate-Saufen, bis der Arzt kommt. Aber woran niemand dachte: Die ›Proles‹-Kultur hat übergegriffen wie ein Virus. Unsere Maßstäbe richteten sich längst nicht mehr nach dem höheren Niveau, sondern nach dem niedrigsten.«

Ich musste an einen Artikel denken, den ich kürzlich irgendwo gelesen hatte. »Wir haben größere Häuser, aber kleinere Familien«, schrieb ein unbekannter Autor, »mehr Bequemlichkeit, aber weniger Zeit. Wir haben unseren Besitz vervielfacht, aber unsere Werte reduziert.« Ich hörte mich sagen: »Schrödinger, Sie sind ein unverbesserlicher Pessimist. Und zwar aus Spaß an der schlechten Laune.« Schrödinger zog seine Augenbrauen hoch, seine Stirn stand in Falten. »Mag sein, dass Sie auch zu den Ignoranten gehören, die sich haben einlullen lassen. Wir sind am Abgrund. Wenn die Wahrheit aufgegeben wird wie ein Acker, den man nicht mehr bestellen möchte, wird ein fruchtbares Feld zur öden Steppe. Und es wird der Tag kommen, an dem man das Chaos zur offiziellen Verfassungsform erhebt.«

Wenn andere von Regen und Hagel sprachen, sprach Schrödinger vom Weltuntergang. Alle möglichen Ereignisse, Zufälle und speziell Begriffe, die mit dem Internet in Verbindung stehen, waren für ihn nur Synonyme für die apokalyptischen Reiter, deren Umrisse er am Horizont zu erkennen glaubte. Er hatte sich *Das kleine Endzeithandbuch* gekauft, und bald konnte er jede Seite daraus herunterbeten wie ein Mönch sein Brevier. Bis spät in die Nacht studierte er die »Geheime Offenbarung«. Aber es war vorgekommen, dass er über der Schlacht von Armageddon schon eingeschlafen war.

Das Ozonloch und Occupy, die Bankenkrise und der Parteienfilz, das waren so die Themen in unserem Schriftstellerklub, dem neben uns beiden keine weiteren Mitglieder angehörten. Sobald Schrödinger irgendeine Zeitungsseite aufschlug, war er nicht mehr zu bremsen. »Ist es nicht seltsam«, sagte er dann, »dass wir alle unsere Aufmerksamkeit dem Körper widmen und so gut wie keine unserem Seelenheil?«

»Moment, noch immer gehen sonntags mehr Menschen in die Messe als samstags zum Fußball.«

»Aber es hat keine Folgen mehr. Die Religion unserer Zeit heißt, du kannst alles, wenn du nur willst. Du kannst Steine in Brot verwandeln. Du kannst sogar fliegen. Wir können aber nicht fliegen. Wenn wir von einer Mauer in die Tiefe springen, stürzen wir ab wie Ikarus. Wer getraut sich noch zu fragen, ob die Dinge, die wir uns erlauben, auch unsere guten Anlagen fördern oder eher unsere schlechten? Ich bin Agnostiker, wie Sie wissen. Auch wenn es heißt, Glaube ist Potenz, Zweifel ist Impotenz. Aber ich halte es mit Jürgen Habermas. Und wenn ein ehemals marxistischer Soziologe darauf hinweist, welche große Bedeutung die Religion für eine stabile und gebildete Gesellschaft hat, dann muss schon einiges passiert sein. Die Systemfrage, die sich heute stellt, ist ja nicht eine Frage der politischen Couleur, sondern die Frage, ob es wirklich möglich ist, ein System zu bauen, das der Ordnung widerspricht, die der Schöpfung inneliegt.«

»Gehen Sie neuerdings in die Kirche?«

»Ich bitte Sie! Der Witz ist: Die Systeme des letzten Jahrhunderts, die ihren eigenen Glauben verkündeten, führten nach Auschwitz und ins Archipel Gulag. Atheismus ist nicht harmlos. Aber nun wird der Traum aller marxistischen Revolutionäre ausgerechnet im Kapitalismus wahr: Die Institutionen haben abgedankt, die Finanzwirtschaft ist desavouiert, die Kirche ein zahnloser Löwe, der alt und fett geworden ist, den die Angst beherrscht, sich unbeliebt zu machen. Und wenn das politische Personal, das uns in Talksendungen vorgeführt wird, wirklich die Crème de la Crème ist, dann gute Nacht. Das ist der Grund, warum alle Helmut Schmidt lieben, der letzte Staatsmann mit Strahlkraft und Würde.«

»Was ist mit dem Guten«, warf ich ein, um auch einmal zu Wort zu kommen, »das, was den Menschen fürsorglich und heroisch macht. Hunderttausende kümmern sich um Verwandte und Nachbarn, stehen auf gegen Unterdrückung und Krieg … «

»Ach ja, das Gute! Das ganze Gerede über eine bessere Zukunft, die geeinte Menschheit, beruht auf Wünschen und Selbsttäuschung. Die sogenannte Zivilgesellschaft ist eine leere Hülse, die politische Utopien ersetzen soll, aber nur die gähnende Leere überdeckt, die in der säkularisierten Gesellschaft entstanden ist. Im Orwell'schen Sinne ist das klassisches *newspeek*, eine Falsch-Sprache, deren Begriffe das Gegenteil meinen, was sie zunächst auszudrücken scheinen.«

»Die Welt ist also eine Mischung aus Schlachthaus, Bordell und Irrenhaus?«

»Sehen Sie! Vor unseren Augen spielt sich vermutlich gerade der größte und umfassendste Angriff auf die Werte unserer bisherigen Welt, unsere Lebensgrundlagen, unserer gewachsenen Kultur ab, den es je gegeben hat. Die Umwertung der Werte ist nicht neu, aber noch nie wurde sie so ausgreifend umgesetzt. Eine Ego-Gesellschaft kann nicht überleben. Eine Single-Gesellschaft noch weniger. Wenn wir das Leben nicht mehr wertschätzen, verlieren wir es. So einfach ist das.«

»Bitte kommen Sie jetzt nicht mit dem ›Untergang des Abendlandes‹, den schon Oswald Spengler vor hundert Jahren beschworen ...«

»Und damit recht behalten hat. Ist der Verfall der humanen Werte nicht tatsächlich eingetreten? Die Verwüstungen durch Faschismus und Kommunismus haben aus Europa nicht nur ein Konzentrationslager, sondern auch eine kulturelle Wüste gemacht. Immer war die fehlende Verteidigung ihrer Grundlagen mit schuld, wenn die Zivilisation an den Abgrund geriet. Nein, nein, mein Lieber, vordergründig sind wir noch eine humane und fortschrittliche Gesellschaft – in Wirklichkeit ist es eine, die sich aufgegeben hat. Die Erde ist nicht mehr zu retten. Und wenn doch, dann nur durch Kaskaden kleinerer und größerer Wunder.«

Ich sprach noch von so etwas wie der »Kraft der Hoffnung«, aber Schrödinger schüttelte nur noch den Kopf: »Sehen Sie: Wir vernichten die Welt – und die Welt vernichtet uns.« Er nahm seinen Mantel vom Kleiderständer, legte Geld für Kaffee und Croissants auf den Tisch, brummte noch irgendetwas Unverständliches und verließ wortlos das Lokal, ohne irgendjemanden eines Blickes zu würdigen.

Ich hatte meinen Café-Genossen nicht mehr getroffen. Schrödinger war auf einmal wie vom Erdboden verschluckt. Niemand wusste, wo er abgeblieben war. Unzeitgemäße Gedanken zu äußern war inzwischen ein unkalkulierbares Risiko geworden. Der Unterschied zwischen der Bonner und der Berliner Republik sei, sagt der Autor und Deutschlandkenner John le Carré, dass das heutige Deutschland die frühere Liberalität im öffentlichen Meinungsklima und echte Kontroversen nicht mehr zulasse. Es gibt die Angst, etwas zu sagen, das nicht in die geltende Linie passt und einem persönlich oder beruflich schaden könnte. Schrödinger hingegen liebte die Kontroverse. Er konnte beispielsweise nicht begreifen, warum die Krise von Kirche und Glauben nicht auch als das gesehen wurde, was sie war: eine nationale Katastrophe. »Es geht jeden an«, meinte er, »aber man tut, als sei es sogar positiv, wenn wir unsere religiöse und kulturelle Basis verlieren. Aus welchem Grund bitte? Ein Volk ohne Gott, das ist der Blick in den Abgrund.«

Der moderne, entwurzelte Mensch, so in etwa lautete Schrödingers Philosophie, lasse sich blenden von den Fata Morganas der Medien und des Marketings, die eine Larifari-Kultur anboten, ohne Tiefgang und Format. In der ferngelenkten Massengesellschaft sei nichts mehr echt, nichts mehr wahr, nichts mehr heilig, nichts mehr wichtig. Kurz: nicht mehr vom Sein geprägt, sondern vom Haben. Am Ende zeige sich eine konfus gewordene Öffentlichkeit, die den Niedergang ihrer Standards und zivilisatorischer Errungenschaften nur noch mit einem Schulterzucken begleitet. Wir ließen nicht nur alles zu, erregte sich Schrödinger, wir konsumierten all diese Dinge auch noch. Und indem wir sie in uns aufnähmen, begännen sie uns zu verändern.

War Schrödinger im Recht, wenn er sagte, aus den einzelnen Krisen – der Krise der globalisierten Wirtschaft, der Bildung, der Erziehung, der Gesundheit, der Ernährung, der Politik, des Vertrauens, des Gemeinwesens – sei inzwischen eine Mega-Krise entstanden, die auf längere Zeit zu einer Bedrohung der Demokratie zu werden drohe? Überall begännen die Netze zu reißen, den Luftschlössern gehe die Luft aus. Aus der alten, vielfach so geschmähten Bundesrepublik sei eine Event-Gesellschaft mit beschränkter Haftung geworden, in der niemand mehr Verantwortung übernehmen möchte. Sie sei haltlos geworden, ohne Substanz, auch wenn Brot und Spiele darüber hinwegtäuschten. »Wir untergraben pausenlos die eigenen Fundamente«, donnerte Schrödinger, »sind wir eigentlich verrückt geworden?«

Schrödinger ist nicht allein mit seiner Anklage. Der Schweizer Soziologe Jean Ziegler etwa spricht von einer »Kannibalisierung der Welt« durch einen enthemmten, neoliberalen Kapitalismus. Das menschliche Sein sei durchdekliniert im Sinne seines »Tauschwertes«. Die »kontinuierliche Profitmaximierung« entfremde »alles von allem und jeden von jedem«. »Die Welt ist ein Pulverfass geworden«, befindet der deutsche Philosoph Robert Spaemann, »wir vergnügen uns noch, aber wir gehen keinen vergnüglichen Zeiten entgegen.« Der amerikanische Ethnologe David Graeber, Vordenker der Occupy-Bewegung, pflichtet ihm bei: »Wir stehen am Anfang eines grausamen Endspiels.« In jedem Fall am »Anfang von etwas, das noch nicht bestimmt werden kann.« Oskar Negt, Sozialphilosoph und einer der Wortführer der 68er-Rebellion, sagt: »Sozialpsychologisch befinden wir uns in einem äußerst labilen Zustand, der explosive Formen annehmen kann.«

Der belgische Historiker David Engels, Professor für Römische Geschichte an der Université Libre in Brüssel, zieht in seinem Bestseller *Le déclin* (deutscher Titel: *Auf dem Weg ins Imperium*) Parallelen zwischen dem Ende des antiken Rom und der Dauerkrise der Europäischen Union. Europas politische und gesellschaftliche Institutionen seien zerrüttet, schreibt er in seinem von *Süddeutscher Zeitung* und Norddeutschem Rundfunk zum »besten Sachbuch September 2014« gekürten Werk, der Kontinent stecke in einer Identitätskrise. Der Untergang des Römischen Reiches sei verbunden gewesen mit der Auflösung traditioneller Werte. Kult und Religion hätten nur noch oberflächlich Bindungswirkung ausgeübt, die Entfremdung zwischen Volk und Führung sei immer größer geworden. Auch heute würden in Europa die Eliten versagen. Die EU verleugne ihre historisch-kulturellen Wurzeln in der griechisch-römischen Kultur und dem Christentum, um stattdessen dem Kontinent eine abstrakte universalistische Identität aufzuoktroyieren, die jedoch die Bürger emotional nicht an ein vereintes Europa binden könne. Aus verschiedenen Traumata – Rassismus, Kolonialismus, NS-Zeit und verheerende Kriege – habe sich eine kompensatorische Neigung zum kulturellen Selbsthass und zur Selbstverleugnung entwickelt. Die eigene Identität werde nur noch negativ definiert, als Überwindung der dunklen Herkunft und Vergangenheit. Die Gründe für die demografische Katastrophe sieht Engels in der Auflösung des Familienideals. Individualismus stehe höher im Kurs als langfristige Bindung und das Engagement für Kinder. Lediglich die massive Einwanderung stabilisierte die Bevölkerungszahl, sie verstärkte jedoch die Integrationsprobleme. Die Entfremdung von Volk und EU-Elite könnte, warnt der Historiker, schon in naher Zukunft in den gefährlichen Ruf nach einer autoritären Wende umschlagen.

Ich hatte in meinem Arbeitszimmer jede Menge Archivmaterial zu wichtigen politischen und gesellschaftlichen Themen ausgebreitet. Auf dem Schreibtisch türmten sich Berge von Zeitungsausschnitten. Der Fußboden war belegt mit einem Wirrwarr aus ausgedruckten Online-Meldungen, philosophischen Abhandlungen und Interviews mit Fachleuten aus Wirtschaft, Politik, Kultur und Medienbusiness. Die moderne Welt glich danach einem Berg von Problemen, die unüberwindbar schienen. Ob den neuen Gefahren durch das Handelsabkommen TTIP, der atomaren Wiederaufrüstung oder Viren wie »Ebola« und »Mers«. »Der nächste Erreger kommt bestimmt«, wusste ein Experte, »und der könnte noch viel unheimlicher werden.«

In einer Kaskade furchterregender Titelstorys malte der *Spiegel* ein Bild, als stünde die Apokalypse unmittelbar bevor. »Die dunkle Seite der Macht«, »Kalte Krieger«, »Krieg in Europa«, »Der Staat des Bösen«, lauteten die Cover-Zeilen, dazu »Der Brandstifter«, »Die Scharfmacher«, »Korrupt«, »Die Staatsaffaire«, »Der Verrat« und, last but not least: »Ausgeliefert«. Vor allem ein Thema schien der Redaktion zu liegen: »Allein gegen den Terror«, hießen die entsprechenden Titel, »Das neue Gesicht des Terrors«, »Terror im Kopf«, oder aber auch: »Der Terror der Verlierer«. Speziell in den Beiträgen über Klimaerwärmung, die Korruption der FIFA und die neuen Weltenherrscher aus dem Silicon Valley gipfelten die Kommentare in der Verurteilung des Kapitalismus, der sich in der Dynamik der Gier aber ohnehin selbst das Grab schaufeln würde. Aber gab es nicht auch einen Zusammenhang zwischen dem sozialen, ökologischen und kulturellen Desaster unserer Zeit und einer bestimmten Haltung? Steht hinter den vielen Verwerfungen nicht auch der Verlust von Courage und Wertebewusstsein? Kanzler Helmut Kohl war der Letzte, der in diesem Land von einer notwendigen geistig-moralischen Wende sprach. Was er zustande brachte, war das Privatfernsehen. Seither ist das Thema tabu. Zu Recht? Weil der Begriff modrig und spießig klingt? Weil wir nicht mehr wissen, was damit gemeint sein könnte?

Selten zuvor gab es eine Gesellschaft, die derart auf erprobte Grundmuster des Zusammenlebens verzichten wollte. Wir haben dabei so ziemlich alles infrage gestellt und umgebaut, was sich umbauen ließ: die Ökonomie, den Job, die Familie, die Geschlechter, den Lebensstil, die Freizeit. Gleichzeitig erodierte die Matrix des gesellschaftlichen Gebildes. Bislang stabilisierend wirkende Institutionen wie Gewerkschaften, Parteien, Kirchen, Verbände, die sowohl Strukturen anboten als auch Ideen und zivilisatorische Errungenschaften schützten, für die hart gekämpft wurde, gerieten ins Abseits. Im Namen von Freiheit und Fortschritt wurden häufig genau jene Elemente aus dem Weg geräumt, die Freiheit und Fortschritt erst möglich machten. Um am Ende bei einer Alles-ist-möglich-nichts-ist-sicher-Gesellschaft zu landen, die sich nur noch über Arbeit und Konsum definiert. Gesteigert durch digitale Revolution und modernes Marketing bleibt am Ende eine umfassende Ökonomisierung, der alle Bereiche unseres Lebens untergeordnet werden. Im Sinne Theodor Adornos ist das die »Entäußerung« des Menschen, nämlich »sich freiwillig von seiner eigenen Substanz zu trennen«.

Fast hinter allen Beispielen in diesem Buch steht als Ursache unredliches Verhalten. Betrug, Fälschung, Gier, alle diese Erscheinungsformen menschlicher Anlagen sind weiß Gott nicht neu, aber in der globalisierten, digitalisierten Welt mit ihrem Tempo und ihren ungeheuren Mengen bekommen sie eine neue Dimension. Das betrifft die erwähnten Mängel an Autos, die millionenfach zurückgerufen werden, weil sie zugunsten der Rendite nicht sorgfältig genug entwickelt und gebaut wurden, und führt bis hin zu Staaten, die ihre Ehre aufgeben, um sich mit manipulierten Zahlen Zugang zu ansonsten verschlossenen Mitteln zu verschaffen. Dass dem Verlust an moralischem Verhalten, an Wertschätzung, immer auch Ent-Wertung und Enthemmung folgt, bringen Psychologen im Begriff von der »moralischen Abwärtsspirale« zum Ausdruck. Man macht Dinge, die besser nicht gemacht werden sollten. Unter diesem Aspekt ist auch die Zerstörung der Umwelt letztlich Folge einer enthemmten Wirtschafts- und Lebensweise, die in ihrem Wahn auf jegliche Rücksicht glaubt verzichten zu können. So gesehen, ist schlechte Moral nicht irgendein Kavaliersdelikt, sondern genauer betrachtet weltweit der Risiko- und Kostenfaktor Nr. 1. »Erst kommt das Fressen, dann die Moral«, kritisierte Bert Brecht eine Bürgergesellschaft, die durch Geldwahn und Völlerei sich schließlich in die Dekadenz verliert. Papst Franziskus drückt es so aus: »Der Mensch will wie Gott sein und verwüstet die Schöpfung, das Leben, die Kulturen, die Werte, die Hoffnung … das ist es, was wir tun.«

Wer erinnert sich nicht an die »New Economy«, jenes Zauberwort, das an der Wende des Millenniums für grenzenloses Wachstum durch Technologie und Produktivitätssteigerungen stand? Der Konjunkturzyklus sollte außer Kraft gesetzt sein, Rezession aus dem Wirtschaftsvokabular gestrichen werden. Es war eine neue Form eines beweglichen, anonymen Reichtums aus Beteiligungen, Aktien und Fonds entstanden, die sich sämtlicher gesellschaftlicher Verantwortung und Bindungen entledigte. Aber die Gier nach schnellem Reichtum war innerhalb kürzester Zeit in sich zusammengebrochen. Schon nach drei Börsenjahren folgte dem bejubelten Aufstieg die gnadenlose Vernichtung riesiger Vermögenswerte. Tom Wolfe hatte zwei Jahrzehnte zuvor diese bittere Realität in seinem fulminanten New Yorker Neureichen-Drama *Fegefeuer der Eitelkeiten* vorweggenommen. Es ist die Studie einer statusversessenen Gesellschaft, einer Protzschicht der Neureichen mit ihren kostspieligen Träumen und herausfordernden Eitelkeiten und der Ideologie eines hemmungslosen Egoismus. Am Ende stürzt die Fassade ein, weil niemand mehr da ist, der sich in der Not als jemand mit Charakter und Moral erweisen würde.

Entwertung und Egalisierung betrifft auch die Identität von Mann und Frau und den Umgang mit Familien. Das neue Motto: alleinerziehende Mütter – ganz okay. Vater-Mutter-Kinder? Ein Grenzfall. Es gilt nicht als besonders charmant, kritisch darüber zu reden. Aber während die Single-Gesellschaft mit dem Cabrio um den Tegernsee schaukelt und sich teure Immobilien leistet, investieren Eltern unendliche Energie und viele Euros in Erziehung und Ausbildung jenes Nachwuchses, der für den Fortbestand genau jener Luxusgesellschaft sorgen soll, an der sie selbst kaum partizipieren können. Von Entwertung betroffen sind nicht zuletzt Tugenden, die bislang als Grundpfeiler einer zivilen Gesellschaft galten. Dass sie immer wieder auch missbraucht wurden, ändert nichts an ihrer Bedeutung. Nehmen wir die

Schmutz-Wörter, vor denen sich heute jeder einigermaßen moderne Mensch so fürchterlich ekelt: Anstand, Erziehung, Sitte, Ordnung und Gebote. Wir haben diese Begriffe eingeordnet unter: Unterdrückung. Aber Sitte ist ein Merkmal einer aufgeklärten, fortschrittlichen Gesellschaft, wenn sie beispielsweise gegen Menschenhandel und Kinderprostitution verstanden wird, gegen die Morallosigkeit von Bankern, die Un-Sitte der Schmuddelprogramme. Ordnung ist auch: Das Einhalten von Regeln, der Kampf gegen Korruption, wohltuende Verlässlichkeit. Erziehung heißt: Kinder dürfen noch Kinder sein und gleichzeitig lernen, reife Menschen zu werden. George Orwell beurteilt in seiner Vision *1984* das Mindermaß an Erziehung als Verwilderung: »Am schlimmsten von allen war jedoch, dass sie ... systematisch zu unbezähmbaren kleinen Wilden erzogen wurden.« Anstand im aufgeklärten Sinne wiederum ist: der Respekt vor anderen; vor ihren Schwächen, aber auch vor ihren Stärken, die Gleichbehandlung der Geringen, die Achtung und Würde von Alten und Kranken, die Achtung vor allen Menschen, unabhängig von Herkunft, Religion und Geschlecht.

Welch dünner Firnis entsteht, wenn ethische Grundsätze keine Rolle mehr spielen, zeigt sich in den Debatten über die Würde des Menschen am Ende seines Lebens. Selbsttötung wird in Talkshows inzwischen unisono als fortschrittliche Option betrachtet. Aber was geschieht dann mit Dementen, mit Kindern mit Down-Syndrom, den Ungeborenen, den Kranken im Rollstuhl? Alle »entsorgen«? Weil Kranke ein Leben führen, das nicht lebens-, sondern verachtenswert ist? Davor graut inzwischen auch Kolumnisten, die mit christlichem Glauben wenig am Hut haben. »Wir werden dahin kommen, dass sich schuldig macht, wer krank ist«, warnt der Publizist Jakob Augstein, »dass sich verdächtig macht, wer seine Karriere für die Familie opfert. Dass als Zumutung betrachtet wird, wer hässlich ist. Und dass der Unglücklichere als einer gilt, der sich nicht genug gemüht hat. Am

Ende wird der Wert des Lebens in Opportunitätskosten berechnet … Und wo Leid Versagen bedeutet, weicht das Mitleid der Verachtung. Und wer die Fähigkeit zum Leiden verliert, verliert am Ende auch die Fähigkeit zum Mitleid – und damit die Menschlichkeit.«

Nach den Erfahrungen von Faschismus und Krieg sorgte ein gesellschaftlicher Überbau für eine Grundstruktur, die es auch aushielt, sich daran die Hörner abzustoßen. Manche sagen, es sei ein Gatter gewesen. Gewiss, Zäune können einen hindern. Aber sie schützen auch. Dieser Überbau waren Lehrer, Priester, Großeltern und Journalisten, die sich nicht genierten, auch mal Moralapostel zu sein. Aber plötzlich war das weg. Erst verschwanden die Apostel, dann die Moral. Die Lehrer wollten keine Buhmänner mehr sein, die Priester waren überfordert, die Großeltern mit sich selbst beschäftigt. Die Zäune sind eingerissen, und wir wünschten uns nicht selten, dass es einige dieser Gatter noch gäbe. Sichere Inseln im Sturm der Zeit. Heutzutage sei jedes Tabu, so der Dramatiker Botho Strauß, besser als ein zerstörtes. Die gesellschaftliche Allgegenwart des Haltlosen und Formlosen sei so vorherrschend geworden, dass sich sogar der Begriff des Rebellen verändert habe. Nicht mehr der sei revolutionär, der gegen das Gesetz verstoße, sondern der, der das verlorene, unkenntlich gewordene Gesetz suche und befolge.

Der Soziologe Heinz Bude beschreibt in seinem Buch *Gesellschaft der Angst*, wie das Ich in einem Schwelbrand der Verunsicherung allmählich zugrunde geht. Der Mensch stehe kurz vor der Abwicklung, wenn verbindliche Absprachen verloren gingen. Die Politik drückt sich vor diesem Mega-Thema. Sie fixiert den Blick auf das Bruttosozialprodukt, um diese Herausforderungen nicht sehen zu müssen. Aber was für Lebensmittel gilt, sollte für das Leben erst recht gelten. Gift in Tiefkühlpizzas ist im Zweifelsfall weit unschädlicher als Gift im Internet. Vieles, was wir hier zulassen, entspricht einer toxischen Belastung, die einer schleichenden Vergiftung gleichkommt.

In alten Unterlagen entdeckte ich einen Artikel der früheren *Zeit*-Herausgeberin Marion Gräfin Dönhoff. Die Gesellschaft, schrieb darin die streitbare Grande Dame des deutschen Nachkriegsjournalismus, könne ohne ethischen Minimalkonsens nicht überleben. Erst die Negierung einer höheren Macht habe in der Vergangenheit die totalitäre Macht des Menschen möglich gemacht. Die ausschließliche Diesseitigkeit, der totale Positivismus, der sich nur mit der Oberfläche der Dinge beschäftigt und jede Tiefendimension vermissen lässt, könne als Sinngebung auf Dauer nicht befriedigen.

Wenn sich Egalisierung ausbreitet wie Wüste und Dürre, wird Durst zu einem Hauptproblem. Und hoffentlich haben sich dann noch einige Oasen erhalten, deren Quellen uns über Wasser halten. Marion Dönhoff war sich sicher: Eine Gesellschaft braucht Normen, Spielregeln, Traditionen, die das Ganze zusammenhalten. Gewaltenteilung und Pluralismus alleine genügten nicht. Es komme auf Gesinnung und Verhalten an. Jeder Einzelne sei für den Zustand des Ganzen mitverantwortlich.

Schrödinger hätte nicht widersprochen.

POLITIK UND GESELLSCHAFT

452 000 EURO kostete eine Nacht im Pariser Nobelhotel »Intercontinental Paris Le Grand« für US-Vizepräsident Joe Biden und sein Team im Februar 2013. Nach dem Treffen mit Frankreichs Präsident François Hollande zahlte er nach der Weiterreise in London für eine Nacht im »Hyatt Regency London« »nur« 355 000 Euro.

---

5 800 Milliarden Euro werden weltweit in Steuerparadiesen verwaltet. 80 Prozent davon werden nicht deklariert – allein dadurch entgehen jährlich Steuereinnahmen von insgesamt 130 Milliarden Euro.

1 000 000 000 000 (1 BILLION) EURO GEHEN DER EU JEDES JAHR DURCH DIE STEUEROASEN VERLOREN.

Auf den **Britischen Jungferninseln** sind 32 000 Menschen beheimatet – und 474 000 Briefkastenfirmen registriert.

170 000 EURO im Schnitt verdient etwa jeder dritte Bundestagsabgeordnete neben dem Mandat – und das bei Diäten von 9 082 Euro pro Monat. In Frankreich geben gar 83 Prozent der Abgeordneten an, sie kassierten zusätzlich durch Nebenjobs.

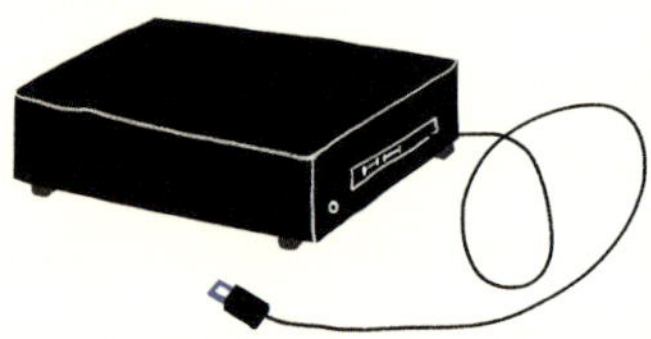

260 Gigabyte

Geheimdaten über Finanzdienstleister, 130 000 Einzelpersonen und 122 000 Briefkastenfirmen und Trusts – diese Menge umfasst alleine die Festplatte, die Journalisten im Rahmen der Offshore-Leaks-Affäre zugespielt wurde. Ausgedruckt entspricht das Material etwa 500 000 Bibeln.

Von **130 000 Personen,** die in Verbindung mit anonymen Offshore-Firmen in Steueroasen stehen, trägt jede vierte einen chinesischen Namen. Darunter: nahe Verwandte der wichtigsten Politiker. Offiziell hat Chinas Führung Korruption und Vetternwirtschaft den Kampf angesagt.

»Die meisten der Soziopathen sitzen in erfolgreichen Positionen, an den höchsten Stellen, vor allem, wenn sie intelligent sind und aus einem entsprechenden Hintergrund kommen.«

Der Neurowissenschaftler Niels Birbaumer über die Vermutung, wonach in den Führungsetagen von Wirtschaft und Politik überdurchschnittlich viele Menschen mit schweren Persönlichkeitsstörungen arbeiten. Psychopathen machten auf den ersten Blick einen blendenden Eindruck. Tatsächlich aber seien sie selbstbezogen, unehrlich und unzuverlässig. Sie übernähmen keine Verantwortung für ihr rücksichtsloses Verhalten, seien unfähig, aus Fehlern zu lernen, und könnten ihre Impulse kaum kontrollieren.

900 Millionen Dollar wollen die Brüder Charles und David Koch als Sponsoring bis zur nächsten US-Präsidentschaftswahl 2016 ausgeben. Mit ihrem Geld finanzieren sie ein schwer durchschaubares Netzwerk liberaler Politiker. Die Firma Koch Industries besitzt Raffinerien und Pipelines, stellt Papier, Kunststoff und Dünger her.

EU-WAHNSINN:

180 Millionen Euro Steuergelder, Tausende Arbeitstage und 15 000 Tonnen Kohlendioxid pro Jahr: Das sind die Kosten für das regelmäßige Pendeln des EU-Parlaments – genauer gesagt der 4 000 Abgeordneten, Mitarbeiter und Lobbyisten – vom Stammsitz Brüssel zur Plenartagung nach Straßburg – jeden Monat.

2008 entschloss sich die Europäische Kommission, die Glühbirne wegen ihres hohen Stromverbrauchs vom Markt zu nehmen. Der damalige Umweltminister Sigmar Gabriel gab den Anstoß. Auswirkung: Osram streicht 7 800 Jobs. Denn all jene Beleuchtungsmöglichkeiten, die von der EU-Kommission nicht verboten wurden, wie etwa LED-Lampen, werden vor allem in Asien hergestellt.

7 Milliarden Euro an Subventionen von der Europäischen Union wurden 2012 nicht vorschriftsmäßig verwendet.

Brüsseler Spitzen:

- Die Staats- und Regierungschefs der 27 EU-Staaten beschließen bei einem Eil-Gipfel 2013, die EU-Kommission nicht zu verkleinern. Damit verstoßen sie gegen den Lissabon-Vertrag und verursachen jährlich 18 Millionen Euro Mehrkosten für die Steuerzahler.
- EU-Parlamentarier verdienen 8021 Euro pro Monat. Außerdem erweisen sich ihre Nebenjobs oftmals als sehr lukrativ. Die französische Exjustizministerin Rachida Dati verdiente als Anwältin neben ihrem Abgeordnetengehalt in einem Jahr mehr als 500000 Euro.
- 152,5 Milliarden Euro betrugen die Gesamtausgaben der EU 2013. Rund 55000 Menschen arbeiten bei den EU-Institutionen. Die Verwaltungskosten stiegen von 4,6 Milliarden im Jahr 2000 auf 8,5 Milliarden im Jahr 2013. Bis 2020 rechnen Experten mit einem Anstieg auf 11,2 Milliarden Euro. Rund die Hälfte davon geht für Personalkosten drauf.
- Deutschland steuerte von 2007 bis 2013 durchschnittlich 9,5 Milliarden Euro pro Jahr mehr zum EU-Haushalt bei, als an EU-Geldern nach Deutschland zurückfloss.

Die Eskalation der **Griechenlandkrise** hatte laut einer Ernst&Young-Studie allein binnen weniger Tage im Juni 2015 weltweit rund 300 Milliarden Dollar an Börsenwert vernichtet.

»Wir leben in einer Welt, in der das Vertrauen ausgewaschen ist. Wir erleben eine Erosion von Vertrauen in Institutionen und Führungspersönlichkeiten, in Politiker, aber auch in Wirtschaftsführer.«

Kofi Annan, von 1997 bis 2006 Generalsekretär der Vereinten Nationen.

14000 Lobby-Firmen sind inzwischen in den USA registriert, 1971 waren es noch 175. Mehr als 4 Milliarden Dollar jährlich werden für Lobbyarbeit ausgegeben. Der Kongress und viele bundesstaatliche Parlamente seien zur Beute von Lobbyisten geworden, klagen Kritiker an. Über den Alltag von Kongressabgeordneten schreiben US-Journalisten: Die eine Hälfte vergeht mit dem Auftreiben von Geld für den nächsten Wahlkampf. Die andere mit Kopfzerbrechen darüber, was die Spender wohl vom Abstimmungsverhalten der Empfänger im Parlament halten.

Brüssels Regelwut. Alleine 2014 wurden insgesamt 2 304 Verordnungen, Richtlinien, Beschlüsse oder Entscheidungen von der EU erlassen – mehr als sechs pro Tag.

Einige Beispiele:

- EU-Verordnung Nr. 666/2013: Auf Fischverpackungen muss gekennzeichnet werden, was für ein Netz der Fischer verwendet hat.
- EU-Verordnung Nr. 801/2013: Kein Kaffee darf in der EU länger als 40 Minuten warm gehalten werden.
- EU-Verordnung Nr. 1169/2011: Lebensmittel, die nur aus einer einzigen Zutat bestehen, brauchen kein Zutatenverzeichnis. Ein Apfel ist ein Apfel.
- EU-Verordnung Nr. 666/2013: Nur noch Staubsauger mit einer Leistung von weniger als 1 600 Watt dürfen verkauft werden. Ab September 2017 laut Staubsaugerbegrenzungsleistungsverordnung nur noch mit weniger als 900 Watt.
- EU-Verordnung Nr. 609/2013: Ab 2016 darf auf Säuglingsnahrung nicht mehr mit Bildern von Säuglingen geworben werden, weil Mütter sonst denken könnten, künstliche Nahrung sei gesünder als Muttermilch.

780 Millionen Euro **zu viel** zahlte 2010 die damalige schwarz-gelbe Landesregierung in Baden-Württemberg laut der Staatsanwaltschaft Stuttgart für die Anteile am Energiekonzern EnBW. Insgesamt hat das Land für das Aktienpaket von 45 Prozent 4,7 Milliarden Euro überwiesen.

---

200 Milliarden Euro Minimum – so hoch ist nach Schätzungen der Umsatz aller italienischen Mafia-Organisationen zusammen. Zum Vergleich: Das EU-Jahresbudget liegt bei rund 140 Milliarden Euro. Die Bundesrepublik steht auf Platz drei der weltweit am meisten von der kalabrischen Mafia durchdrungenen Länder – nach Australien und Kolumbien.

Nicht vertrauenswürdig.
Immer mehr EU-Bürger halten immer weniger von Europa. In Italien haben 2015 nur noch 27 Prozent der Menschen Vertrauen in die EU. In Deutschland sind es 53 Prozent.

Republik der Schamlosen.

Affären erschüttern das Vertrauen der Franzosen in ihre Politiker:

- In der »Clearstream-Affäre« beschimpften sich der ehemalige Staatspräsident Nicolas Sarkozy und der ehemalige Premier Dominique de Villepin. Angeblich soll Villepin gefälschte Kontolisten des Luxemburger Finanzhauses Clearstream genutzt haben, um seinen Rivalen Sarkozy in den Verdacht der Geldwäsche und Korruption zu bringen. Er werde Villepin »an den Fleischerhaken hängen«, schwor Sarkozy damals.
- Jacques Chirac, früherer französischer Staatspräsident, wurde wegen Veruntreuung öffentlicher Mittel verurteilt.
- Gegen Dominique Strauss-Kahn, ehemaliger Wirtschafts- und Finanzminister, wurde unter anderem wegen bandenmäßiger Zuhälterei ermittelt.
- Budgetminister Jérôme Cahuzac trat zurück, weil er des Steuerbetrugs verdächtigt wurde.
- Christine Lagarde, ehemalige Finanzministerin und jetzige Chefin des Internationalen Währungsfonds (IWF), soll Exminister Bernard Tapie eine staatliche Entschädigung von 403 Millionen Euro zugeschanzt haben. Ein Pariser Berufungsgericht annullierte im Februar 2015 die umstrittene Leistung. Die Ermittlungen gegen Lagarde sind noch nicht abgeschlossen.

Reden ist Gold.

200 000 Dollar bezahlte die Investmentbank Goldman Sachs der US-Politikerin Hillary Clinton für eine Rede. Innerhalb einer Woche hielt sie gleich zwei davon: 400 000 Dollar. Ehemann Bill Clinton bekam für eine Rede vor einem Stockholmer Lebensmittelforum eine halbe Million Dollar. Von 2001 bis 2013 verdiente der frühere US-Präsident mit seinen Reden mehr als 100 Millionen Dollar. Laut *Washington Post* stammt das Geld von Dutzenden Konzernen, Großbanken oder autokratischen Regierungen, die gleichzeitig an Clintons Stiftung gespendet haben. Zusammen kassierten die Clintons allein in knapp eineinhalb Jahren rund 30 Millionen Dollar. Die Auftraggeber Hillary Clintons unter anderem: General Electric, Cisco, Deutsche Bank, aber auch Pharmakonzerne. Für eine Rede vor der »California Medical Association« bekam sie 100 000 Dollar, ohne das Haus zu verlassen. Sie sprach via Satellit.

---

12 Milliarden Dollar – so hoch war der Kostenvoranschlag für die Olympischen Winterspiele 2014 in Russland. Bereits bei den Bauarbeiten verschwanden 30 Milliarden Dollar, angeblich in den Taschen von Putin-Vertrauten und Oligarchen. Allein die Autobahnstrecke zum Skigebiet Krasnaja Poljana war mit 9 Milliarden Dollar dreimal teurer als veranschlagt. Zum Vergleich: Die gesamte Winterolympiade 2010 in Vancouver kostete 6 Milliarden Dollar. Über die tatsächlichen Gesamtkosten der Spiele gibt es keine offiziellen Angaben. Russische Oppositionelle schätzen sie auf mehr als 50 Milliarden Dollar.

Ciao bella.

Die Schmiergeldzahlungen in Italien werden allein für 2013 auf 60 Milliarden Euro geschätzt. Nach einer Übersicht der OECD halten in keinem anderen der 34 westlichen Industrieländer so viele Bürger ihren Staat für so korrupt wie die Italiener.

Roberto Cota, Präsident von Piemont, ließ sich 25 410 Euro für Kleidung, Zigaretten, Hochzeitsgeschenke und sogar grüne Unterhosen aus der Fraktionskasse ersetzen, die mit Steuergeldern gefüllt wird.

Walter Veltroni, Polizeichef der Provinz Rom, bekam monatlich 5 000 Euro Schmiergeld von der Mafia. Der ehemalige Bürgermeister Roms, Gianni Alemanno, erhielt von ihr einmalig 75 000 Euro.

Giosi Ferrandino, der Bürgermeister von Ischia, hat als Gegenleistung für den Liefervertrag mit einer Gasgesellschaft 330 000 Euro, eine Reise nach Tunesien und einen Job für seinen Bruder angenommen.

Franco Fiorito rechnete 1,3 Millionen Euro ab – für Geschenke, Einladungen und alles, was er brauchen konnte. Der Exfraktionschef der Berlusconi-Partei PdL verdient pro Jahr 372 000 Euro.

Die Bankiers des Geldhauses Monte dei Paschi di Siena sollen nach Vermutungen der italienischen Justiz mindestens 2 Milliarden Euro in dunkle Kanäle gelenkt und sich daraus bedient haben.

Maurizio Lupi, Minister für Infrastruktur und Verkehr: Mit seiner Hilfe sollen insgesamt Aufträge für etwa 25 Milliarden Euro manipuliert worden sein.

7 500 Steuer-Totalverweigerer konnten Finanzbehörden Anfang des Jahres 2013 ausfindig machen. Allesamt Millionäre mit einem durchschnittlichen Jahreseinkommen von 2,8 Millionen Euro.

Das Dammsystem »Mose« soll Venedig vor dem jährlichen Hochwasser schützen. Beim Bau haben sich Dutzende Politiker und Unternehmer die Taschen mit Millionen Euro gefüllt. 25 Millionen sollen über diskrete Banken des Zwergstaates San Marino und über die Schweiz geflossen sein.

Der Präsident von Sizilien, Rosario Crocetta, hat 1 385 Mitarbeiter. Im Vergleich: 1 337 Mitarbeiter stehen dem britischen Premierminister zur Verfügung (Stand 2012).

Das Monatsgehalt eines sizilianischen Regionalabgeordneten: 16 650 Euro. Im Vergleich: 9 979 Euro erhält ein Landtagsabgeordneter in NRW (Stand 2012).

Der frühere Präsident Siziliens, Raffaele Lombardo verdiente monatlich 27 347 Euro. Im Vergleich: Kanzlerin Angela Merkel erhält monatlich 17 992 Euro (Stand März 2015).

Melkmaschine.

In Italien wurde die Milch von 300 000 Kühen verkauft, die entweder uralt oder längst tot waren. In amtlichen Computern hatte ein Unbekannter das potenzielle Lebensalter der Kühe von 122 Monaten auf 999 Monate umgestellt. Beinahe jede fünfte in Italien registrierte und bei der EU in Brüssel gemeldete Kuh war faktisch nicht vorhanden. Obwohl die Phantom-Herde angeblich 1,2 Milliarden Liter Milch lieferte. Unter Mitnahme von EU-Subventionen.

Korrekturen aus Moskau.
Der russische Nachrichtendienst FSO soll deutschsprachige Wikipedia-Artikel manipuliert haben. Die Änderungen wurden direkt aus dem Büro des russischen Sicherheitsdienstes vorgenommen, der sich offenbar nicht einmal die Mühe machte, seine IP-Adresse zu verschleiern. Aus »Separatisten« wurden »Aufständische«, die »Volksrepublik Donezk« steht nach der Überarbeitung aus Moskau plötzlich ohne Anführungszeichen im Text.

Förderwahn aus Steuermitteln.

6,4 Millionen Euro, um die Herstellung natürlicher Bräunungsmittel und gesunder Süßstoffersatzmittel zu fördern. 2,4 Millionen, damit neue Beschichtungen für spezielle Unterwasseranstriche für Windparks entwickelt werden. Knapp 770 000 Euro für bessere Schweinezucht in China, um Facharbeiter sowie Manager nach deutschem Vorbild zu schulen. Alleine für 2014 hatte der Steuerzahlerbund ein Einsparpotenzial im Bundeshaushalt von mindestens 20 Milliarden Euro ermittelt.

In der Eurokrise hatten die Aussagen von Kanzlerin Merkel und Finanzminister Schäuble selten lange Bestand:

»Hilfe steht nicht auf der Tagesordnung, denn Griechenland sagt selbst, dass es im Augenblick keine Hilfe braucht.«
Angela Merkel, 21. März 2010.

»Eine Verlängerung der jetzigen Rettungsschirme wird es mit Deutschland nicht geben.«
Angela Merkel, 16. September 2011.

- April 2010: Griechenland beantragt offiziell Finanzhilfen.
- Mai 2010: Erstes Rettungspaket: 73 Milliarden Euro.
- Juli 2011: Zweites Rettungspaket: 142,9 Milliarden Euro.
- Juli 2015: Drittes Rettungspaket: vermutlich 100 Milliarden Euro.

»Der europäische Rettungsschirm hat eine Obergrenze von 440 Milliarden Euro – auf Deutschland entfallen 211 Milliarden. Und das war es. Schluss.«
Wolfgang Schäuble, 6. Oktober 2011.

- 27. September 2012: Inkrafttreten des ESM-Vertrags (Europäischer Stabilitätsmechanismus).
- Der Rettungsschirm umfasst 700 Milliarden Euro.

Verkehrsinfrastruktur.

Der Wert von Deutschlands Verkehrsinfrastruktur: 778 Milliarden Euro. Doch jedes zweite von 66 714 Bauwerken, für deren Erhalt die Kommunen zuständig sind, ist marode! Straßen, Brücken, Bahnhöfe, Wasserstraßen, Schienen. Jedes Jahr investiert der Staat 4 Milliarden Euro zu wenig in den Erhalt der Verkehrswege.

Das griechische Drama.

Am 23. April 2010 verkündet der damalige griechische Ministerpräsident Giorgos Papandreou, Griechenland könne seine Schulden nicht mehr bezahlen und benötige Hilfskredite der EU. Die Nachricht war ein Schock für die Griechen wie für ganz Europa. Die EU wolle Griechenland mit Krediten in Höhe von 30 Milliarden Euro aus der Klemme helfen, hieß es damals. Der deutsche Anteil am Hilfspaket sollte bei 8 Milliarden Euro liegen. 2014 werde Athen »den großen Schritt zum Verlassen« der Rettungsvereinbarungen mit Europa und dem IWF machen und keine neuen Hilfen benötigen, so der damalige griechische Regierungschef Antonis Samaras.

Alleine bis März 2015 gewährten die Geldgeber laut Angaben des deutschen Finanzministeriums 215,7 Milliarden Euro an Hilfskrediten, deren Laufzeiten zum Teil mehr als 30 Jahre betragen. Um diese Summe in 100-Euro-Scheinen auf Lastwagen nach Athen zu transportieren, müssten 88 Lkw der Gewichtsklasse 40-Tonner in Marsch gesetzt werden. Aneinandergereiht ließen sich die 100-Euro-Scheine auf einer Strecke von 317 079 Kilometern am Äquator fast achtmal rund um den Globus wickeln. Mehr als 100 Milliarden Euro erließen Banken und Versicherungen dem griechischen Staat in einem Schuldenschnitt im März 2012.

Nach einer Marathonsitzung haben sich die Staats- und Regierungschefs der 19 Euro-Länder am 13. Juli 2015 auf die Umrisse eines neuen, des dritten Hilfsprogramms geeinigt. Binnen drei Jahren sollen weitere rund 100 Milliarden Euro nach Athen fließen.

3,7 Milliarden Dollar haben Parteien, Kandidaten und Lobbygruppen 2014 für den US-Wahlkampf 2014 ausgegeben, der teuersten US-Kongresswahl aller Zeiten. Mit der Summe hätte man zehn Ebola-Behandlungszentren aufbauen, 12 000 Kinder zur Schule schicken, 25 Flugzeuge kaufen und außerdem noch einen Hollywoodfilm produzieren können.

1 150 Zimmer, so bombastisch geriet der neue Präsidentenpalast in Ankara. »Man spart nicht, wenn es ums Prestige einer Nation geht«, sagte der türkische Präsident Recep Tayyip Erdogan. Das Gebäude liegt in einem per Bauverbot geschützten Forstgelände. Erdogan setzte sich über die Gerichtsurteile hinweg, die einen Baustopp für das Monumentalgebäude verfügt hatten. Erdogan: »Sollen sie (die Richter) ihn doch abreißen, wenn sie die Macht dazu haben.«

Armut in Europa.

Wegen der zunehmenden Armut verteilen zwei Drittel der nationalen Rot-Kreuz-Gesellschaften erstmals wieder seit Ende des Zweiten Weltkrieges Lebensmittelhilfen in der EU. In Spanien unterstützte das nationale Rote Kreuz 2012 drei Millionen verarmte Bürger mit 33 Millionen Kilogramm Lebensmitteln.

Die zerklüftete Republik.

12,5 Millionen Menschen in Deutschland sind laut dem Bericht des Wohlfahrtsverbandes arm. Am stärksten betroffen sind die Bundesländer Bremen, Mecklenburg-Vorpommern und Berlin mit Armutsquoten von mehr als 20 Prozent. Die Armutsgrenze lag 2013 für einen Singlehaushalt bei 892 Euro, für eine Familie mit zwei Kindern unter 14 Jahren bei 1 873 Euro.

Weltbank auf Abwegen.

Millionen Menschen wurden zwangsumgesiedelt, weil die Weltbank bei der Förderung von Großprojekten eine verheerende Politik betrieb. In Kenia beispielsweise mussten mehr als 1000 eingeborene Völker das Land ihrer Ahnen verlassen. Als Sonderorganisation der Vereinten Nationen hat die Weltbank den Auftrag, gegen Armut zu kämpfen. Deutschland bezuschusst sie mit jährlich 600 Millionen Dollar. 2014 vergab die Weltbank Kredite in Höhe von 66 Milliarden Dollar.

»Unsere Rentenversicherung ist so kompliziert, dass sich zwischen Rente mit 63 und Rente mit 67 kein Mensch mehr auskennt. Unser Steuersystem kapieren nicht mal mehr jene uralten Ministerialbeamten, die ihr komplettes Leben diesem Wahnsinn geweiht haben.«

Axel Hacke, Kolumnist des Magazins der Süddeutschen Zeitung

»Noch nie war die Armut so hoch, und noch nie war die regionale Zerrissenheit so tief wie heute.«

Ulrich Schneider, Hauptgeschäftsführer des Paritätischen Wohlfahrtsverbands

POLITISCHE KUNST.

Pharmakonzerne verstärken ihre Lobby-Arbeit in der EU. Mit fast 40 Millionen Euro jährlich geben sie in Brüssel für die Durchsetzung ihrer Interessen 15 Mal so viel aus wie Verbraucherorganisationen und NGOs (mit einem Budget von gut 2,7 Millionen Euro). Der größte EU-Pharmaverband EFPIA verzehnfachte seit 2012 seine Ausgaben. Ihm wurden in nur viereinhalb Monaten mehr als 50 Treffen mit den für die Branche zuständigen Vertretern der EU-Kommission eingeräumt. Seit Beginn der Vorbereitungen für die TTIP-Verhandlungen 2012 haben sich die Pharmalobbyisten bis September 2015 mindestens 19 Mal mit den zuständigen Kommissionsabteilungen getroffen, um ihre Anliegen deutlich zu machen.

Rassismus in den USA:

Ob 1965 in Los Angeles oder 2014/15 in Baltimore und Ferguson – immer begannen die sogenannten Rassenunruhen damit, dass weiße Polizisten Afroamerikaner schikanierten, misshandelten oder Flüchtende erschossen. Die Kleinstadt Ferguson, bekannt durch die Unruhen nach dem Tod des schwarzen Jugendlichen Michael Brown im August 2014, beschäftigte Mitte 2014 insgesamt 53 Polizisten. Darunter waren nur drei Schwarze – obwohl diese rund zwei Drittel der Bevölkerung ausmachen.

Eine Untersuchung des US-Justizministeriums ergab: Die in der Mehrzahl weißen Polizisten in Ferguson drangsalieren die überwiegend afroamerikanische Bevölkerung regelmäßig mit illegalen Festnahmen und Bußgeldern. Dabei wird exzessiv Gewalt angewendet, man hetzt Hunde auf Menschen und verwendet Elektroschocker gegen Unbewaffnete.

Nach einer Analyse der Tageszeitung USA Today *wurden von 2007 bis 2012 im Schnitt 96 Schwarze im Jahr von einem weißen Cop getötet. Jeden Tag sterben im Durchschnitt 2,6 Menschen in den USA durch Polizeigewalt. Allein in den ersten fünf Monaten 2015 sind 385 Menschen von Gesetzeshütern erschossen worden.*

In einer von Schwarzen besuchten Kirche in der US-Stadt Charleston tötete ein Attentäter im Juni 2015 neun Menschen. Die Emanuel African Methodist Episcopal Church gilt als Symbol für den 200-jährigen Kampf der Afroamerikaner um Freiheit und Rechte. Der 21-jährige weiße Attentäter Dylann R. schmückte sich mit einer Flagge der Südstaaten, die 1861 in den Krieg gegen den Norden zogen, um Schwarze weiter als Sklaven halten zu können.

TTIP. Europa und die USA wollen die größte Freihandelszone der Welt schaffen. Dabei geht es weniger um Zölle als um Produktionsnormen und Qualitätsstandards für einen Wirtschaftsraum mit etwa 800 Millionen Verbrauchern. Die Regierungen propagieren TTIP als Chance für mehr Wachstum und Arbeitsplätze. Zur Debatte stehen grundlegende Standards für die Produktionssicherheit sowie beim Gesundheits-, Umwelt- und Verbraucherschutz. Kritiker bemängeln, Konzerne könnten künftig gegen bestehende Umwelt- oder Sozialstandards klagen, wenn sie ihr Geschäftsmodell bedroht sehen. Ein abschreckendes Beispiel sind die Hühnchen, die in den USA zur Desinfektion in Chlor gebadet werden. Auch der Einsatz von Hormonen bei der Fleischproduktion unterliegt dort weniger strengen Vorschriften als in Europa. Genpflanzen stellen in den USA so lange kein Risiko dar, bis das Gegenteil bewiesen ist. Vor allem in den Bereichen Energie, Gesundheit, Umwelt und bei den Arbeitnehmerrechten würden geltende europaweite Standards aufgeweicht werden. Bisher ist das Mandat, auf dessen Grundlage die EU-Kommission mit den USA verhandelt, nicht offiziell zugänglich.

Big Brother is watching you.

Bereits 2008 hatte die Bundesregierung die Vorratsdatenspeicherung beschlossen. Allerdings erklärte das Bundesverfassungsgericht das Gesetz 2010 für nichtig, weil es gegen das Fernmeldegeheimnis verstoße und einen unverhältnismäßigen Grundrechtseingriff darstelle. Im Mai 2015 brachte das Kabinett eine Neuregelung auf den Weg. Demnach sollen Telekom und andere Firmen IP-Adressen von Computern und Verbindungsdaten zu Telefongesprächen zehn Wochen lang speichern (und Standortdaten bei Handygesprächen vier Wochen lang), um sie den Strafverfolgern zur Verfügung stellen zu können – ohne dass ein konkreter Verdacht auf strafbare Handlungen besteht.

Orwell in echt.

Die Internetfirmen Yahoo, Google, Microsoft und Facebook haben vom US-Geheimdienst NSA Millionenbeträge erhalten, um ihre Technologie den Anforderungen der Spionageeinrichtung anzupassen. Nach Informationen der *Washington Post* fischt die NSA Daten direkt von den Servern der Unternehmen ab. So hat der Dienst beispielsweise Zugriff auf E-Mails, Videos, Internettelefonate, Chats, Fotos und alles, was über das Netzwerk Facebook geteilt wird.

Tötung und Missbrauch.

2014 wurden in Deutschland durchschnittlich zwei Kinder pro Woche Opfer eines Tötungsdelikts. 40 Kinder wurden jeden Tag Opfer sexueller Gewalt, zwölf wurden körperlich misshandelt. Das sind die Zahlen der polizeilichen Kriminalstatistik zu jungen Gewaltopfern. »Innocence in Danger«, eine Organisation, die sich um missbrauchte und misshandelte Kinder kümmert, geht von bis zu 240 000 Fällen sexuellen Missbrauchs aus – also 20-mal so viele wie in der Kriminalstatistik angegeben. »Jedes vierte bis fünfte Mädchen und jeder siebte bis neunte Junge wird bis zum 18. Lebensjahr Opfer sexueller Gewalt.«

Face-Books.

Die Verfahren zur Gesichtserkennung werden zur Mainstream-Technologie. Der Schlüssel hierfür sind Überwachungskameras, die unsere Gesichter vermessen und mit gespeicherten Bildern abgleichen. Edward Snowden enthüllte, dass die NSA täglich Millionen Bilder aus sozialen Netzwerken, Video-Chats und anderen Quellen abschöpft. Was immer sie über eine Person weiß – Name, Adresse, E-Mail-Partner, Facebook-Einträge –, wird mit Bildern ihres Gesichts verknüpft. In Argentinien werden längst schon alle Bürger vermessen. Das Programm wird als Weg zu einer »stärkeren Identität« angepriesen. Botschaft auf einem Werbevideo: »Jetzt sind Sie Ihr eigener Mensch.«

Überwachungsprogramm Tempora.

Der britische Geheimdienst GCHQ (Government Communications Headquarters) und die NSA kooperieren bei der Überwachung des Internetverkehrs. Sie zweigen den Datenstrom direkt an den Glasfaserseekabeln ab, die am Meeresgrund verlegt sind. Dann wird er kopiert und zwischengespeichert, um ihn nach Bedarf zu durchforsten und auszuwerten.

DER GROSSE SPÄHANGRIFF.

Schulen, Wertstoffhöfe, Mehrgenerationenhäuser, Busse – es gibt kaum noch unbeobachtete Orte des öffentlichen Lebens. Ende 2012 waren alleine in Bayern mehr als 17 000 Kameras installiert, um öffentliche Plätze und öffentlich zugängliche Räume zu überwachen. Die Stadtwerke München schützen ihre Verkehrssparte mit knapp 3 000 Kameras. Der Münchner Flughafen ist mit mehr als 400 Kameras besser überwacht als die örtliche Justizvollzugsanstalt mit 300 Kameras.

GEWALT WIE NIE.

Noch nie sahen Jugendliche so viel Gewalt und Sex. Mehr als jeder dritte junge Internetnutzer hat bereits erlebt, dass jemand aus seinem Bekanntenkreis im Netz »fertiggemacht wurde«. 57 Prozent der zwölf bis 19-jährigen Jungen spielen Videogewaltspiele (Mädchen: 19 Prozent). 14 Prozent der Jugendlichen erhielten 2014 ungefragt Gewaltdarstellungen und pornografische Filme auf ihre Mobiltelefone geschickt.

Ziemlich beste Freunde.

Am 14. April 2015 teilte das Innenministerium von Thomas de Maizière mit, dass keine weiteren Erkenntnisse über Wirtschaftsspionage durch die NSA oder andere US-Dienste vorliegen. In Wirklichkeit half der BND der NSA, indem er seine Abhörstation im bayerischen Bad Aibling beispielsweise zum Ausspähen hochrangiger Beamter des französischen Außenministeriums missbrauchen ließ. Auch die EU-Kommission in Brüssel sei von hier aus belauscht worden.

80 Prozent der Bundesbürger sind einer repräsentativen Umfrage zufolge der Ansicht, dass ihre gewählten Politiker nicht genug tun, um sich über ihre Sorgen und Interessen zu informieren.

Lobbyismus made in Germany. Lobbyvertreter dürfen in Deutschland ähnlich unreguliert arbeiten wie etwa im für seine Korruption berüchtigten Bulgarien. Es gebe weder ein Lobbyregister, kritisiert Transparency International, noch seien die Beratergremien auch nur annähernd transparent. Zudem fehle eine geregelte Karenzzeit für den Wechsel in die Wirtschaft für Mitglieder von Bundestag und Bundesregierung.

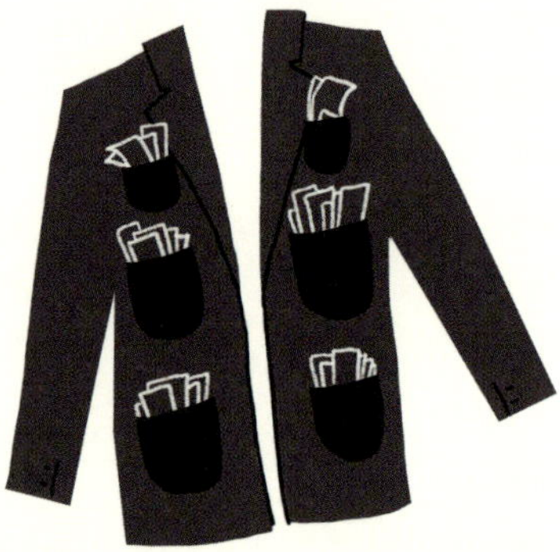

Ein Beispiel: CDU-Politiker Volkmar Vogel ist nicht nur Mitglied im Bauausschuss, sondern sitzt seit 2013 auch in einem Fachbeirat der Deutschen Rockwool Mineralwoll GmbH & Co OHG, eines führenden Unternehmens der Dämmstoffindustrie. Diese Nebentätigkeit bringt ihm jährlich 16 000 Euro zusätzlich ein. Am 13. November trat Vogel ans Rednerpult im Deutschen Bundestag, um eine »finanzielle Aufstockung« des Gebäudesanierungsprogramms zu fordern.

220 Millionen Metadaten greift der Bundesnachrichtendienst täglich über Telefonate und SMS ab. Metadaten beinhalten Informationen über angerufene Nummern oder die Lokalisierung eines Handys. Monatlich gehen vermutlich 500 Millionen Metadaten direkt an den US-Geheimdienst NSA.

»Wir vertrauen dem lieben Gott und überwachen alle anderen.«
Motto der NSA.

Postgeheimnis.

Im Auftrag von Geheimdienst und Polizei überwacht die US-Post den gesamten Postverkehr der Vereinigten Staaten. Von jeder über den staatlichen Postdienst USPS verschickten Sendung werden Absender und Empfänger von Computern abfotografiert. 2012 waren das rund 160 Milliarden Postsendungen.

GOLDMINEN.

Rund 200 Millionen SMS sammelt die NSA mit dem globalen Spähprogramm »Dishfire« – und das pro Tag. Darunter Adressbücher, Finanztransaktionen und Reisepläne. »SMS-Nachrichten – Eine Goldmine zum Ausbeuten« lautete der Titel bei einer NSA-Präsentation aus dem Jahr 2011.

Unglücklich. Jeder siebte deutsche Jugendliche ist laut einer UNICEF-Studie nicht zufrieden mit seinem Leben. Bei der Selbsteinschätzung der Zufriedenheit der Jungen und Mädchen belegt Deutschland nur Platz 22. Die einseitige Konzentration auf Leistung und Schulnoten führe dazu, dass sich viele Kinder und Jugendliche ausgeschlossen fühlen.

Drittklassig.

Deutschland wird von den USA als »Partner dritter Klasse« eingeordnet. Mit entsprechenden Folgen: Die NSA überwacht in der Bundesrepublik monatlich rund eine halbe Milliarde Telefonate, Mails und Chatverbindungen. Täglich werden bis zu 20 Millionen Telefonverbindungen und rund zehn Millionen Internetdatensätze überprüft und gespeichert. Damit ist die NSA in Deutschland so aktiv wie in keinem anderen Land der Europäischen Union. Seit Ende 2013 ist bekannt, dass der US-Geheimdienst auch das Handy von Kanzlerin Angela Merkel abhörte. Insgesamt waren laut Wikileaks 69 Telefonnummern der Bundesregierung von der Überwachung betroffen. Auch die Kanzler Kohl und Schröder wurden von der NSA bereits abgehört. Und nicht zuletzt die französischen Präsidenten Jacques Chirac, Nicolas Sarkozy und François Hollande.

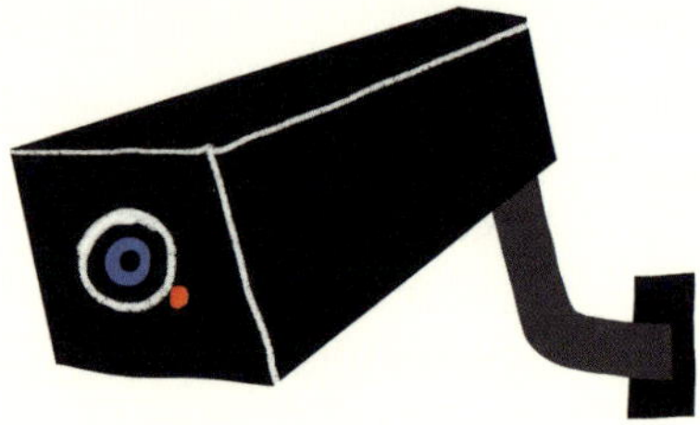

48 000 KAMERAS sind an 2000 Schulen in Großbritannien installiert, in 206 Schulen auch in Toiletten und Umkleidekabinen.

100 000 Kinder wurden in Deutschland nach Schätzungen per Samenspende gezeugt. Nach einem BGH-Urteil haben Kinder ein Recht, den Namen ihres Vaters zu erfahren. »Ein Mindestalter ist nicht erforderlich«, entschied der Bundesgerichtshof. Zwei zwölf und 17 Jahre alte Mädchen hatten eine Reproduktionsklinik verklagt, weil diese die Auskunft über ihren biologischen Vater verweigert hatte.

Gefahr im Kinderzimmer.

»YouNow« ist eine App, in der sich vor allem Jugendliche per Live-Cam von fremden Menschen beobachten lassen – ein Paradies für Mobbing durch Gleichaltrige und sexuelle Belästigung durch Erwachsene. Im Januar 2015 sendeten Nutzer in Deutschland 16 Millionen Streams.

40 000

Jungen und Mädchen mussten die Jugendämter in Deutschland 2012 in Obhut nehmen – so viele wie nie zuvor. Häufigster Grund für die Inobhutnahme waren überforderte Mütter und Väter und häusliche Gewalt.

Vereinzelung.

Weltweit steigt die Zahl der Ein-Personen-Haushalte. In Berlin leben 31 Prozent der Menschen allein, in Paris sind es 50 Prozent und in Stockholm sogar 60 Prozent. Die Tendenz, allein zu leben, ist der größte demografische Wandel seit dem Babyboom.

VERSKLAVT, GESCHLAGEN, ZWANGSVERHEIRATET.

Aus dem UNICEF-Kinderreport 2014:

- 6,6 Millionen Kinder weltweit starben 2012 an vermeidbaren Krankheiten, weil sie keinen Zugang zu Impfungen, Medikamenten oder Aufklärungsmaterial hatten.
- 1,4 Millionen Teenager weltweit sterben jedes Jahr – in den armen Regionen vor allem durch Gewalt, Aids oder frühe Geburten.
- 2,2 Millionen Heranwachsende sind HIV-infiziert.
- 170 Millionen Minderjährige werden durch Arbeit ausgebeutet, fast die Hälfte von ihnen ist im Grundschulalter.
- 18 Millionen Kinder werden allein in Europa sexuell missbraucht, 44 Millionen werden körperlich misshandelt. Kindesmisshandlung ist jährlich für mehr als 850 Todesfälle in Europa verantwortlich.
- 13,5 Millionen Mädchen werden nach Schätzungen jedes Jahr vor ihrem 18. Geburtstag zur Heirat gezwungen.
- 132 Millionen Kinder gingen 2013 weltweit nicht zur Schule.
- 165 Millionen Kinder sind wegen Mangel- und Unterernährung körperlich und geistig zurückgeblieben. 47 Prozent der Mädchen in Indien sind untergewichtig.

---

64 000 Menschen waren zum Stichtag 31. März 2015 in den 185 deutschen Gefängnissen im geschlossenen oder offenen Vollzug. Der Anteil an Frauen: 5,7 Prozent (3734 Gefangene). Der durchschnittliche Gefangene ist zwischen 30 und 50 Jahre alt und bleibt für ein bis fünf Jahre im Knast. Jeder vierte wegen Diebstahls oder Unterschlagung. Im internationalen Vergleich ist die Zahl der Gefangenen und Verwahrten eher gering. Auf 1000 Einwohner kommen 0,76 Personen in Justizvollzugsanstalten. In Frankreich ist es eine, in der Türkei 2,12, in Russland 4,63, in den USA 6,98 Personen.

Neo-Kolonialismus.

»Miete eine Gebärmutter«, »Mit Liebe aus Indien«, »Lass den Traum von deinem eigenen Baby wahr werden«, so werben indische Leihmutterkliniken um internationale Kundschaft. Zwischen 1 700 und 6 000 Euro erhalten die Frauen, wenn sie das Kind von Fremden austragen. Tarang Mahajan von der Frauenorganisation Sama schätzt den Gesamtumsatz in der Reproduktionsbranche auf rund 400 Millionen Euro jährlich.

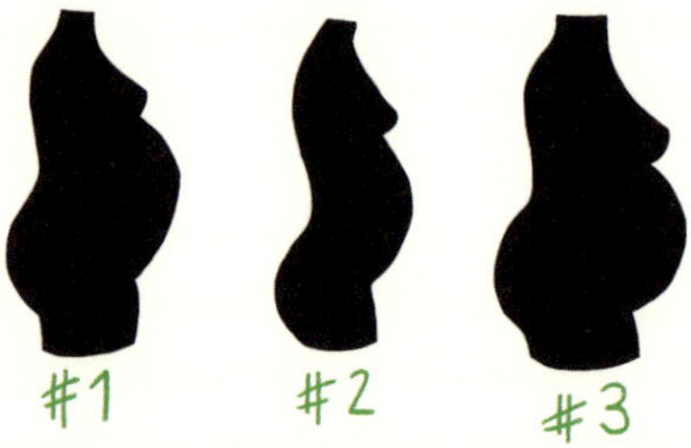

Leihmütter-Flatrate.

In London veranstalten Agenturen eine Leihmüttermesse für Interessenten, die ein Kind bestellen möchten. Das Schnupperpaket mit der Leihmutter der Wahl aus Indien oder Mexiko ist für 15 000 Dollar im Angebot, eine Flatrate für unlimitierte Leihmutterschaften plus Extraarrangement für Zwillinge oder Drillinge kostet erheblich mehr. Schwule Paare kaufen Eizellenspenden von anderen Frauen separat und mieten in der Regel nur den Bauch der Leihmütter, die für die schäbigen Hinterhöfe des Reproduktionstourismus rekrutiert werden. Schwangere, die ein genetisch völlig fremdes Kind austragen, sind dabei gesundheitlich gefährdet, weil das Embryo wie ein Fremdkörper wirkt.

Generation Eltern.

Geldmangel, gesellschaftliche Veränderungen und eine neue Erziehung sind die Gründe für Stress und Druck im Alltag moderner Eltern, so das Meinungsforschungsinstitut Forsa in einer Untersuchung. Es gäbe zu viele Optionen und ein Übermaß an Information. Daraus entstünde die Angst, eine falsche Entscheidung zu treffen. Ein Drittel des Nachwuchses findet, dass die Eltern gestresst sind, »weil sie immer alles perfekt machen wollen«.

7,38 Millionen Menschen in Deutschland erhielten Ende 2013 sogenannte Mindestsicherungsleistungen, das entspricht 9,1 Prozent der Bevölkerung. Die öffentlichen Ausgaben für Arbeitslosengeld II, Sozialhilfe, Grundsicherung oder Leistungen für Asylbewerber betrugen 40,8 Milliarden Euro.

Modell-Wechsel.

Immer weniger klassische Familien in Deutschland – der Mikrozensus 2013:

Nur 49 Prozent der Bürger in Deutschland leben noch in einer Familie mit Kindern.

Die Zahl der alleinerziehenden Mütter ist in den letzten 18 Jahren um 310 000 auf 1,45 Millionen gestiegen.

In Berlin sind ein Drittel der Familien Alleinerziehende mit minderjährigen Kindern.

35 Prozent der Deutschen zwischen 20 und 39 Jahren lehnen die Ehe als überholte Einrichtung ab.

500 000 Pornosüchtige

gibt es in Deutschland, schreibt die *Welt.* 12,5 Prozent der Webseitenaufrufe entfallen auf Angebote mit »Erwachsenen-Inhalten«, im internationalen Durchschnitt sind es 7,7 Prozent. Bereits jeder zweite 13-Jährige konsumiert regelmäßig Pornos. Bestimmte Link-Sammelstellen bieten jedem jederzeit Zugang zu allem, gratis: Doppelpenetration, Gangbang, Fisting, japanischer SM und iranischer Untergrundporno. Insgesamt Zehntausende Stunden eindeutigen Materials in derzeit 1080 Kategorien.

Scheidungsreport:

- Jede dritte Ehe wird in Deutschland wieder geschieden.
- Eine »normale« Scheidung kostet zwischen 2 000 und 15 000 Euro.
- 179 147 Scheidungen gab es 2012. 40 Prozent der Anträge stellten Männer. Bei 2 300 Scheidungen waren die Eheleute noch kein Jahr zusammen.
- Die meisten Paare trennten sich nach fünf bis neun Jahren.
- 143 022 minderjährige Kinder waren 2012 von der Scheidung ihrer Eltern betroffen.

Überfordert.

Immer mehr Frauen leiden unter der Doppelbelastung von Beruf und Familie. Die Zahl psychisch kranker Mütter ist nach Angaben des Müttergenesungswerks drastisch gestiegen – in den vergangenen acht Jahren um ein Drittel. Die Krankenkassen bewilligten 2011 aber nur noch 39 000 Frauen eine Kur, das sind 8 000 Patienten weniger als noch 2008. Rund 2,1 Millionen Mütter gelten als kurbedürftig.

DER TÖDLICHE MAKEL FRAU.

35 Prozent aller Frauen weltweit erleiden laut einer Studie der WHO Prügel, Vergewaltigungen, sexuelle Nötigungen und andere Übergriffe. »Gewalt gegen Frauen«, so eine Expertin, »ist ein Problem von epidemischem Ausmaß.« Dazu gehören auch Massenabtreibungen. Zwölf Millionen Kinder wurden in Indien während der vergangenen 20 Jahre abgetrieben, weil es sich um weibliche Föten handelte. Selektive Abtreibung und Kindesmorde haben allein in Asien 117 Millionen Frauenleben gekostet. Im Jahr 2020 werden in China 30 bis 40 Millionen Frauen im Alter von 10 bis 29 Jahren fehlen.

Pflegenotstand.

Im Jahr 2050 sind 21,5 Millionen Deutsche mehr als 67 Jahre alt. Drei bis sechs Millionen Menschen könnten dann pflegebedürftig sein. Bereits in 15 Jahren bräuchte Deutschland voraussichtlich 450 000 Pflegefachkräfte mehr als heute. Menschenähnliche Maschinen werden deshalb künftig Aufgaben in der Altenpflege übernehmen. Die Fraunhofer-Gesellschaft hat bereits den »Care-O-bot« entwickelt, der in Altersheimen Getränke bringt.

Krankhaft.

In Deutschland gibt es jährlich etwa 25 000 polizeilich erfasste Fälle von Stalking. Die Dunkelziffer liegt um ein Vielfaches höher.

Das Bordell Europas.

Reiseveranstalter bieten bis zu achttägige Touren in deutsche Bordelle an. Das deutsche Prostitutionsgesetz hat weder eine messbare Verbesserung der sozialen Absicherung bewirkt, noch haben sich die Arbeitsbedingungen verbessert oder gibt es weniger Kriminalität.

Anzahl der Prostituierten: zwischen 200 000 und 400 000. 65 bis 80 Prozent der Mädchen und Frauen kommen aus dem Ausland.

Zahl der Bordelle: 3 000 bis 3 500.

Jährlicher Umsatz im Rotlichtgewerbe: etwa 14,5 Milliarden Euro.

Gefährliche Demenz.

Die Zahl der durch Sterbehilfe in den Niederlanden getöteten Menschen pro Jahr: 6 000. Darunter waren rund 100 Fälle von Demenzkranken.

»Das Geschlecht erscheint heute als letzte Bastion, die noch irgendwie geschleift werden müsste. Indem man das überdeterminiert, vernebelt man den Freiheitsmangel einer Gesellschaft insgesamt.«

Adam Soboczynski in der *Zeit* zur Frage: »Warum uns das Gerede von weiblicher und männlicher Befindlichkeit verdummt.«

Gendersprache.

In der Grundordnung der Uni Leipzig soll nach einem Beschluss des Senats nur noch von »Professorinnen«, »Wissenschaftlerinnen« und »Doktorandinnen« die Rede sein. Auch bei Männern.

Weltmeister.

Keine andere Nation bringt so wenig Kinder zur Welt wie Deutschland. Mit seiner Geburtenrate belegt es laut Weltwirtschaftsinstitut im weltweiten Vergleich den ersten Platz im Kindermangel. In den vergangenen fünf Jahren wurden im Durchschnitt nur 8,3 Kinder je 1 000 Einwohner geboren. Frankreich und Großbritannien kommen auf durchschnittlich 12,7 Geburten je 1 000 Einwohner. Die Boston Consulting Group prognostiziert Deutschland in 15 Jahren einen Mangel von 5,8 Millionen Arbeitskräften.

»Wir sterben heute so trostlos wie nie zuvor. Zehn Jahre weiter, und Sie werden gefragt werden: Wollen Sie eine hospizliche Begleitung oder eine gut organisierte Beihilfe zum Suizid. So wie man im Supermarkt vor der Käsetheke steht, kann man sich dann in Zukunft den selbst gemachten Tod aussuchen.«

Reimer Gronemeyer, Professor der Soziologie, der zum Thema Alter und Gesellschaft arbeitet.

---

548 Euro – so viel gaben deutsche Eltern 2014 durchschnittlich jeden Monat für ein Einzelkind aus. Paare mit einem Kind verwenden damit 21,4 Prozent ihres Einkommens für ihr Kind; Eltern mit zwei Kindern 32,7 Prozent und Eltern mit drei Kindern 42,3 Prozent.

»Fast keiner meiner Freunde hat Kinder, dafür haben sie Jobs, bei denen man nicht um 17, sondern um 20 Uhr nach Hause geht und schlecht bezahlt wird. An Nachwuchs denkt da keiner.«

Anonym

»Niemals zuvor gab es eine Gesellschaft, in der mehr Alte als Junge lebten. Spätestens im Jahre 2050 wird die Hälfte des Landes älter als 48 Jahre sein, nach anderen Berechnungen sogar älter als 52. Das ist eine Welt, die fast nichts mehr mit der heutigen zu tun haben wird.«

Frank Schirrmacher,

früherer Herausgeber der *FAZ*

---

99 715

Schwangerschaften endeten nach Angaben des Statistischen Bundesamtes 2014 in Deutschland mit einer Abtreibung.

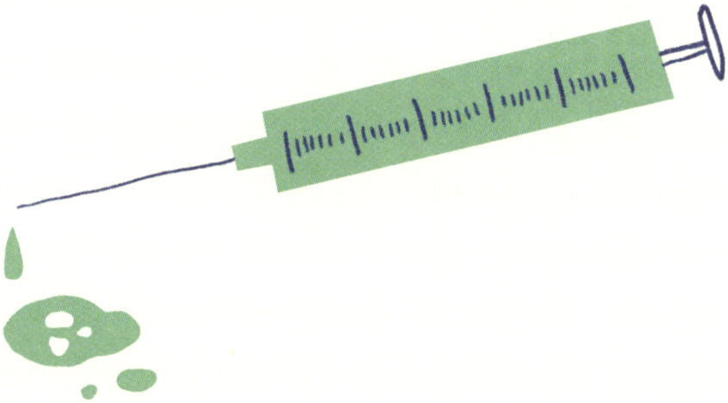

Sterbehilfe für Lebenswillige. Hausärzte in Belgien töteten bereits Tausende von Patienten – auch ohne das Vorliegen einer Einwilligung. Dies ergab eine akademische Studie, veröffentlicht im *Journal of Medical Ethics*. Familienangehörige wurden über die tödliche Injektion meist nicht informiert. Die Hälfte der ohne Einwilligung Getöteten war über 80 Jahre alt, zwei Drittel von ihnen lagen im Krankenhaus. Nach belgischem Sterbehilfegesetz liegt die »medizinische Entscheidung« darüber, welches Leben nicht länger lebenswert ist, in den Händen der Ärzte.

EXTRA: BILDUNG UND WISSENSCHAFT

7,5 Millionen funktionale Analphabeten zählt eine Studie der Universität Hamburg in Deutschland. Jeder siebte Deutsche kann nicht richtig lesen und schreiben. Nur rund 25 000 der Leseschwachen besuchen Lernkurse.

---

16 Prozent der Bürger zwischen 16 und 64 Jahren, jeder Sechste, besitzt beim Lesen lediglich die Fähigkeiten eines zehnjährigen Kindes.

---

40 Prozent der Schülerinnen geben an, mehrmals in der Woche unter psychosomatischen Beschwerden zu leiden. Fast jeder dritte Schüler klagt über Kopfschmerzen, Schlafprobleme, Gereiztheit oder Niedergeschlagenheit.

Wissenschaftsfälschung. Um das 19-Fache sind von 2001 bis 2010 die Fälle wissenschaftlichen Fehlverhaltens angestiegen. Mehr als 2000 Artikel mussten von den Fachzeitschriften zurückgezogen werden, weil sie entweder falsche Daten enthielten, falsche Zusammenhänge und Ergebnisse beinhalteten oder schlichtweg kopiert waren.

---

500 000 Kinder in Deutschland haben neben dem normalen Unterricht zusätzlichen Förderbedarf. Immer mehr Schülern werden Verhaltensauffälligkeiten, Sprach- oder Lernstörungen attestiert.

Keine Ahnung. Bei einer Befragung der Freien Universität Berlin hielt von mehr als 7000 Jugendlichen jeder Fünfte die SED für den Zusammenschluss von KPD und NSDAP. Fast jeder zehnte Schüler kann sowohl dem Nationalsozialismus als auch der DDR überwiegend Gutes abgewinnen. Das heutige Deutschland finden lediglich 60 Prozent demokratisch.

Reform der Reform.

In Stadt und Landkreis Offenbach wird vom Schuljahr 2015/16 an kein einziges staatliches Gymnasium mehr G8 (in acht Jahren Gymnasium zum Abitur) anbieten. Alle Lehranstalten hatten sich für G9 entschieden. G8 war das Ergebnis einer Schulreform an den Gymnasien in Deutschland. Die Verkürzung der Schulzeit bis zum Abitur von bisher 13 auf nunmehr zwölf Jahre wurde in fast allen Bundesländern eingeführt, nach anhaltender Kritik ab 2013 jedoch teilweise wieder zurückgenommen.

Im Dienst der Konzerne.

Geldgeber aus Wirtschaft und Industrie finanzieren immer stärker Universitäten und Fachhochschulen. Studenten in Wiesbaden, Düsseldorf und Würzburg gehen zur Vorlesung in den Aldi-Süd-Hörsaal. Die Deutsche Bank entscheidet mit ihrem Platz in der Berufungskommission der TU und HU Berlin über die Anstellung von Professoren, und Bayer hat ein Kooperationsabkommen mit der Universität Köln, dessen Bedingungen nicht veröffentlicht werden. 2012 betrug der Anteil der Gesamtfinanzierung der Universitäten durch Drittmittel 26 Prozent. Rund 1 000 Lehrstühle werden bereits von Finanziers mit Eigeninteressen bezahlt.

Intelligente Konkurrenz.

Der Roboter »Torobokun« schnitt bei einer Probeprüfung so gut ab, dass er mit sehr hoher Wahrscheinlichkeit die Aufnahmeprüfungen von 80 Prozent der privaten Universitäten und vier staatlichen Universitäten Japans bestehen würde.

Was die Sexualpädagogik Schulkindern zumutet.

In dem für Sexualkunde in Schulen geltenden Standardwerk *Sexualpädagogik der Vielfalt* gilt es bei Statements, die mit »Zur Liebe gehört für mich …« beginnen, nachfolgende Antworten mit Ja oder Nein anzukreuzen. Zur Auswahl stehen: »mindestens jeden zweiten Tag miteinander Sex zu haben«, »die Freiheit, mit anderen ins Bett zu gehen«, »Oralverkehr« (Altersstufe: zwölf Jahre). Auf Seite 151 wird vorgeschlagen, dass 13-Jährige ihr »erstes Mal« vor der Klasse als Bild oder Gedicht vortragen. Dazu sollen Kärtchen gezogen werden: »Das erste Mal ein Kondom überziehen. Das erste Mal ein Tampon einführen. Das erste Mal Analverkehr.« Eine Handreichung, die der Arbeitskreis Lesbenpolitik in der Gewerkschaft Erziehung und Wissenschaft Baden-Württemberg den Kollegen an den Schulen weitergab, sieht vor, Schüler folgende Fragen beantworten zu lassen: »Ist es möglich, dass deine Heterosexualität nur eine Phase ist und dass du diese Phase überwinden wirst?«

Bildung im Schlaf.

In der Nacht speichert und konsolidiert sich das Wissen. Mehr Schlaf ermöglicht deshalb bessere Schulleistungen. Die Jugendlichen, die nachts am längsten schlafen, kommen hauptsächlich aus Ländern mit guten Pisa-Ergebnissen, etwa Finnland oder den Benelux-Staaten.

PROGNOSEN.

Das Vorhersagen der Zukunft sei, als würde man in einem Auto fahren, dessen Frontscheibe zugefroren ist, erklärte Hans-Werner Sinn, Chef des Münchner Ifo-Instituts bei der Vorstellung der neuen Konjunkturprognose seines Hauses. In der Rangliste der Prognostiker landete das Ifo-Institut 2014 auf Platz 34 von 48 möglichen Plätzen.

2,5 Milliarden Euro an **Fördergeldern** aus Steuermitteln vergibt die EU-Kommission jährlich an **Hochschulen, Forschungsinstitute,** aber auch **Arzneimittelhersteller.** Forscher kritisieren, die »Innovative Medicines Initiative« (IMI) diene vor allem dazu, die Industrie über den Umweg der Forschung zu subventionieren. Tatsächlich erhalten Kontrolleure der EU von den Pharmakonzernen keine Einsicht in die Details der Forschungsprojekte.

Tausende Studienplätze ungenutzt.

Allein in den besonders begehrten Fächern mit Numerus-Clausus-Beschränkung (NC) blieben bis Januar 2015 mindestens 14579 Plätze an deutschen Universitäten unbesetzt. Es fehlt ein bundesweites Verteilverfahren.

Nicht lebenstauglich.

Rund 85000 Jugendliche im Alter von 15 Jahren aus 44 Ländern mussten sich 2014 im Rahmen eines internationalen Pisa-Testes Alltagsproblemen stellen. 20 Prozent der deutschen Schüler scheiterten an Fragen wie: »Wie kaufe ich das richtige Zugticket? Wie bedient man eine Klimaanlage?«

Forschen an der Rüstung.

Das deutsche Verteidigungsministerium hat die Rüstungsforschung an Hochschulen und öffentlichen Forschungseinrichtungen mehr als verdoppelt. Seit 2010 wurden über 700 Aufträge für mehr als 390 Millionen Euro an 41 Hochschulen vergeben. Damit stiegen die Auftragsvergaben im Vergleich zum Jahr 2000 um 70 Prozent. Die Wissenschaftler forschen unter anderem an Drohnen, Geschossen und Militärrobotern.

PLEITEN UND (MEHR ALS) PANNEN

Uups. Per E-Mail hat der britische Versicherungskonzern Aviva Investors gleich seine komplette Belegschaft entlassen. Denn statt an einen bestimmten Mitarbeiter ging die Kündigungs-E-Mail aus Versehen an 1300 Aviva-Angestellte weltweit.

1 Milliarde Euro mehr als geplant kosten die 40 größten Bauprojekte der Bundesregierung. Nur 14 von 40 Vorhaben bewegen sich im Kostenrahmen.

Rückruf-Rekord!
Airbags des japanischen Zulieferers Takata können sich unvermittelt aktivieren und platzen, wenn sie ausgelöst werden. Mit 33,8 Millionen betroffenen Autos wurde bei einem landesweiten Rückruf in den USA im Mai 2015 ein neuer Rückrufrekord aufgestellt. Jeder fünfte Airbag weltweit stammt aus den Fabriken von Takata. Wegen des fehlerhaften Airbags gab es mindestens sechs Tote und mehr als einhundert Verletzte.

Fehlende Harmonie.
Der jahrelange Streit zwischen dem Bauträger Hochtief und Hamburger Gremien um den Bau der Elbphilharmonie hat deren Kosten exorbitant in die Höhe getrieben. Das Bauwerk landete dadurch auf Rang acht in der Liste der teuersten Wolkenkratzer der Welt. Geplante Kosten: 186 Millionen. Tatsächliche Kosten: 866 Millionen.

Auslösehemmung.
ABS, der Marktführer in der Herstellung von Lawinenrucksäcken, musste 95 Prozent seiner seit 1996 ausgelieferten Rucksäcke zurückrufen. Bearbeitungsrückstände in Stahlpatronen könnten das ABS-System bei Auslösungen blockieren.

»Die gesamte von Uli Hoeneß hinterzogene Steuersumme in Höhe von 28,5 Millionen Euro würde gerade drei Wochen lang reichen, um die Tatsache zu finanzieren, dass in Berlin ein Flughafen nicht in Betrieb genommen werden kann. Warum müssen bloß jene ins Gefängnis, die dem Staat Steuern vorenthalten haben, während andere, die das dem Staat nicht vorenthaltene Geld dann zum Fenster hinauswerfen, alle Arten von Gehältern bekommen, Regierungen bilden und Aufsichtsratsmandate wahrnehmen?«
Axel Hacke, Kolumnist des Magazins der *Süddeutschen Zeitung.*

Wenn Agenten bauen.

Die Pannen beim Neubau des BND-Hauptquartiers in Berlin:

- 2010 mussten wegen Sicherheitsbedenken Tausende ausländische Bauarbeiter in einer Nachuntersuchung ein zweites Mal überprüft werden. Damit wurden Zusatzkosten von 25 Millionen Euro verursacht.
- 2011 stahlen Unbekannte geheime Baupläne aus dem eigentlich streng überwachten Gebäude.
- 2012 wurden 4000 Meter Lüftungsrohre falsch eingebaut: Zusatzkosten von 100 Millionen Euro.
- 2014: Bis Ende des Jahres wurden 192,12 Millionen Euro Mehrkosten genehmigt.
- 2015: Unbekannte stehlen Wasserhähne. Das Haus wird geflutet. Türen, Elektronik und Sicherheitstechnik werden zerstört: eine Million Euro Schaden.
- Die neue BND-Zentrale sollte bereits 2011 bezugsfertig sein. Im Sommer 2015 ist der Bau immer noch nicht abgeschlossen – zehn Jahre nach Spatenstich.

GM – GENERAL MURKS. **In 54 Rückrufaktionen beorderte General Motors alleine im ersten Halbjahr 2014 etwa 29 Millionen Wagen zurück. Ingenieure von General Motors hatten über zehn Jahre lang einen Defekt bei Zündschlössern ignoriert. Der Konzern räumte 51 damit verbundene Todesfälle ein.**

NICHTS IST UNMÖGLICH. DIE PANNEN BEI TOYOTA:

- 2010 muss der japanische Autohersteller weltweit 1,5 Millionen Fahrzeuge kontrollieren lassen, wegen Problemen mit dem Brems- und Kraftstoffsystem.
- 2013 werden 900 000 Fahrzeuge zurückgerufen: Probleme mit Kondensatoren der Klimaanlage könnten die Airbags möglicherweise zum falschen Zeitpunkt auslösen. Kurz zuvor hatte Toyota 694 000 Minivans des Typs »Sienna« wegen möglicher Probleme mit dem Schalthebel in die Werkstatt beordert.
- 2014 ruft Toyota weltweit 1,9 Millionen »Prius« zurück. Wegen eines Problems mit der Software kann der Wagen plötzlich stehen bleiben.
- 2014 müssen aufgrund fehlerhafter Befestigungen von Sitzen und Lenksäulen weltweit weitere 6,58 Millionen Fahrzeuge zurückgerufen werden. Zwei Monate später sind es wieder 2,27 Millionen Autos, bei denen Airbags defekt sein könnten.
- 2015 werden 630 000 Autos mit Hybrid-Antrieb zurückgerufen. Ein Software-Fehler könne zur Überhitzung des Systems führen.

---

5 Milliarden Euro beträgt der jährliche Schaden, den Baufirmen durch Pfuscharbeit und Insolvenzen vor allem bei privaten Bauherren und Handwerkern anrichten.

Es wird zurückgerufen!

- **Wegen einer fehlerhaften Batterieabdeckung** ruft Opel 200000 Astra und Astra GTC zurück (2015).
- **Nissan** ruft 910000 Autos wegen Problemen mit dem Gaspedal, 990000 Fahrzeuge wegen defekter Airbags und 841000 Autos wegen Problemen mit der Befestigung des Lenkrads in die Werkstätten (2013–2014).
- **Die »Gelbe Sackspinne«** verstopft die Lüftungsleitungen des Mazda 6, 49000 Autos sind betroffen (2014).
- **Ford** ruft 390000 Autos zurück, bei denen ein defektes Bauteil möglicherweise dazu führen könnte, dass sich die Tür während der Fahrt öffnet (2015).
- **Chrysler** ruft 840000 Autos wegen Problemen mit Airbag und Elektronik sowie 560000 Autos wegen Feuergefahr zurück (2013–2014). Im Juli 2015 müssen in den USA 1,4 Millionen Autos in die Werkstatt, weil Chrysler Cyberattacken befürchtet. Hackern war es gelungen, einen Jeep Cherokee fernzusteuern, einschließlich der Bremsen.
- **BMW** beordert 1,6 Millionen Fahrzeuge wegen Problemen mit dem Beifahrer-Airbag, 1,3 Millionen Fahrzeuge wegen einer falsch montierten Batteriekabelabdeckung im Kofferraum, 500000 Autos wegen einer defekten Verschraubung im Motorraum zurück in die Werkstätten (2012–2014).
- **Volkswagen** ruft 2,6 Millionen Autos wegen Problemen mit der Beleuchtung und der Kraftstoffleitung zurück (2013).
- **284000 Mercedes C-Klassen** müssen wegen drohenden Ausfalles der Rücklichter kontrolliert werden, 40000 weitere Fahrzeuge der C-Klasse könnten Probleme mit der Lenkung aufweisen und 6000 fast neue A-Klassen werden wegen eines Defekts am Beifahrerairbag zurückbeordert (2013–2014).

ALBTRAUM-FLIEGER.

Flugzeughersteller Boeing hat 2013 die Auslieferung des Modells 787 Dreamliner gestoppt. Einzelne Maschinen hatten Probleme mit dem Elektrizitätssystem, Mängel an der Hydraulik oder gerieten wegen eines defekten Notfallsenders in Brand. Die US-amerikanische Luftfahrtbehörde FAA hatte im selben Jahr bereits wegen zweier Zwischenfälle mit brennenden Batterien ein dreimonatiges weltweites Flugverbot für alle Dreamliner verhängt. 2015 gibt die FAA erneut eine Warnung für den Dreamliner heraus. Demnach kann ein Softwareproblem zu Stromausfall führen, wodurch die Piloten die Kontrolle über den Flieger verlieren würden.

Auch beim Konkurrenten Airbus läuft es nicht rund. Vom Vorzeigemodell A380 wurden bis 2015 lediglich 318 Maschinen verkauft. Auf rund 1500 Maschinen hatten die Planer des Konzerns den Bedarf bis 2025 geschätzt. Mit dem möglichen Aus für den Riesenflieger wären 20 Milliarden Euro Entwicklungskosten verloren.

Nach dem Absturz einer A400M-Maschine, dem Militärtransporter von Airbus, gestand Strategiechef Marwan Lahoud außerdem »ein ernsthaftes Qualitätsproblem in der Endmontage« ein. Der A400M war vor zwölf Jahren von sieben NATO-Staaten in Auftrag gegeben worden. Die Auslieferung verzögerte sich wegen technischer Probleme um Jahre, die Kosten fielen um Milliarden höher aus als geplant. Von den 174 bestellten Maschinen wurden bislang zwölf ausgeliefert.

Streng geheim. Oliver Letwin, Staatsminister und rechte Hand von Großbritanniens Premier David Cameron, entsorgte mehrfach Dokumente in Abfalleimern eines Londoner Parks. Darunter Papiere über die Arbeit der Geheimdienste und al-Qaida. Reporter des *Daily Mirror* ergatterten auf ihrer Schnitzeljagd in fünf Tagen im St. James Park 100 Dokumente aus den Mülleimern.

Fluchhafen Berlin.

106 132 Baumängel und 111 »systemische Abweichungen zum Brandschutz« zählte der TÜV 2013 in seiner Bestandsaufnahme. 30 Millionen Euro kostet jeder Monat in der Warteschleife den Steuerzahler. 13,7 Millionen Euro erfordert alleine die Korrektur der Raumnummerierung. 70 Prozent der Kabel müssen neu verlegt werden.

Der erste Spatenstich erfolgte am 5. September 2006. Viermal wurde die BER-Eröffnung abgesagt. Sie war ursprünglich für Oktober 2011 geplant. Der nächste geplante Termin: 3. Juni 2012. Drei Wochen vor der Eröffnung wird diese wegen Problemen beim Brandschutz verschoben, auf März 2013. Kurze Zeit später muss die Eröffnung wegen technischer Probleme erneut verlegt werden, auf den 27. Oktober 2013. Auch dieser Termin platzt. In der aktuellen Summe der Baukosten von 5,4 Milliarden Euro, hieß es plötzlich, seien weder Zinsen, Finanzierungsaufwand noch die Flughafenerweiterung enthalten. Neuer geplanter Eröffnungstermin: irgendwann im Jahr 2017.

16 vergessene Fremdkörper fanden Ärzte bei einer Operation im Körper eines Krebspatienten. Ein Arzt in Hannover hatte nach der Verlegung eines künstlichen Darmausgangs unter anderem eine Nadel, eine 12,5 Zentimeter lange Kompresse und Verbandmaterial im Inneren des Mannes vergessen.

Völlig verplant.

Nach 15 Jahren Planung und 271 Millionen Euro an Fördergeldern von Land und Kommunen eröffnete 2013 der Flughafen Kassel-Calden, etwa 200 Kilometer entfernt vom größten Flughafen Deutschlands in Frankfurt am Main. Größere Airlines wollen von Kassel-Calden jedoch nicht abheben, Experten rechnen mit dauerhaft hohen Verlusten. Frankfurt-Hahn, ein weiterer Flughafen in der Region, braucht 120 Millionen Euro Finanzhilfe bis 2017.

BEDINGT ABWEHRBEREIT. Sie sollte in der Lage sein, Land und Bevölkerung zu schützen. Doch im Moment ist die Bundeswehr vor allem damit beschäftigt, sich selbst zu verteidigen. Ein Panorama der Pannen und Peinlichkeiten:

Experten der Unternehmensberatung KPMG, der Ingenieurgesellschaft P3 und der Kanzlei Taylor Wessing haben 2014 die neun größten Rüstungsprojekte der Bundeswehr unter die Lupe genommen. Das Gutachten führt 140 Probleme und Risiken auf. Alle Projekte haben sich verzögert und alle sind teurer geworden. Kosten für den Steuerzahler: insgesamt mehr als 50 Milliarden Euro.

Heer: 21 von 31 Tiger Hubschraubern und 25 von 33 NH90 Hubschraubern waren 2014/15 zur Instandsetzung in der Werkstatt und können offenbar nicht repariert werden. 2015 befinden sich von den 180 Transportfahrzeugen namens Boxer 110 bei der Heeresinstandsetzungslogistik – nicht einsatzfähig.

Luftwaffe: Nur 42 der 109 Eurofighter und 38 der 89 Tornados waren 2014 für den Einsatz verfügbar. Seit Jahren muss die Bundeswehr Flugzeuge leasen, um den Notstand bei der Transportflotte zu beheben. 500 Millionen Euro – so viel wurde für die Entwicklung der Drohne »Euro Hawk« ausgegeben. Nach der Auslieferung einer einzigen Testdrohne wurde das Projekt Anfang Mai 2013 aufgegeben.

Marine: Lediglich drei von 21 Hubschraubern mit der Bezeichnung »Seaking« waren im Frühjahr 2015 einsatzbereit. Beim Hubschrauber »Sealynx« waren es immerhin vier von 22. Der neue Marinehubschrauber MH90 war speziell für den Einsatz an Nord- und Ostsee konzipiert. Eine Untersuchung ergab: Das Fluggerät ist dafür nicht geeignet. Für Prototypen neuer Luftkissenboote gab die Bundeswehr bereits 1,1 Millionen Euro aus. Alle Tests scheiterten.

Das Standardgewehr G36 der Bundeswehr ist nicht mehr treffsicher, sobald die Waffe zu heiß wird. Die Probleme waren dem Verteidigungsministerium bereits 2012 bekannt.

Der »Puma« ist mit 8,8 Millionen Euro pro Stück der teuerste Schützenpanzer aller Zeiten. Er wurde später fertig als geplant, kann weniger als gefordert und ist deutlich teurer als erwartet. Für die 350 Panzer zahlt der Bund 4,3 Milliarden Euro – fast doppelt so viel wie veranschlagt. Das erste Serienfahrzeug sollte 2008 präsentiert werden – im Juli 2015 ist der »Puma« immer noch nicht einsatzbereit.

Das Transportflugzeug A400 M sollte bereits 2008 zum Einsatz kommen. Die bislang einzige Maschine, die geliefert wurde, kam sechs Jahre zu spät, ist schlechter ausgerüstet, aber um 40 Prozent teurer als geplant. Statt der voraussichtlichen 125 Millionen Euro soll sie 175 Millionen Euro kosten.

Die 250 000 Euro teuren Helme für die Piloten des Pannenhubschraubers NH90 verursachen bei den Soldaten Nackenschmerzen. Statt leichtere Helme anzuschaffen, setzt das Ministerium laut Steuerzahlerbund auf »Präventiv-Training« in Form von »Koordiniertem Krafttraining«. Kosten für die Spezialsportgeräte zur Stärkung der Nackenmuskulatur: 400 000 Euro.

Die Kleiderkammer LHBw wurde privatisiert, um der Bundeswehr Kosten einzusparen – im Juni 2015 steht sie vor der Insolvenz.

50 Millionen Euro hat das Verteidigungsministerium seit 2002 für einen Bundeswehr-Fernsehkanal ausgegeben. 93 Prozent der Befragten in den Auslandseinsätzen gaben an, andere Sender zu bevorzugen.

Im Juli 2015 meldete der »Spiegel« einen Milliarden-Rechenfehler im Verteidigungsministerium. Die falsche Kalkulation für Raketen und Panzer, räumte das Ministerium ein, sei auf falsche Schätzungen und ein »fehlerhaftes Datenwerk« zurückzuführen.

Berlin, vertrauensselig.

Die Computer Sciences Corporation (CSC), ein IT-Beratungs- und Dienstleistungsunternehmen mit Sitz in Virginia, ist einer der größten Auftragnehmer amerikanischer Geheimdienste. Und ausgerechnet diese Firma wird von deutschen Behörden mit enorm sensiblen Aufträgen bedacht:

Die CSC testete den umstrittenen Staatstrojaner des Bundeskriminalamtes (ein von deutschen Sicherheitsbehörden genutzter Computervirus).

Sie half dem Justizministerium bei der Einführung der elektronischen Akte für Bundesgerichte.

Die CSC kümmerte sich um die verschlüsselte Kommunikation der Regierung.

Die CSC beriet das Innenministerium bei der Einführung des elektronischen Passes.

Über 100 Aufträge haben deutsche Ministerien in den vergangenen fünf Jahren an die CSC und ihre Tochterfirmen vergeben.

Wir können alles. Außer Baukosten kontrollieren.

Nach dem Debakel um den Bahnhof Stuttgart 21 wird auch das Stuttgarter Opernhaus teurer als geplant. 18 Millionen waren für die Sanierung einkalkuliert worden. Tatsächliche Kosten: voraussichtlich 300 Millionen Euro. Stuttgart 21 war bei Baubeginn mit 4 Milliarden Euro kalkuliert worden. Derzeitige Prognose der tatsächlichen Baukosten: 6,5 Milliarden Euro.

Extrabreit. Die französische Staatsbahn SNCF hatte 2000 Züge mit einem Listenpreis von 15 Milliarden Euro bestellt. Weil diese um 20 Zentimeter zu breit sind, müssen nun 1300 Bahnsteige für 50 Millionen Euro umgebaut werden.

Pille statt Hostie.

Die katholische Pax-Bank in Köln investierte 158 867 Euro in Wertpapiere des US-Konzerns Wyeth. Der Pharmahersteller produziert unter anderem Pillen zur Empfängnisverhütung.

24 Milliarden Dollar kostete das verpatzte Update des iPhone-Betriebssystems OS-8.0.1 die Apple-Anleger. Der Aktienkurs brach um 4 Prozent ein, das Unternehmen verlor einen ansehnlichen Teil seines Wertes.

Echtes Museum. Der Oberste Rechnungshof beklagt Geldverschwendung beim Neubau für die Sammlung Brandhorst in München. Bereits bei der Bauabnahme wurden 800 Mängel festgestellt. Die Kühlanlage ist defekt, der Energieverbrauch deshalb zu hoch und auch das Lichtkonzept für 5,3 Millionen Euro ist sein Geld nicht wert, befindet der Rechnungshof.

Schwer beschädigt. *Das 2005 errichtete Denkmal für die Opfer des Holocaust in Berlin ist weitaus maroder als angenommen. 2200 der ursprünglich 2711 Stelen sind durch Risse in den hohlen Betonkörpern teils schwer beschädigt. Die Reparaturkosten beziffern Experten auf einen zweistelligen Millionenbetrag.*

Phantomstrom.

Obwohl sie nicht ans Netz angeschlossen sind und keinen Strom produzieren, müssen die Steuerzahler für Windparks in der Nordsee bezahlen. Mit der sogenannten Haftungsumlage übernehmen die Verbraucher Schadensersatzkosten, die durch den verspäteten Anschluss von Offshore-Windparks an das Übertragungsnetz an Land entstehen. Bisher verursachte Kosten: 1,5 Milliarden Euro.

»Ich weiß, dass das doof ist. Aber ich zahle volle Steuern«, erklärte Uli Hoeneß 2005 in einem Interview. Am 13. März 2014 wurde der frühere Präsident des FC Bayern München wegen Steuerhinterziehung in Höhe von mindestens 28,5 Millionen Euro zu einer Haftstrafe von drei Jahren und sechs Monaten verurteilt.

Todesursache: unbekannt.

Jeder 20. Leichenschein ist nach einer Untersuchung von Rechtsmedizinern mit einer falschen Diagnose ausgestellt. Die Experten empfehlen einen zweiten Blick: vor allem vor Feuerbestattungen.

ZIEMLICH VERMESSEN. Jede zweite Tempomessung, nämlich 56 Prozent, in Deutschland ist falsch. Das ergab eine Überprüfung der »Verkehr – Unfall – Technik – Sachverständigengesellschaft mbH und Co KG«.

4 632 124 357 000 001 Euro sollte eine Frau aus dem Schwarzwald an die Minijob-Zentrale der Deutschen Rentenversicherung Knappschaft Bahn-See zahlen. Eine Mitarbeiterin hatte anstatt der zu zahlenden Summe versehentlich eine Kundennummer in das Formular kopiert. In einem Mahnbrief kündigte die Zentrale an, den Betrag von 4,6 Billiarden Euro erneut vom Konto der Frau einziehen zu wollen. Der erste Abbuchungsversuch sei aus nicht ersichtlichen Gründen gescheitert.

5-mal musste Fußballstar Marco Reus seit September 2011 wegen Geschwindigkeitsübertretungen geblitzt werden, bis der Polizei auffiel, dass der BVB-Spieler keinen Führerschein besitzt: 540 000 Euro Strafe.

Milliardengrab. 2,1 Milliarden Euro waren von Finanz- und Forschungsministerium für den Rückbau deutscher Kernforschungseinrichtungen bis 2035 kalkuliert worden. Die Kosten liegen mittlerweile bei 4,2 Milliarden Euro. Die Arbeiten werden nicht 2035, sondern voraussichtlich erst 2065 abgeschlossen sein.

Jubelfilm.

Für seinen Spielfilm über die Geschichte der FIFA hatte der französische Regisseur Frédéric Auburtin ein Budget von 23,5 Millionen Euro zur Verfügung. An seinen ersten beiden Tagen in zehn US-Kinos spielte »United Passions« 607 Dollar ein.

O »Galileo«!

Das europäische Navigationssystem sollte 2008 starten. Doch sechs Jahre später umkreisen erst vier von 30 geplanten Satelliten die Erde. Galileo soll nun bis 2022 komplett funktionsfähig sein. Bis dahin soll das Projekt 13 Milliarden Euro kosten. Veranschlagt waren 5,2 Milliarden.

Auf dem Handy-Pfad.

Im chinesischen Chongqing gibt es einen eigenen Gehweg für Menschen, die ihr Handy nutzen. Markierungen auf dem Boden, etwa Pfeile mit der Laufrichtung, helfen beim Vorankommen. Allein in den USA verletzen sich jährlich Hunderte Menschen, weil sie ihr Mobiltelefon ablenkt.

HILFE, WER LEBT MICH?

»Der Mensch ist umso reicher,
je mehr Dinge er lassen kann.«
HENRY DAVID THOREAU

Innerhalb von nur 60 Sekunden laden Nutzer alleine auf YouTube 100 Stunden Videomaterial hoch. Im selben Zeitraum werden auf Facebook weltweit drei Millionen Beiträge geteilt und auf Twitter rund 350 000 Tweets abgeschickt. Und doch sind diese beeindruckenden Mengen vergleichsweise gering. Zehn Millionen nämlich beträgt die Anzahl der Werbespots, die in denselben 60 Sekunden weltweit über die Bildschirme flimmern. Gratis, und doch nicht umsonst.

Marketing hält uns in Anspannung. Wer zeigt den neuesten Trend? Wo läuft die beste Mucke? Was muss ich wissen? Wer heute eine Online-Seite aufschlägt, wird links und rechts von wimmelnden Anzeigen, Werbefilmchen und Tonträgern überfallen, die uns sagen, was wir anzuziehen, zu denken und zu tun haben. 1 000 Dinge, die man anschauen oder wegklicken muss, bevor man auf dem Bildschirm das sieht, was man eigentlich sehen möchte. Ein Video über ein Erdbeben mit unzähligen Toten – und davor gibt es Werbung für Katzenfutter. *Spiegel*-online zeigt die Opfer eines Amoklaufes in einer Schule. Der Nachricht vorgeschaltet ist der Werbeclip einer Lebensversicherung. Ein hippes Mädchen lächelt vergnügt in die Kamera: »Ich will abgesichert sein.«

Es gibt keine Stille mehr, kein Versteck, keine Privatheit. Überall werden wir gefunden, angerufen, penetriert. An jedem U-Bahn-Halt laufen die neuesten Animationsfilme, Nachrichten und Werbespots. Die Fluten des Marketings überschwemmen uns beim Telefonieren, als Anhang einer E-Mail, als Unterbrechung im App, als Lauf-Schrift-Hinweis im TV, als Banner, wenn wir Fußball schauen, und neuerdings sogar im Fond von Taxis. In den Ländern des kommunistischen Ostblocks waren Städte und Dörfer mit Lautsprecheranlagen bestückt. Zwei- oder dreimal am Tag krächzten daraus Durchsagen mit Parteiparolen. Vorausgesetzt, die Lautsprecher waren nicht defekt. Im freien Westen werden wir heute nicht ein-, zwei- oder dreimal am Tag beschallt, sondern pausenlos, rund um die Uhr, sieben Tage in der Woche. Auf Plakatwänden, auf Bussen und im Supermarkt. Die Nachrichten im Radio? »Powered« von einem Müslifabrikanten. Der anschließende Wetterbericht? »Unterstützt« von einem Stromlieferanten. Die Wirtschafts- und Börsennachrichten? Kommen von einer Bank, die gerade mehrere Milliarden verschustert hat, auf Kosten der Steuerzahler, versteht sich. Zeitungen verkaufen ihre Titelseiten für Werbung, Promis ihre Hemdkrägen. Dass wir dann bei allem, was wir hier sehen und hören, davon auszugehen haben, dass es nicht das ist, was man uns erzählt, scheint niemanden zu stören.

Und wehe, du tippst auf einen der Buttons, die die Netz-Anzeigen schmücken, schon bist du heillos verfangen. Deine Adresse wird registriert, ausgewertet, verkauft – es folgt für Wochen ein Bombardement mit Angeboten, die dich ins Reich des Kaufens verschleppen. Meist genügen einfache Reize und billige Versprechungen. Betört und gelockt, bezirzt und verwirrt folgten wir den Versprechungen wie Hänsel und Gretel der Hexe im Märchen.

In Orwells *1984* soll Beschallung die Aufmerksamkeit der Bürger binden, immer und überall. Es geht darum, eigene Gedanken gar nicht erst aufkommen zu lassen. Orwells Vision galt zunächst als grotesk und übersteigert. Sie sei jenseits aller realer Möglichkeiten. Heute wissen wir, dass Visionen wahr werden, auch die schlechten. Sind wir nicht immer auch in Angst, irgendetwas zu versäumen? Etwas, was *andere* tun und was *andere* für wichtig halten? Natürlich unterscheiden wir uns von Kim Jong-uns Nordkorea und seinem Terrorregime in Pjöngjang. Oder eben von Orwells Zukunftsstaat. Dennoch ist im 21. Jahrhundert auch auf unserem Kontinent die Manipulation nicht nur das Erlaubte, sondern auch das Gängige geworden. Und nichts ist hier noch so, wie es dargestellt wird. Ob Info-Lines, die nicht informieren, Service-Telefone, die keinen Service bieten, »Gourmet-«, »Luxus-« und »Premium«-Artikel beim Discounter, die alles andere als 1a-Ware sind. Das Etikett ziert ein Fernsehkoch, der Preis wird verdoppelt. Aber längst haben wir uns an das Volks-Stalking gewöhnt, als wären verlogene Reklameslogans so etwas wie Gänseblümchen oder Quellwolken, etwas, das zum Leben gehört.

Immer häufiger wird inzwischen auch jene Form von Marketing angewandt, die ihre Herkunft verschleiert und aussieht wie redaktioneller Inhalt. »Native Advertising« nennt sich die Methode – erstellt mithilfe der jeweiligen Redaktion, die eine Grenze zwischen Bauernfang und Berichterstattung nicht mehr für erstrebenswert hält. »Re-Targeting« wiederum ist zielgenaue, personalisierte Verfolgungswerbung, um potenzielle Konsumenten noch besser aufs Korn nehmen zu können. Den Enkel beispielsweise, der mit Angeboten für Hygieneartikel für Senioren bombardiert wird, weil er nach einem Treppenlift für Opa suchte. Den Weinliebhaber, der im Netz unvorsichtigerweise nach einem Pouilly-Fumé recherchierte und in der Folge in die Netze von Weinhandelshäusern gerät. Wer klickt, egal wo, zeigt Interessen und Vorlieben an. Und wenn dann ein Flugangebot den Konsumenten genau in dem Moment erreicht, in dem er sich für die Buchung einer Urlaubsreise entscheidet, gilt das als Volltreffer.

Kann es ohne Folgen bleiben, wenn wir uns permanent einer Art von Gehirnwäsche aussetzen? Dieser inhaltsleeren Geschwätzigkeit und medialen Dauerbestrahlung, bei der Reize immerfort gesteigert werden müssen, weil sie sich immer schneller abnutzen? Hirnforscher jedenfalls bescheinigen, dass die Botschaften der Marketingprofis eine fatale Wirkung erzielen. Täten sie es nicht, würde die Industrie kaum diese Unsummen investieren, um per Totalvermarktung Milliarden von Menschen auf globaler Ebene in ihre Fänge zu bekommen. Inzwischen sind wir so konditioniert, dass wir selbst zu Medien geworden sind, immerfort bereit, zu liken, sharen und retweeten – oder Werbefigur zu sein. In ihrem Account definiert sich beispielsweise eine Facebookerin – »Typ Brillenschlange, Mauerblümchen, aknegeschädigt« – unter »Sonstiges« als Fan von: »L'Oréal Paris, H & M, Kinder-Riegel, I ♥ My Mum, Nutella, Subway«.

Wir gieren nach Signalen, und wenn keine kommen, tippen wir sie selbst ein, um auf die erlösende Antwort zu warten, die uns sagt: Ja, du lebst noch. Und es gibt irgendwo jemanden, der dich sogar mag und schätzt. Und wenn es auch nur für den Lidschlag bis zur nächsten Kurznachricht ist, egal von wem und von wo sie auch kommen mag.

Die Frage ist: Wer oder was, wenn nicht ich selbst, lebt mich eigentlich? Bin ich ein berechneter Mensch in einer berechneten Welt geworden? Ein bloßer Konsument und User, dem abhandenkam, was den Menschen zum Menschen macht: seine Intimität, Individualität und Würde? Können wir heute überhaupt noch eigenständig handeln? Oder ist in diesem Moment unserer langen Geschichte auf Erden durch die Digitalisierung womöglich gar die letzte Phase im Prozess der Entpersönlichung des Menschen angebrochen? Geschieht da mit uns so etwas wie eine feindliche Übernahme?

Wissenschaftler beschreiben die moderne westliche Gesellschaft als ein Kollektiv, in der das Individuum immer mehr Gefahr läuft, jede Privatsphäre zu verlieren. »Die Zwänge der elektronischen Kommunikation erobern alle Bereiche unseres Lebens«, sagt der amerikanische Diagnostiker Jonathan Crary, Professor an der Columbia Universität in New York. Das Gottlieb-Duttweiler-Institut, ein Think Tank in Zürich, befindet in einer neuen Studie über die Zukunft der vernetzten Welt: »Die Gesellschaft spaltet sich in eine technokratische Elite und eine große Masse, die sich mit mehrheitlich unqualifizierten Jobs über Wasser hält – und mit billiger Unterhaltung ruhiggestellt wird.« Der Kulturkritiker Douglas Rushkoff wiederum sieht eine durch Technologie überforderte Gegenwart, die sich paradoxerweise in einem »rasenden Stillstand« befindet: der Einzelne würde sich an vielfältigen Aufgaben abarbeiten, aber dabei wie ein Stepptänzer keinen Schritt vorwärts kommen.

Tatsächlich ist auch in der Frage unserer Selbstbestimmung das Meta-Phänomen der Beschleunigung das alles Beherrschende geworden. Ob als Beschleunigung der Technik, des sozialen Wandels oder des Lebenstempos. Allerdings gibt es dabei einen paradoxen Effekt: Obwohl heute dem Einzelnen mehr Zeit zur Verfügung steht, so der Jenaer Soziologe Hartmut Rosa, leiden die meisten Menschen genau am Gegenteil: unter Zeitknappheit. Der Grund dafür: »Möglichst viele Optionen zu realisieren aus jener unendlichen Palette der Möglichkeiten, die die Welt uns eröffnet.« Das Leben auszukosten werde zum zentralen Streben des modernen Menschen – ein Erfahrungshunger, der allerdings nicht gestillt werden könne und letztlich Entfremdung bewirke. »Ganz egal, wie schnell wir werden«, so Rosa, »das Verhältnis der gemachten Erfahrungen zu denjenigen, die wir verpasst haben, wird nicht kleiner, sondern konstant größer.«

Der Schweizer Psychiater und Neurologe Samuel Pfeifer sieht es ähnlich. Die technische Beschleunigung – oder auch das Aufheben der Trennung zwischen dem Arbeitsplatz in der Firma und dem Privatbereich – habe generell zur Veränderung unseres Umgangs mit der Zeit geführt. Als Beispiel dafür, »wie destruktiv eine überhöhte Geschwindigkeit sein kann« – und wie sie letztlich zur Fremdbestimmung führt –, nennt Pfeifer Manager, die sich mit Medikamenten auf Touren bringen, um dann mit Beruhigungsmitteln wieder einschlafen zu können; Mütter, die nach der Geburt ihres Kindes sofort wieder in den Beruf einsteigen, um keine Karrierenachteile fürchten zu müssen; Jugendliche, die mit dem Smartphone schlafen gehen, um auf jede noch so banale Chat-Nachricht sofort reagieren zu können.

Chronische Reizüberflutung über unterschiedlichste Medien und ständige Erreichbarkeit bleiben nicht ohne Folgen. In den vergangenen zwei Jahrzehnten hat sich die Zahl der Depressionen verdoppelt. Jeder fünfte Bundesbürger ist einmal im Leben davon betroffen. Auf allen Kontinenten leiden nach Schätzungen der Weltgesundheitsorganisation WHO 350 Millionen Menschen jeden Alters an der Krankheit. Es seien »ganz normale Menschen«, die »den Crash« erleben, so der Neurologe Pfeifer, zuvor psychisch stabil und emotional schwingungsfähig.

*

Schlagen wir ein letztes Mal nach bei George Orwell und Aldous Huxley, deren Anti-Utopien nachgerade als ein Schlüsselwerk zum Verständnis der Situation unserer Zeit gelesen werden können. Insbesondere weil es in ihrer Zukunftsschau nicht nur um Überwachung geht, sondern auch um die Geistesverfassung der Bevölkerung. Ziel ihrer Zukunftsstaaten ist die gleichgeschaltete Massengesellschaft mit der Unterwerfung noch der kleinsten Lebensregung zugunsten einer umfassenden ökonomischen Ausbeutung. Diesem Zweck dient die Unterhöhlung jedweder höheren Kultur, der Propagandakrieg gegen einen imaginären Feind und die Vernichtung bewährter Traditionen. Kurz: eines eigenständigen Denkens, das noch fähig wäre, zwischen Gut und Böse, Recht und Unrecht, Lüge und Wahrheit unterscheiden zu können. Die Parallelen zu Entwicklungen der modernen Gesellschaft sind beängstigend, außer man nimmt diese Tendenzen als Belege für Fortschritt und nicht als Zeichen, die uns sorgen sollten.

In Orwells *Nineteen Eighty-Four* überwacht zum einen der »Große Bruder« jegliche Bewegung der Bürger. Der Televisor liefert zum anderen rund um die Uhr Unterhaltung. Selbstredend erzieht die auf Willenlosigkeit konditionierte Gesellschaft ihren Nachwuchs vom Kleinstkindalter an in kollektiven Einrichtungen. Glückshormone schaffen nach Abschaffung der Familie ausgleichende Befriedigung. Den Lifestyle prägt in Huxleys *Brave New World* die Propaganda für einen triebhaften, seelenlosen

Sexgenuss, der ohne persönliche Beziehung zu tätigen sei. »Alles ist gleich« und »Everybody is happy now«, sind die Slogans einer omnipotenten Reklamemaschinerie, die durch Konsum einen rauschhaften Zustand des Glücks und die Befreiung von früheren Fesseln verspricht. Gleichzeitig ist, heißt es bei Orwell, »alles Alte – und damit alles Schöne – immer ein wenig verdächtig«.

Im Orwell'schen »Wahrheitsministerium« sorgt die Abteilung *Pornosec* für eine durchgehende Pornografisierung der Öffentlichkeit: »Es gab sogar eine ganze Unterabteilung – *Porno-Ro* hieß sie in der Neusprache –, die sich mit der massenhaften Erzeugung der niedrigsten Art von Pornografie befasste.« Ein Blick auf Europas größte Tageszeitung macht dann klar, wie nah manche Medien inzwischen an das Orwell'sche *Pornosec* herangekommen sind. Titel einiger der täglich erscheinenden Beiträge auf *Bild*-online: »Topmodel lutscht Penis-Lolli« – »Die hohe Kunst des Nippel-Spiels« – »Wie geht Frau richtig fremd?« – »Heißer Oral-Sex: So gibt's mündlich eine Eins« – »So geht der perfekte Dreier«. Nicht zu vergessen der Tipp für den Urlaub: »Was ist die beste Sex-Stellung am Strand?«

Die Sexualisierung der Gesellschaft hat aus Erotik ein kaltes Geschäft gemacht. Nacktes Posen gilt inzwischen als gesellschaftlich wertvolle Leistung, die höchste Anerkennung verdient. Porno wird als eine Art von Pop-Kultur anerkannt. Keinen Sex zu haben ist umgekehrt etwa so wie: Aussatz haben und nicht teilnehmen können. Der Sexualwissenschaftler Volkmar Sigusch, als Veteran der 68er-Generation alles andere als bigott, findet die Entwicklung paradox. Einerseits werde überall »der Sexualtrieb angefacht, andererseits wird er durch die Art und Weise, wie er angefacht wird, gedrosselt, ja zerstört, weil wir ständig mit erotisch gemeinten Reizen konfrontiert sind, die in Wahrheit antierotisch sind«. Es habe sich »eine Kultur entwickelt, in der es ein besonderes Ereignis ist, wenn junge Frauen als sogenannte Models halb nackt mit Zeug behängt ihren der Fruchtbarkeit beraubten, von Kotzattacken ausgemergelten Körper den lüsternen Blicken dauergeiler Männerattrappen anbieten«.

Verrückt: Wir verfügen über leistungsstarke und intelligente Technik – und verwenden sie für die Ausstrahlung dümmster Programme und Schadware. Zu 80 Prozent wird das Internet nicht etwa zum Austausch von Nachrichten oder zur Information genutzt, sondern für Pornografie. Der härteste Job bei der Polizei ist der eines Bildschirm-Fahnders. Die entsprechenden Beamten können nur kurz eingesetzt werden und brauchen eine Sonderbehandlung, um die gesehenen Bilder verarbeiten zu können. Dass Millionen von Halbwüchsigen sich Nächte um die Ohren schlagen, um dieselben Bilder zu sehen, scheint jedoch für Politik und Medien kein großes Thema.

Wir wissen nicht, wie Orwell heutige Fernsehformate wie »Der Klügere kippt nach« beurteilt hätte, wo heruntergekommene Promis alkoholisiert über Gott, Griechenland und weibliche Ejakulation diskutieren. Dass da, wo Geist abnimmt, bei den Programmmachern der Ungeist die Oberhand gewinnt? Was für eine Degradierung menschlicher Intelligenz, wenn es über ein Musikvideo des Megastars Rihanna – Idol unzähliger Teenager – nur zu vermelden gibt, es bestehe »überwiegend aus schwerem Verbrechen und heftigen Bildern«. Am Ende, hält der Kritiker des *Spiegel* fest, »rekelt sich die Sängerin blutüberströmt in einem Koffer voll Geld«. Muss man das lustig und sexy finden? Offensichtlich schon. »Rihannas neues Video ist brillant«, urteilt die *Huffington Post*.

Eine freie Presse, verbunden mit journalistischer Sorgfalt und verlegerischer Ethik, gehört zu den unverzichtbaren Grundlagen der Demokratie. Frei ist die Presse in *1984* nicht. Das »Wahrheitsministerium«, eine Art Super-Medienhaus, gibt vor, welches Denken erlaubt und welche Haltung an den Tag zu legen ist. Wer die Sprache verändert, verändert auch das Denken, weiß das Regime. Und wer das Denken minimiert, minimiert Kultur und Lebensformen. Bei Orwell wird von der »Gedankenpolizei« mit *newspeek* eine Sprachregelung entwickelt, die durch die Eliminierung bestimmter Wörter schon im Vorfeld ein unabhängiges Denken unmöglich macht. Ganz einfach, weil es hierfür die sprachlichen Voraussetzungen nicht mehr gibt. Hinzu kommt die Praxis, immer häufiger Abkürzungen oder unkonkrete, verworrene Begriffe zu verwenden. Sie entfremden einerseits von der Wirklichkeit – man weiß eigentlich nicht mehr, von was genau man spricht – und erhöhen andererseits den Gleichförmigkeitsdruck und die Möglichkeit ideologischer Steuerung. *Newspeek* verhindert auf diese Weise, Zusammenhänge zu erkennen – oder die Wirklichkeit so zu sehen, wie sie ist.

Mit jedem Jahr, heißt es im Big-Brother-Land, würde »es weniger und immer weniger Worte geben, wird die Reichweite des Bewusstseins immer kleiner und kleiner werden«. Ergebnis: »Das ganze Reich des Denkens wird anders sein. Es wird überhaupt kein Denken mehr geben – wenigstens was wir heute darunter verstehen.« Es ist abwegig, die heutige Mediensituation mit Orwells für Information und Unterhaltung zuständigem »Wahrheitsministerium« zu vergleichen. Journalisten machen einen harten Job. Sie schlagen sich für aufwendige Recherche Nächte um die Ohren, enthüllen Betrüger und ertappen die Regierung bei ihren Lügen. Moderner Journalismus stellt heute besser als jemals zuvor aus einem riesig gewordenen täglichen Wust an komplizierten Daten jene Informationen zusammen, die dem Leser helfen, sich einen Überblick zu verschaffen. Unverkennbar aber sind gleichzeitig Tendenzen, die Orwells Bild von Uniformität, Gesinnungsdruck und einer manipulierenden Medienmacht immer näher kommen.

Zweifellos hat die digitale Revolution durch den Niedergang der Printmedien und damit verbundene Einsparungen eine Kultur der Verflachung eingeleitet. Eine tiefe Verunsicherung habe in den traditionellen Redaktionen schon deshalb eingesetzt, beobachtete die

Zeit, weil sie das Wettrennen mit den Online-Medien, mit Twitter und Bloggern um die schnellste Nachricht nicht mehr gewinnen können. Statt jedoch »abzuwägen, einzuordnen, runterzukühlen«, ließen sich die Zeitungen und Sender mehr und mehr hetzen. Dadurch würden sie genau jene Qualität verlieren, die sie bislang vom digitalen Nachrichtenstrom unterschieden hatte: »ihren Überblick, ihre Gelassenheit und ihre Autorität. Sie versuchen, ihre Langsamkeit durch Lautstärke zu kompensieren. Und werden damit zum perfekten Resonanzraum der digitalen Erregung.«

Wir reden über notwendige Veränderungen in unseren Essgewohnheiten, der Energiegewinnung, der Mobilität. Aber niemand spricht über unsere Informationsgewinnung. Über die Inhalte und die Ethik bei der Herstellung von Nachrichten und Unterhaltung. Für alle möglichen Produkte fordern wir Zertifikate, Reinheitsgebote, Herkunftsnachweise, Giftobergrenzen. Warum nicht auch für die Medien? Es ist nicht Aufgabe der Presse, bestimmte Einrichtungen zu loben. Aber wenn selbst die einst für ihre Sachlichkeit, treffsichere Analyse und Nonchalance bewunderten Zeitungen die Lücke aus dem verlorenen Niveau mit kleinkarierter Biestigkeit füllen, sollte einen das nachdenklich stimmen.

Der Journalist Tom Schimmeck beobachtet bei seinen Kollegen einen zunehmenden inneren Gruppenzwang. Priorität habe eine Orientierung nach Denkmoden und Antipathien, das Nachsehen die nüchterne Information und nachdenkliche Kommentierung. »Alpha-Journalisten« verstünden sich heute als »Co-Politiker, die entscheidend im politischen Geschäft mitmischen wollen«, befindet der Politologe Thomas Meyer, stellvertretender Vorsitzender der SPD-Grundwertekommission. Sie würden zu diesem Zweck Gesetze verletzen und Kampagnen betreiben, zeigten sich umgekehrt jedoch immun gegen jede Kritik am eigenen Wirken. Der Jagd nach Themen und Trends steht dann auch die Menschenjagd in nichts nach. Ob auf Politiker, Stars, Sportler oder Kirchenleute. Freilich, das Verfahren ist nicht ganz neu. »Früher gab es die Folter«, notierte bereits Oscar Wilde, »heute gibt es die Presse.«

In *1984* machen sich die Gegner des Regimes der »Gedankenverbrechen« schuldig. Ganz abwegig sind solche »Verbrechen« auch in der Gegenwart nicht. Der Theologe Klaus Berger erzählte einmal von einem Besuch in der Redaktion von *Spiegel*-online. Berger wollte wissen, warum denn dieses Magazin so ganz besonders katholikenfeindlich sei. Ungeschminkt bekam er zur Antwort: Das Publikum erwarte es so. Man würde deshalb ausschließlich über Skandale, Abweichler und Negativtrends berichten. Man versuche, die »Macht« der Kirche zu »knacken«, und gehe jedem Haarriss nach, aus dem beim nächsten Frost ein Absprengsel werden könnte.

Die französische Philosophin und Historikerin Chantal Delsol, die sich dem Denken Hannah Arendts verpflichtet sieht, hat in Europa eine gefährliche Tendenz zur Meinungsdiktatur ausgemacht, eine Art neues Jakobinertum. Es genüge dabei, jemanden mit einem bestimmten Begriff zu belegen, um dann nicht nur die Person, sondern auch seine Argumente für die gesellschaftliche Auseinandersetzung zu diskreditieren. Für gewöhnlich reiche das Etikett »fundamentalistisch«. »Wer sich nicht in die Ideologie einreiht«, so Delsol, »wird eingeschüchtert und stumm gemacht.«

Hinter einem Begriff wie »Streitkultur« verbirgt sich dann, adäquat zur Orwell'schen Falschsprache, weniger eine offene Debatte, sondern die Ausgrenzung aller Standpunkte, die nicht in den Mainstream passen. »Ich beobachte in den deutschen Medien seit einiger Zeit einen besorgniserregenden Hang zum Gleichklang«, pflichtet Giovanni di Lorenzo bei, Chefredakteur der *Zeit*. »Das Merkwürdige dabei ist, dass der Konformitätsdruck nicht von bösen Regierungen oder finsteren Wirtschaftsmächten ausgeübt wird. Vielmehr kommt er aus unserer eigenen Mitte.« Der Kulturjournalist Hilmar Klute moniert, es gehe in den Debatten weniger um den demokratischen Disput, hoch im Kurs stünde vielmehr »die Disqualifizierung verdächtiger Andersdenker«.

George Orwell und Aldous Huxley zeichnen in ihren Visionen das Bild einer scheinbar vitalen, in Wirklichkeit aber entleerten, roboterhaften Gesellschaft, die ihre früheren Lebenszusammenhänge verloren hat. Ganz sicher hätte Orwell für die Beschreibung seines Gleichschaltungssystems auch heutige Begriffe wie *Political Correctness* und *Gender Mainstreaming* aufgegriffen. Mit Ersterem ist der Druck verbunden, Dinge nur im Kontext einer ganz bestimmten, »modernen« Moral zu äußern. *Gender Mainstreaming* wiederum – die Egalisierung der biologischen Unterschiede und Qualitäten von Mann und Frau – hätte Orwell vermutlich als Beleg für einen Totalitarismus gewertet, der sich, wieder einmal, die Schaffung des »neuen Menschen« auf die Fahnen schreibt.

Der mediale Druck, der inzwischen mit Mainstreaming verbunden wird, ist gewaltig. Gefühlt alle 48 Stunden erscheinen Beiträge über Familie, Geschlechterrollen und sexuellen Wandel auf Bildschirmen und Zeitungsseiten, die eine neoliberale Haltung zur Pflicht machen oder gewisse »Unpersonen«, wie sie bei Orwell heißen, an den Pranger stellen. Wer dagegen »aufbegehrt, muss mit der Diffamierung und Diskreditierung der eigenen Person oder der Zensur kritischer Beiträge rechnen«, erfuhr der Biowissenschaftler Hans Peter Klein, der in den Gender-Studien eine »Pseudowissenschaft« sieht, die »im eklatanten Widerspruch zu den Erkenntnissen der Biologie« stehe.

Da ist die Geschichte von Tim Hunt. Im Juni 2015 hatte sich der englische Professor erlaubt, am Rande einer Wissenschaftskonferenz in Seoul – genauer gesagt beim Lunch – mit typisch britischem Humor folgenden Satz zu sagen: »Lassen Sie mich auf meine Probleme mit Mädchen zu sprechen kommen: Drei Dinge passieren, wenn sie im Labor sind: Du verliebst dich in sie, sie verlieben sich in dich, und wenn du sie kritisierst, fangen sie an zu weinen.« Eine mithörende Journalistin, die diese Sätze via Twitter in »Echtzeit« um den Globus schickte, löste damit nicht nur einen Shitstorm aus. Der Tweet veranlasste das University College London, Hunt die Aufgabe seiner Honorarprofessur nahezulegen. »Darf man einen renommierten Wissenschaftler rauswerfen, nur weil er einen dummen Spruch abgelassen hat?«, trat eine Jungredakteurin auf *Spiegel*-online nach. Die Antwort: »Ja, man muss sogar ... Es war an der Zeit, dass ein Sexist geschasst wird.« Hunt ist 72, Familienvater, glücklich verheiratet. 2001 erhielt er den Nobelpreis für Medizin.

Ein weiteres typisches Merkmal der Autokratie in Orwells *1984* ist das Umschreiben der Geschichte. Jegliche Erinnerung an früher, altes Wissen, alle Tradition und Religion wird systematisch ausgemerzt. Die neuen Bürger des neuen Staates sollten gar nicht erst auf die Idee kommen, dass es ein anderes Leben, ein anderes Denken geben könnte als das gegenwärtig verordnete. »Wer die Vergangenheit beherrscht«, lautet eine Parole, »beherrscht die Zukunft; wer die Gegenwart beherrscht, beherrscht die Vergangenheit.« Der Mensch sollte sogar vergessen, ein Gewissen zu haben, das ihm sagt, dass man bestimmte Dinge nicht tun dürfe. Eine ganze Abteilung des »Wahrheitsministeriums« ist deshalb damit beschäftigt, historische Überlieferung gemäß den »Wahrheiten« der neuen Zeit zu manipulieren. Ist heute einem säkularisierten Westen, analog zu Orwells *1984*, nicht auch das Wissen aus der geistlichen Geschichte des Abendlandes offenbar so lästig, dass wir es in der Versenkung verschwinden lassen? Einem Konrad Adenauer, Alcide De Gasperi und Robert Schuman, den Gründern des neuen Europa, wäre es nie in den Sinn gekommen, ein geeintes Europa nur auf Geld zu bauen, sondern auf eine weit stärkere Währung, nämlich den festen Pfeilern abendländischer Kultur, Philosophie und Religion. Die Präambel der bayerischen Verfassung hält nach den Erfahrungen von Krieg und Faschismus fest, sie sei entstanden »Angesichts des Trümmerfeldes, zu dem eine Staats- und Gesellschaftsordnung ohne Gott ... geführt hat«. Es kann mit hoher Sicherheit angenommen werden, dass eine derartige Formulierung in heutigen Verfassungsdebatten keine Chance mehr hätte.

Rückblickend sei es immer wieder erstaunlich, findet der Soziologe Harald Welzer, wie ruhig es oft geblieben ist, wenn gerade die Freiheit abgeschafft wurde. Bis heute können wir kaum begreifen, wie es den Diktaturen des 20. Jahrhunderts möglich war, ganze Völker zu gängeln. Dass so viele weggesehen haben vor dem offensichtlichen Bösen, das die Welt gefangen hielt. Ist es nicht auch unfassbar, was die moderne »Zivilgesellschaft« alles duldet? Den schrecklichen Schmutz, der unsere Kinder Verrohung aussetzt und sie krank macht. Die Maschinerien der Verdummung, die den Geist perforieren, die Sinne taub machen und guten Geschmack verbilden. Wir dulden die Lüge als gesellschaftsfähigen Konsens. Wir dulden Sexismus und Pornokult, die der Sexualität das Große und Schöne nehmen, der Liebe ihr Geheimnis. Die Würde des Lebens ist unteilbar, hieß es im Zusammenhang mit den furchtbaren Missbrauchsskandalen, sie müsse geschützt werden zu jedem Zeitpunkt. Und doch nehmen wir Egalisierung in den Anfangs- und Endstadien menschlichen Lebens hin, als habe das nichts zu bedeuten.

Manchmal sehnt man sich zurück in eine Zeit, in der die Kinder noch Kinder und Erwachsene noch erwachsen waren. Die Züge fuhren pünktlich, die Ämter waren penibel und nicht korrupt. In der Schule wurde gelernt und in der Kirche gebetet. Es gab noch Romantik und den Reiz unschuldiger Verliebtheit. Die Filme waren oft peinlich, aber sie machten zumindest nicht den Versuch, die Zuschauer um den Verstand zu bringen. Vielleicht war es spießig. Aber im Vergleich zu den billigen Mustern moderner Medienwelt war es die Ausgeburt von Anarchie und Selbstbestimmung.

Heute ist Deutschland von jener Kulturnation, die Hölderlin und

Goethe, Mozart und Bach hervorbrachte, so weit entfernt wie das abgewirtschaftete Griechenland von Aristoteles und Sokrates. Die Spaßgesellschaft mag ihre Reize haben, aber hinter dem bunten Trallala ist es schal und leer geworden. Und wenn der Sinn abhandenkommt, geht es am Ende nur noch um Unsinn. Sowohl dem Ersten als auch dem Zweiten Weltkrieg ging die Verdummung der Massen voran. Sie wurden gewissermaßen entseelt und entgeistigt, damit sich in ihren Hirnen und Herzen etwas einnisten konnte, was hier nicht hingehört. Dummheit heißt, nicht mehr klar sehen, nicht mehr unterscheiden zu können, verfangen im Nebel von Masse und Verführung. Wenn Dummheit obsiegt, dann regiert König Unverstand, werden Tollheit und Brutalität salonfähig, dann ist das Gemeine, die wilde Jagd an die Macht gekommen. Dann wird die Masse zum Mob. Dann gnade denen, die noch wagen, nach Unterscheidung und Vernunft zu rufen.

Noch immer denken wir, wir führten ein eigenes Leben, fällten eigene Entscheidungen, verhielten uns, wie wir das wollten, könnten frei denken und handeln. Längst aber sind wir eingebunden in Systeme, in Bevormundung, Abhängigkeiten, in eine Vielzahl von unsinnigen Beschäftigungen und einem Korsett aus Denk- und Verhaltensmustern, die uns ein Ausmaß an Gängelung bescherten, das mit einer freien, demokratischen Gesellschaft nicht vereinbar ist. Die Digitalisierung hilft uns, Kontakte zu pflegen, Daten aufzubereiten und Entwicklungen hochzurechnen. Aber sie ersetzt nicht die Interpretation – und erst recht nicht, den eigenen Standpunkt und Antworten finden zu müssen. Das heißt dann auch: Manipulation erkennen und sich ihr widersetzen. Den eigenen Verstand benutzen. Eine kritische Distanz zu Medien, Heilsbringern und Nonsens-Ratgebern finden. Eigenverantwortlich handeln. Erwachsen sein – und zugleich von der Jugend lernen, von deren Fähigkeit, Dinge zu verbinden, die wir nicht mehr zusammenbringen.

»Alles löste sich in einer Welt des leeren Scheins auf, in der zuletzt sogar die gültige Jahreszahl unsicher geworden war«, heißt es in Orwells Zukunftsvision, »die Vergangenheit war ausradiert, und dann war sogar die Tatsache des Radierens vergessen, die Lüge war zur Wahrheit geworden.« Man erklärt auch uns Heutigen, Wahrheit sei in der fortentwickelten Welt ein Begriff, der nichts mehr taugt. Es gäbe eben allzu viele Wahrheiten. Fast möchte man es glauben. Und doch ist es hier so wie mit der Banknote: Sie mag noch so gut gefälscht sein und sogar das Original an Schönheit übertreffen – falsch bleibt falsch. Es hat dann schon auch seinen guten Grund, warum Falschmünzer ins Kittchen wandern. Sind zu viele ihrer Falsifikate in Umlauf, wird die ehemals harte und solide Währung weich und wertlos. Und wo der Wert abnimmt, ist es bald auch mit Frieden und Wohlstand nicht mehr weit her.

Kultureller Wandel ist möglich. Der verrückt gewordenen Jagd nach Glück könnte man die Melancholie entgegenstellen; das bewusste Annehmen von Leid. Die Akzeptanz, dass jeder von uns ein Schicksal hat. Die Wiederentdeckung der Geheimnisse der Schöpfung, die über das begrenzt Irdische hinausführen. Die Sinnsuche nach einem Leben, das dadurch erfüllter wird, indem die Aufgaben erfüllt werden, die einem dieses Leben stellt. Und vielleicht gelingt es ja, Dinge wieder geradezurücken. Falsches Verhalten nicht als richtig zu empfinden und richtiges nicht als falsches. Das Unbedeutende vom Bedeutenden zu trennen, zu erkennen, was uns angeht und was nicht. Wo wir gefordert sind und wo Gelassenheit und Ruhe angebracht sind. Nicht alles ist schlecht. Nicht alles ist gut. Vor allem ist nicht alles gleichwertig – und erst recht nicht egal.

LIFESTYLE, MEDIEN UND KULTUR

25,2 Milliarden Antibabypillen werden weltweit jährlich von Frauen geschluckt. Männer verwenden insgesamt zwölf Milliarden Kondome pro Jahr – 380 pro Sekunde. Weltweiter Umsatz pro Jahr: 4,4 Milliarden Euro.

5 neue Kleidungsstücke im Monat kauft jeder Deutsche im Schnitt. Jugendliche sogar mehr. Hauptsache viel, Hauptsache billig, denn nur 13 Prozent der Käufer achten beim Kauf auf die Herstellungsbedingungen.

48 Prozent der Downloads für das iPad sind Spiele, beim iPhone sind es 33 Prozent und bei Androidgeräten 37 Prozent. Der Umsatz im Onlinespielebereich wird für 2014 auf mehr als 31 Milliarden Euro geschätzt.

4,4 Prozent. So hoch ist die Chance, dass aus einem Speed-Date eine Liebesbeziehung entsteht. Unter Umständen verbinden gemeinsame Feinde mehr als gemeinsame Freunde. Deshalb lernen sich Singles neuerdings beim Speed-Hating kennen, indem sie sich gemeinsam über ein Thema ereifern.

PIERCING WAR GESTERN. Heute sind Implantate und gespaltene Zungen angesagt. Aufsehen gelingt mit Hörnern auf dem Kopf, Elfenohren oder Brandzeichen. Sogar die Eichel des Penis spalten sich manche der sogenannten body modifiers (Körperveränderer) mit einem Elektrocutter. »Der Kampf ums tägliche Brot ist dem Kampf gegen die Langeweile gewichen«, so der Psychologe Erich Kasten.

75 Milliarden Dollar gaben Menschen weltweit 2013 für Computerspiele aus. Experten rechnen damit, dass bis 2017 die 100-Milliarden-Dollar-Marke überschritten wird. Das teuerste Spiel bisher: »Destiny«. Die Entwicklung kostete mit 500 Millionen Dollar mehr als jeder Kino-Blockbuster.

Betrugsfernsehen.

Für die Wahl der beliebtesten Deutschen in der Show »Deutschlands Beste« ließ das ZDF Umfragen durchführen. Die vom Forsa-Institut erhobenen Ergebnisse wurden allerdings manipuliert, um den Gästen der Show einen attraktiveren Rangplatz zu geben. So wurde etwa Franz Beckenbauer von Platz 31 auf den neunten Rang befördert, der heute-Moderator Claus Kleber rückte von Platz 38 auf 28 auf. Dagegen wurde RTL-Mann Peter Kloeppel, der nicht als Gast in der Show auftrat, von Rang 27 auf Platz 39 verschoben. »Idioten« twitterte Claus Kleber.

Wir sind Porno.

Nach der Nutzungsdauer von Sex-Webseiten rangiert Deutschland mit täglich durchschnittlich 9:36 Minuten auf Platz eins. Der weltweite Durchschnitt lag 2013 bei 8:41 Minuten. 70 Milliarden Euro werden jährlich weltweit für Pornografie ausgegeben.

3417 – das ist die Anzahl der Textnachrichten, die ein amerikanischer Teenager pro Monat durchschnittlich aufs Handy bekommt.

BROT UND SPIELE. In dem Videospiel »South Park – Der Stab der Wahrheit« kann der Spieler »Furzmagie« anwenden, eine Bombensuche im Darm tätigen, eine Abtreibung durchführen und sich im Dildokampf mit Nazi-Zombie-Kühen üben.

Recherche aus der Luft: Drohnen mit Kameras eröffnen Reportern neue Möglichkeiten – für riskante Recherchen, aber auch für Angriffe auf die Privatsphäre. In den USA ist der Journalismus mit Flugobjekt bereits Unterrichtsfach. Kleine ferngesteuerte Flieger gibt es mittlerweile für weniger als 100 Dollar.

Was ist echt? Adobe Photoshop hat die Realität verändert. Im Fotoreporter-Wettbewerb »World Press Photo 2015« wurde ein Fünftel der Bilder wegen zu starker Veränderungen zurückgewiesen – drei Mal mehr als im vergangenen Jahr.

LINKSGESTRICKT. Zwei Drittel der Mitarbeiter in Zeitungs- und TV-Redaktionen sympathisieren mit Rot-Grün. Nach einer der bis heute größten Studien zum Thema, bereits 2005 durchgeführt vom Hamburger Institut für Journalistik unter 1500 Journalisten, verteilt sich die politische Sympathie wie folgt:
Grüne: 35,5 Prozent;
SPD: 26 Prozent;
CDU: 8,7 Prozent;
FDP: 6,3 Prozent;
Sonstige: 4 Prozent;
keine Partei: 19,6 Prozent.

»Der Konformitätsdruck in den Köpfen der Journalisten scheint mir ziemlich hoch.« Außenminister Frank-Walter Steinmeier sorgt sich um die Qualität im deutschen Journalismus und beklagt eine »erstaunliche Homogenität in deutschen Redaktionen, wenn sie Informationen gewichten und einordnen«.

10-mal Reality-TV.

Auszug aus internationalen Fernsehprogrammen:

1. **»Interviews vor der Hinrichtung«:** Die chinesische Journalistin Ding Yu interviewte verurteilte Häftlinge vor ihrer Tötung. Nach einer BBC-Reportage über die Todesstrafe in China wurde die Show von der Regierung abgesetzt.
2. **»Blachmann«:** Die dänische TV-Show zeigt nackte Kandidatinnen, die sich vor auf einem Sofa sitzenden Männern präsentieren, die ihre Bewertung abgeben.
3. **»Best Funeral Ever«:** In der amerikanischen Show werden außergewöhnliche Beerdigungen mit echten Toten veranstaltet, etwa im Boxring oder mit Party-Inszenierung.
4. **»The Real World Ex-Plosion«:** Sieben Bewohner in einem Haus fangen Affären entweder untereinander oder mit wildfremden Menschen von der Straße an. Daraufhin zieht von jedem der sieben ein ehemaliger Partner ein, der noch mit seinem Ex eine Rechnung offen hat.
5. **»Couple Therapy«:** Ehemalige amerikanische Reality-TV-Stars wollen in einer öffentlichen Paartherapie ihre Liebe retten.
6. **»Newtopia«:** 15 Menschen werden in Deutschland für ein ganzes Jahr in der Natur ausgesetzt und sollen sich in einer Scheune mit zwei Kühen, ein paar Hühnern und zwei Hektar Land ihre Wunschgesellschaft erschaffen. 57 Mikrofone und 105 Kameras sind auch im Bett mit dabei. Mangels Quote stellte Sat.1 jedoch zum 24. Juli die Sendung ein.
7. **»DNA unbekannt«:** Sat.1 sucht Familien heim, um mit viel Aufhebens zu prüfen, ob gentechnisch alles korrekt ist.
8. **»Sex Box«:** Paare, die mit ihrem Liebesleben unzufrieden sind, sprechen mit Experten darüber und haben dann in einer blick- und schalldichten Box Geschlechtsverkehr.
9. **»Teenie-Mütter«:** RTL II weidet sich an der desolaten Situation schwangerer Minderjähriger.
10. **»Born in the Wild«:** In der US-Reality-Show werden Schwangere zur Geburt in die Wildnis geschickt. Ohne Arzt, ohne Hebamme.

Journalistische Mängelware.
Wichtige gesellschaftsrelevante Themen fänden überhaupt nicht statt, vermeintliche Coups entpuppten sich als Pannen, Recherche-Höhepunkte seien eine Seltenheit – zu diesem Ergebnis kam eine Studie der Otto-Brenner-Stiftung vom Juli 2015 über die Qualität und Seriosität von Politmagazinen im öffentlich-rechtlichen Fernsehen wie Monitor, Fakt und Panorama. Viele der Beiträge seien nicht einmal sendereif. Fazit der Studie: Die ARD sollte vier von sechs Magazinen streichen.

Nicht zu toppen:

3. In Pakistan wurde am Ende der Quiz-Sendung »Amaan Ramadan« ein neugeborenes Mädchen verschenkt, das als Baby auf den Müll geworfen worden war.

2. In der niederländischen Show »Spuiten en Slikken« probiert einer der Moderatoren vor laufender Kamera diverse Substanzen aus, zum Beispiel Koks, Ecstasy oder Ketamin.

1. Die Moderatoren der niederländischen Show »Proefkonijntje« haben Fleisch gegessen, das ihnen ein Arzt vorher aus Unterleib und Po geschnitten hatte.

Steil abwärts.

Innerhalb von zehn Jahren ist die Auflage der deutschen Tageszeitungen um ein Viertel gesunken. Auch Wochenblätter und Magazine verlieren kontinuierlich Leser. Die Gründe: Konkurrenz durch das Internet, Stellenabbau in den Redaktionen, Verlust an Qualität. Die verkaufte Auflage deutscher Tageszeitungen 2004: 25,9 Millionen, 2014: 19,1 Millionen. Hatten 2004 noch 52 Prozent der Bürger ihre aktuelle Information aus der Tageszeitung bezogen, waren es 2014 nur noch 38 Prozent.

Fuck. Der Datenanalytiker David Taylor hat die Häufigkeit einzelner Begriffe in Songtiteln ausgewertet – und die typischen Begriffe jedes Jahrzehnts ausgemacht. Die häufigsten Wörter in Popsongs:

1960er: Baby, Twist, Little, Twistin', Lonely.

1980er: Love, Fire, Don't, Rock, On.

2000er: U, Like, Breathe, It, Ya.

2010er: We, Yeah, Hell, Fuck, Die.

Kabale, Hiebe und Geschwisterliebe.

In der US-TV-Serie »Game of Thrones«, der erfolgreichsten Fernsehproduktion aller Zeiten, geht es vor allem um Brutalität und Oben-ohne-Erotik: »Es wird geredet, geritten, bei Bedarf geköpft und ausführlich einander beigewohnt, vor allem die Wilden aus dem Südosten mögen es a tergo«, fasst der Filmkritiker der *Süddeutschen Zeitung* zusammen.

Ehre für Ekel-TV.

Mit dem Grimme-Preis werden laut Eigendefinition des Grimme-Instituts in Marl »Fernsehsendungen und -leistungen ausgezeichnet, die für die Programmpraxis vorbildlich und modellhaft sind«. Nominiert in der Kategorie Unterhaltung im Jahr 2013: »Ich bin ein Star – holt mich hier raus«.

Baby-Lotto!

Die Charityorganisation »To Hatch« bekam von der britischen Glücksspielaufsicht die Lizenz für eine bizarre Lotterie: Für 29 Euro gab es im Internet ein Baby-Los zu kaufen. Gesunde Singlefrauen konnten Samenspenden gewinnen, Frauen ab 45 Jahren eine Eizellspende. Für Singlemänner war der Hauptgewinn eine Leihmutter und ein Spender-Embryo.

Pornopoesie.

Big Book of Pussy, *Big Penis Book* oder *Klitoris, die schöne Unbekannte*. Sexbücher liegen laut Media Control absolut im Trend. Die Trilogie *Fifty Shades of Grey*, bekannt durch die Schilderung von Sadomasopraktiken, hat sich in Deutschland über 5,7 Millionen Mal verkauft, weltweit waren es mehr als 125 Millionen Exemplare. Der erste Roman hatte im Vereinigten Königreich den besten Verkaufsstart eines Taschenbuchs aller Zeiten.

Seit dem Fifty-Shades-of-Grey-Erfolg muss die Feuerwehr in London immer häufiger ausrücken, weil Menschen beim Nachstellen der Sexszenen in die Klemme geraten. 2013 gab es 472 Fälle, bei denen »Objekte von Menschen« oder »Menschen von Objekten« entfernt werden mussten. Den Steuerzahler kostet jeder Einsatz mindestens 415 Euro. In den vergangenen drei Jahren sind so Kosten von rund 546 000 Euro entstanden.

NEUE MEDIEN.

Die US-amerikanische Webseite »Buzzfeed« basiert auf »Social Content Ads«, eine Werbeform, die kaum vom redaktionellen Inhalt zu unterscheiden ist. »Sieben Gründe, warum ›Queefing‹ Frauen egal sein sollte«, lautete ein Startartikel. Mit »Queefing« ist das »Rülpsen einer Vagina« gemeint. »Buzzfeed« ist mit 150 Millionen Besuchern pro Monat eines der beliebtesten Medienportale im englischsprachigen Raum.

43 Prozent der Männer und 30 Prozent der Frauen haben sich schon per Smartphone durch den Kontaktanzeigenmarkt im Internet »geliked« und »geswiped«. 14 Millionen Deutsche insgesamt (18 Prozent der Männer und 15 Prozent der Frauen) verschicken »Sex-Selfies«.

2012 erschien in Schweden das erste Kinderbuch in geschlechtsneutraler Sprache. Darin wird konsequent das neue Personalpronomen »hen« verwendet. In ihm sollen »hon« (»sie«) und »han« (»er«) zusammenfallen. Mama und Papa werden im Buch zu »Mappa« und »Pamma«.

Oneway zum Mars, bitte!

Eine Durchschnittstemperatur von minus 55 Grad Celsius, eine Atmosphäre, die größtenteils aus Kohlendioxid besteht, und eine Anreisedauer von sieben Monaten: Der Mars ist nicht gerade ein Traumziel. Trotzdem haben sich 10 000 Interessenten für ein TV-Casting der holländischen Marketing-Firma »Mars One« beworben. Ab 2022 will »Mars One« insgesamt 24 Menschen in Richtung des Planeten aussenden, von Kameras begleitet.

UNVERKÄUFLICHES WISSEN. Die *Encyclopædia Britannica* stellte 2012 ihre Druckauflage ein. Nach 244 Jahren. Die Konkurrenz durch Wikipedia war erdrückend geworden. Die 34 Bände der letzten Ausgabe kosteten rund 1 400 Euro. Das gleiche Schicksal erlitt auch die *Brockhaus Enzyklopädie*. Am 17. August 2014 wurde der Vertrieb der letzten, der 21. Auflage von 2005 endgültig eingestellt. Für die 30 Bände mussten damals circa 3 500 Euro bezahlt werden.

---

69 615 Euro kostet der präparierte Leichnam eines menschlichen Körpers, ein Kopf ist für 22 015 Euro zu haben, ein Gehirn für 4 165. Gunther von Hagens, Erfinder eines Konservierungsverfahrens toter Körper, bietet seine Plastinate im Online-Shop an. Unter »Lifestyle« finden sich auf seiner Webseite tierische Angebote, etwa Silberohrringe aus Giraffenschwanz-Scheiben oder ein Ring aus Bullenpenis.

TV de Sade.

Der *Spiegel* über die RTL-Reality-Show »Ich bin ein Star – holt mich hier raus«: »Die 24-Jährige sollte Rattenhirn essen, in Stiefel voller Maden steigen und mit bloßen Händen in einen Schiffsrumpf grapschen, wo Schlangen und Skorpione lauerten. Je blöder sie sich bei den Prüfungen im Urwald anstellte, desto mehr wuchs die Lust der Zuschauer, sie per Telefonabstimmung auch in der nächsten Ausgabe wieder in die Hölle zu schicken. Grausamkeiten allerorten. Worüber sollte man sich als abgebrühter Fernsehkritiker noch echauffieren?«

Brauche Liebe – habe Geld.

Immer mehr Datingportale setzen auf ein einfaches Konzept: reicher Mann sucht junge Frau. »Mysugardaddy.eu« ist dabei mit 80 000 Mitgliedern eine der größten Verkuppelungsbörsen im deutschsprachigen Raum. 80 Prozent der Mitglieder sind weiblich.

45

Millionen Zuschauer weltweit nutzen monatlich den Online-Streamingdienst Twitch, um Computerspielturniere zu verfolgen. Beim »ESL One«, einem internationalen Computerspielwettbewerb, sahen in der Frankfurter Commerzbank-Arena 2014 rund 25 000 Zuschauer aus mehr als 60 Nationen bei Ticketpreisen zwischen 20 und 180 Euro den Akteuren beim Spielen des Action- und Strategiespiels »Dota 2« zu. Mehr als eine halbe Million verfolgte das Geschehen im Livestream. Am kollektiven Rollenspiel »League of Legends« beteiligen sich weltweit sogar 27 Millionen Spieler – täglich.

61

Hotdogs in zehn Minuten. 2014 gewann Joey Chestnut damit das jährliche Hotdogwettessen in Coney Island. Mehr als eine halbe Million Menschen verfolgten das Fressen live auf dem Sport-Nachrichtensender ESPN.

Hello-Kitty-Wahn.

50 000 verschiedene Artikel gibt es von Hello Kitty, der rosa Katze mit Schleifchen aus Fernost. Rund 5 Milliarden Dollar werden mit ihr jedes Jahr verdient. Kitty gehört zu den erfolgreichsten Merchandisingprodukten der Welt.

50 000

US-Dollar bezahlte die New Yorkerin Danielle Tarantola, um ihren Hund zu klonen. Der »Nachbau« basiert auf einer DNA-Probe, die Tarantola zu Lebzeiten ihres Darlings entnehmen ließ. In Südkorea haben sich Pharmalabors auf das Klonen der Lieblingstiere von Millionären spezialisiert.

Die Perfektionierung des Körpers:

800 Millionen Euro geben die Deutschen pro Jahr inzwischen für Schönheits-OPs aus.

Mehr als 1 000 Frauen pro Jahr lassen sich in Deutschland die inneren Schamlippen kappen, 20 000 die Brust vergrößern.

30,7 Prozent der Schönheits-OPs in Deutschland werden an Patienten unter 30 Jahren und 16,8 Prozent an Männern durchgeführt.

---

50 000 Franken für eine Woche ohne Drogen. Inklusive Chauffeur, Sekretärin und Koch. »The Küsnacht Practice« am Ufer des Zürichsees ist die wohl teuerste und luxuriöseste Suchtklinik der Welt.

---

16 Milliarden, so hoch ist die Anzahl der Klicks auf die Pornoseiten »Youporn«, »PornHub« und »MyDirtyHobby« pro Monat – dreimal so oft wie Wikipedia. 88,2 Prozent von 304 untersuchten Pornoseiten im Internet enthalten körperliche Gewalt wie Schlagen oder Knebeln.

Krasse Kreuzfahrten:

- Die »Full Metal Cruise« ist eine Kreuzfahrt nur für Metalfans.
- Mit dem »Big Nude Boat« bietet ein Reiseveranstalter Nackt-Kreuzfahrten an.
- Auf den »Cougar Cruises« sitzen reifere Damen und jüngere Männer in einem Boot.
- »The Swinger Cruise« bietet Kreuzfahrten für Paare, die auf der Suche nach sexuellen Abenteuern sind.
- Die »In kor Swim Tattoo Cruise« verpasst Urlaubern an Bord ein Tattoo.
- Bei der »Beer River Cruise« wird eine Auswahl der angeblich weltbesten Biere ausgeschenkt.

Schöner Reisen – das Geschäft mit dem OP-Tourismus:

30 Staaten, darunter Indien, Deutschland, Thailand und die USA, bewerben ihre Kliniken gezielt im Ausland.

52 Milliarden Euro werden pro Jahr mit OP-Tourismus umgesetzt.

150 Milliarden Euro Jahresumsatz werden auf dem globalen OP-Markt bis 2018 prognostiziert – jährlich. Die Wachstumsraten pro Jahr liegen bei 25 Prozent.

750 000 Amerikaner brechen jährlich für Eingriffe nach Übersee auf. Ein deutscher Anbieter vermittelt Zahnimplantate für 345 Euro, Brustimplantate für 1906 Euro und In-Vitro-Fertilisationen für rund 2 000 Euro in Destinationen wie Thailand, Türkei oder Spanien.

Pop(o)-Kultur.

Zunächst erfand eine Angestellte im Fitnessstudio das »Belfie«, eine Wortschöpfung aus »butt« (englisch für Hintern) und Selfie, worauf Tausende ihren Allerwertesten auf Instagram dokumentierten. Dann zeigten Hochglanzmagazine wie die britische *Vogue* die Rückansicht der Stars und Topmodels auf ihren Titelseiten. Madonna hob bei den Grammy Awards den Rock und enthüllte zwei Pobacken, die mit Lederstrapsen nach oben gegürtet waren. »Wir leben im Zeitalter des Hinterns, oder nicht?«, antwortete sie auf die Frage nach dem Grund. Die Anzahl von Po-Vergrößerungen in den USA ist allein 2014 um 80 Prozent gestiegen. Drei bis fünf Stunden dauert es, bis beide Backen mit Eigenfett unterspritzt sind. Preis: 7000 Euro.

---

585 Minuten. **So hoch ist im Durchschnitt der tägliche Medienkonsum der Deutschen. Die ARD/ZDF-Langzeitstudie »Massenkommunikation« ergab 2012, dass wir Fernsehen, Radio und Internet mehr Zeit widmen als Arbeit und Schlaf.**

Künstliche Befruchtung für zu Hause.

40 Euro für 0,5 Milliliter Sperma. So lautet das Angebot von »Cryos« im dänischen Aarhus, der größten Samenbank der Welt. Wer zudem den Namen des Spenders erfahren will, zahlt 80 Euro. Der Versand nach Deutschland in Trockeneis kostet 160 Euro.

Zeitvertreib.

Die britische Organisation »Macmillan Cancer Support« hat ausgerechnet, wie viel Zeit Männer und Frauen durchschnittlich im Jahr mit relativ banalen Dingen verbringen:

- 3 Minuten lang haben wir einen Orgasmus.
- 1,7 Tage hängen wir in einer Telefonwarteschleife.
- 2,2 Tage warten wir an roten Ampeln.
- 6,8 Tage sitzen wir auf dem Klo.
- 7,9 Tage suchen wir etwas.
- 11,9 Tage waschen wir Wäsche.
- 63 Tage im Jahr machen wir im Schnitt Diät.

HOTEL RIESE

2017 eröffnet in Mekka das »Abraj Kudai«, der größte Hotelkomplex der Welt mit 10000 Zimmern auf 44 Stockwerken. Er umfasst zwölf Türme, Restaurants, eine Shopping-Mall, einen Food-Court, ein Konferenzzentrum, Parkplätze und eine Bushaltestelle. Gesamtkosten: rund 3,5 Milliarden US-Dollar.

Schnüffelperspektive.

Dog TV hat in den USA bereits mehr als eine Million Abonnenten. Das Hundefernsehen zeigt Wiesen, Kinder, Briefträger, Autos – und natürlich Hunde. 24 Stunden ohne Werbung für 9,99 Dollar im Monat. In Deutschland hat Dog TV im Februar 2015 rund 25 000 Abonnenten und aus Sicht des Senders »einiges an Potenzial«. Schließlich gäbe es hierzulande sieben Millionen Hunde.

»Das Glück in einer Art von Dauerlust zu suchen, ist der sicherste Weg, unglücklich zu werden.«

Wilhelm Schmid, Professor der Philosophie und Autor des Bestsellers *Gelassenheit*

»Unternehmen können heute in einem Ausmaß redaktionelle Berichterstattung kaufen, wie das früher völlig undenkbar war. Und sie machen davon Gebrauch.«

Jürgen Gramke, Vorsitzender des Wirtschaftsarbeitskreises »Corporate Compliance«.

COMPUTER ALS JOURNALISTEN.

Die Software »Stats Monkey System« der US-Firma »Narrative Science« schreibt Artikel aus vorgefertigten Textbausteinen. Das Programm verwandelt rohe Daten in eine Erzählung. Laut *New York Times* kostet ein von einem Computerprogramm erstellter 500-Wort-Artikel weniger als 10 Dollar.

EXTRA: ZUKUNFT

Super-Menschen in Mega-Citys.
US-Geheimdienste haben einen Bericht zur Zukunft der Menschheit ab dem Jahr 2030 erstellt:

- Technische Hirn-Erweiterungen werden ein Supergedächtnis formen, während winzige Augenimplantate uns ermöglichen, in völliger Dunkelheit zu sehen.
- Schnittstellen zwischen Gehirn und leistungsstarken Maschinen können uns mit ungeahnten Kräften und Fähigkeiten ausstatten.
- Die Lebenserwartung wird sich weiter erhöhen.
- Das Bevölkerungswachstum führt dazu, dass Städte zu gigantischen Metropolen werden.
- Der Trinkwasserbedarf wird um 35 Prozent, der Nahrungsmittelbedarf um 40 Prozent und die Energienachfrage um 50 Prozent steigen.
- Der Klimawandel wird auch dazu führen, dass weltweit jeder Zweite in Gebieten mit akuter Wasserknappheit leben wird.
- China wird die alles dominierende Supermacht. Staaten wie Indien, Brasilien und Südafrika erlangen wirtschaftliche Bedeutung auf Kosten Japans, Russlands und Europas.

INSEKTEN ALS DROHNEN. Forscher versuchen im Auftrag des US-Militärs, Insekten in steuerbare Minidrohnen umzuwandeln, sogenannte Minicyborgs. Dabei soll die Technik bereits im Larvenstadium implantiert werden, damit sie beim flugfähigen Insekt völlig mit dem Körper verwachsen ist.

Wellenbewegung. US-Ingenieure haben einen winzigen Bioroboter konstruiert. Ein Kunststoffkopf kann sich mithilfe von Herzmuskelzellen ähnlich wie ein Spermium fortbewegen. In Zukunft sollen die sogenannten Biobots in der Lage sein, im Körper Medikamente zu transportieren, Eingriffe ohne größere Schnitte vorzunehmen oder in der Krebsbekämpfung eingesetzt werden.

Wenn Städte fühlen.

Bei einem Projekt des »Senseable City Labs« in Singapur werden Wasser- und Stromverbrauch, der Verkehr von Flugzeugen, GPS-Daten von Taxis, Bussen und Privatautos, Wetter, Temperatur und Telefondaten unaufhörlich miteinander verflochten. U-Bahn-Nutzer wissen, wo baustellenbedingt die Züge langsamer fahren und ob es sich lohnt, auf einen nächsten zu warten. Sensoren und Prozessoren einer »Fühlenden Stadt« werden auf diese Weise Instrumente kollektiver Selbstorganisation – oder aber auch der Manipulation und Kontrolle.

»Es wäre erstaunlich, wenn wir nicht in ein paar Jahrzehnten intelligente Maschinen hätten, die in vieler Hinsicht den Menschen überlegen sind.«

Jürgen Schmidhuber, Informatiker, über die Entwicklung intelligenter Roboter, die aktiv Einfluss auf die Daten nehmen, die sie bekommen.

Bergbau auf Asteroiden.

Die US-Firma »Planetary Resources« will auf den durchs Sonnensystem vagabundierenden Asteroiden Wasser und seltene Metalle wie Platin fördern. Mit Roboterraumschiffen sollen die Rohstoffe gefördert werden. Nach Angaben des Unternehmens kann ein 30 Meter großer Asteroid Platin im Wert von 25 bis 50 Milliarden Dollar enthalten.

NETZREGULIERUNG.

In fünf Jahren, so vermuten Computerexperten, gibt es zum Schutz der Nutzer vor Hackern und Betrügern kein Internet mehr, sondern nur noch staatlich kontrollierte Ländernetzwerke mit strengen Grenzkontrollen. In China haben Sicherheitsbehörden bereits Technik installiert, mit der sich das Netz überwachen und vom Rest der Welt abkoppeln lässt. Internetbehörden könnten künftig in vielen Staaten den Zugang per Onlineführerschein regulieren.

Ersatzmenschen. *US-Forschern der Johns Hopkins University in Baltimore ist es gelungen, das Chromosom eines einfachen Lebewesens künstlich herzustellen. In Zukunft sollen gezielt Lebewesen entworfen werden, die zum Beispiel Kraftstoffe, Arzneimittel oder andere Substanzen fabrizieren können. Durch die zunehmende Liberalisierung der Medizintechnik befürchten Kritiker für die Zukunft neben einer massenhaften Praxis von Leihmutterschaften auch die genetische Herstellung von »Retter-Babys« als Ersatzmenschen für Organspenden.*

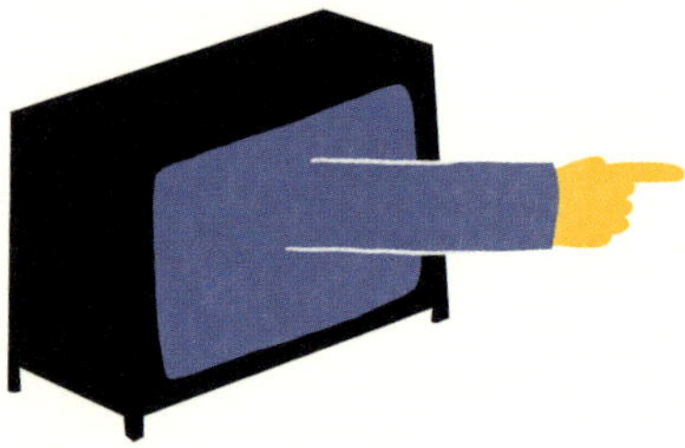

Privatwerbung. In Zukunft wird im Fernseher nicht mehr der gleiche Werbespot für alle Menschen laufen, sondern nur auf den einzelnen Nutzer zugeschnittene Werbung geschaltet. Die Kombination von Onlineshopping und Werbung wird es möglich machen, einen Spot anzusehen und dann direkt auf die Produkte zu klicken, um zum Shop zu gelangen.

---

1 000 000 000 000 000 000 Byte, so viel müssen die Rechner der Zukunft speichern können. Die Technik aus dem vorigen Jahrhundert ist nicht mehr fit, die unvorstellbar großen Datenmengen zu bewältigen, die entstehen, wenn nicht nur Menschen miteinander kommunizieren, sondern auch Maschinen, Autos, Haushaltsgeräte, Heizungen.

Singularity.

Der Begriff »Singularity« steht für den Moment, da die Intelligenz der Maschinen erstmals leistungsfähiger ist als die der Menschen. Ab diesem Zeitpunkt, so die These, werden Maschinen eine Art Kettenreaktion sich selbst beschleunigender technologischer Innovation entfesseln. Man werde Wege finden, so der Zukunftsforscher Ray Kurzweil, das menschliche Gehirn mit der Leistung der Maschinenintelligenz zu verschmelzen. Der Mensch werde die Grenzen seines Körpers, die Beschränktheit seines Geistes und die Unausweichlichkeit seines Tods aufheben können. Kurzweil ist Director of Engineering bei Google und forscht an künstlicher Intelligenz.

8 Implantate, die wir bald im Körper tragen:

1. Implantierbare Smartphones. 2013 ließ sich der Künstler Anthony Antonellis einen Chip in die Hand transplantieren, auf dem seine Kunst gespeichert war. Der Chip kann diese auch auf seinem Smartphone anzeigen, sobald er dieses über seine Hand hält. Forscher experimentieren an Sensoren, die Knochen in Lautsprecher umwandeln sollen.
2. Heilende Chips. Bereits jetzt bekommen Patienten Implantate, die direkt mit speziellen Smartphone-Apps verbunden sind und bestimmte Krankheiten überwachen und therapieren.
3. Cyberpillen. Mikroprozessoren können sofort Textnachrichten an den behandelnden Arzt schicken, sobald der Patient die Medikamente nicht einnimmt oder diese nicht den gewünschten Effekt haben.
4. Anti-Baby-Chip. Am Massachusetts Institute of Technology wird ein Chip entwickelt, der die Antibabypille ersetzen soll und 16 Jahre halten wird. Gesteuert wird er durch eine Fernbedienung.
5. Intelligente Tattoos. Mikropartikel können wie Tattootinte unter die Hautoberfläche injiziert werden und von dort körpereigene Prozesse (Stress, Puls, Hirnströme) überwachen und verfolgen.
6. Gehirn-Computer-Verknüpfungen. Ein Forscherteam der Brown Universität in Rhode Island arbeitet daran, das menschliche Gehirn mit Computern zu verlinken. Minielektroden werden ins Hirn implantiert. Die Nervensignale können in Echtzeit vom Computer gelesen werden, der damit externe Geräte betreiben kann. Damit soll Schwerbehinderten die Möglichkeit gegeben werden, ihren Alltag via Gedanken selbst zu kontrollieren.
7. Schmelzende Bio-Batterien. Bald soll es biologisch abbaubare Batterien geben, die Energie innerhalb des Körpers erzeugen, diese kabellos an die Geräte, die im Körper des Patienten stecken, weitergeben, und dann ganz einfach im Körper schmelzen.
8. Schlauer Staub. Er besteht aus Mini-Nano-Computern, kleiner als Sandkörner, die sich im Körper zu winzigen Netzwerken organisieren und Krebszellen angreifen oder schmerzstillende Mittel zu einer Wunde transportieren.

EPILOG

»Alles läuft auf die Frage hinaus,
wer wir als Menschen sind.«
JENNIFER DOUDNA, BIOCHEMIKERIN

Entgegen meinen Gewohnheiten war ich kilometerweit gelaufen, und ich hatte es noch nicht einmal bemerkt. Über den weiten Wiesen des Englischen Gartens lag frischer Schnee, und ein leichter Nebel gab der Landschaft eine noble Note.

Ich betrachtete die Spaziergänger, Bäume und Wege um mich herum. Kann es sein, dass wir schon ein wenig leben wie gestorben?, überlegte ich. Das Leben funktioniert noch. Aber es funktioniert zunehmend nur noch als Fassade, die wir mühsam aufrechterhalten, weil wir ahnen, dass dahinter vieles morsch geworden ist. Ich musste an einen Satz von Vivienne Westwood denken. »Heute haben wir keine wirkliche Kultur mehr«, hatte die frühere »Queen of Punk« gemeint, »das Wort sollte verbannt werden, denn niemand weiß mehr, was es bedeutet.«

Meine Laune hatte sich von Tag zu Tag verschlechtert. Meine Knie waren weich geworden wie Fruchtgummi, und meine psychische Stabilität glich der eines Mannes, der soeben erfuhr, dass sein Lieblingsklub die Champions League vermasselt hat. Niemand kann den Wahnsinn unserer Zeit protokollieren, ohne dabei nicht auch selbst ein wenig verrückt zu werden. Oder zumindest in eine Daseinskrise zu verfallen. Was ist das für eine Welt, die sich in den Meldungen dieses Buches zeigt? Eine Welt des Betrugs und Selbstbetrugs? Eine Unsinns-Welt, überzogen mit Verwirr-Schleim, der uns die Luft zum Atmen nimmt?

In den 1970er-Jahren sprach der »Club of Rome« von den Grenzen des Wachstums. Ohne Reduktion würde der industrielle Raubbau unsere ökologischen Ressourcen gefährden. Die Untersuchung lag nicht in jedem Punkt richtig, aber sie hat sich im Wesentlichen bestätigt. »Unsere Zukunft steht heute mehr denn je auf dem Spiel«, bekräftigte mit Papst Benedikt XVI. ein anderer Club of Rome, »ja sogar das Schicksal unseres Planeten und seiner Bewohner.« In seiner Enzyklika »Caritas in veritate« von 2009 kritisiert der Pontifex, die »einseitige Logik des eigenen Nutzens und des maximalen Profits« hemme die harmonische Entwicklung der Menschheitsfamilie. »Wie könnte man gleichgültig bleiben angesichts von Phänomenen wie dem globalen Klimawandel, der Verschmutzung von Flüssen und Grundwasser, der Zunahme von außergewöhnlichen Naturereignissen und der Abholzung in tropischen Gebieten?« Sein Nachfolger Papst Franziskus erklärte im Juni 2015: »Die Erde, unser Haus, scheint sich immer mehr in eine unermessliche Mülldeponie zu verwandeln.« Die »Wegwerfkultur« und der »unhaltbare Lebensstil der Gegenwart« könnten »nur in Katastrophen enden«.

Der Super-GAU von Fukushima bleibt das unübersehbare Menetekel. Wir haben die Technik, glaubte man, die alles beherrscht. Wir haben die Wissenschaft, die alles weiß. Wir haben die Logistik, die alles organisiert. Wir haben das System, das alles kann. Und dann dieses Bild: Verzweifelte Feuerwehrleute spritzen mit simplen Schläuchen auf die Hölle einer berstenden Atomanlage, deren Strahlung riesige Gebiete unbewohnbar machte.

Die Wirklichkeit ist zu unübersichtlich und komplex geworden, um sie ganz erfassen zu können. Noch immer aber ist es möglich, zu unterscheiden und einzuordnen. Theorien und Prognosen mögen irren, verlässlich aber bleibt das Über-Zeitliche, weil es herausgehoben ist aus der Begrenztheit und dem Irrtum, der Verführbarkeit und der Un-Einsichtigkeit des nur Menschlichen.

Im Falle der Atomkraft haben wir verstanden, was wir für bestimmte Formen von Energie wirklich zu bezahlen haben, einschließlich aller Folgekosten und der Tatsache, dass wir diese Kraft nicht beherrschen können. Aber was ist mit der Power für Leib und Seele? Wie »sauber« ist der Strom, den wir aus Macht, Geld, Unterhaltung und Karriere beziehen? Was müssen wir wieder vom Netz nehmen, ähnlich den Atommeilern, deren Risiken unkalkulierbar sind? Vor allem: Braucht es nicht auch Energien, die sich aus anderen Quellen speisen? Solchen, die über die einseitige Betonung materieller Dinge und einer Haltung hinausführen, mit der sich der Mensch zum Maß aller Dinge macht?

Echter Fortschritt misst sich nicht an modischen Einfällen oder daran, was nur irgendwie neu oder innovativ ist, sondern an Vernunft, Weisheit und den Überlieferungen des Glaubens, die sich als tragfähig herausstellten. Fortschritt ist nicht, was Leben zerstört, sondern Leben erhält und Zukunft möglich macht. Radikal und progressiv ist heute nicht mehr, gegen Atomstrom zu demonstrieren. Radikal ist, fragwürdige Standards zu überprüfen, die sich eingeschlichen haben wie Diebe in der Nacht. Bereit zu sein für neues Denken, offen für eine Welt-Anschauung, die wieder das Große und Ganze in den Blick nimmt.

Es kann keine stabile Moderne geben, die nicht auch verankert ist in einem Common Sense an Werten, Regeln und einem Bewusstsein, das sich nicht in der Selbstvergottung verschränkt. Die Welt bricht nicht nur am Nordpol mit dem Einsturz der Gletschermassen und in Südamerika mit der Vernichtung der Regenwälder zusammen. Sie bricht vor unserer Haustür zusammen. Sie bricht sogar in unseren Wohnungen zusammen. Sie beginnt mit der Rodung unserer geistlichen Regenwälder. Und es sind nicht nur die großen, sondern vielmehr die kleinen Dinge, die wir ungeniert geschehen lassen, die in ihrer Summe dann der Zivilisation das Wasser abgraben.

Noch nie gab es ein so breites Bewusstsein dafür, dass ein »Weiter so« nicht möglich ist. Erstmals ist der Gedanke der Umkehr gesellschafts- und mehrheitsfähig geworden. Klar ist freilich auch: Wir können nicht jegliches Verhalten ändern. Wir können nicht komplett anders essen, anders arbeiten, andere Triebe haben. Erst recht nicht lassen sich diese Dinge per Verordnung regeln. Ist es nicht auch eine Form von Hybris, zu glauben, wir könnten ganz aus eigener Kraft diese komplizierten Systeme der Erde, die das Leben auf dem Planeten ermöglichen, wieder ins Reine bringen?

Aber wir können Dinge verändern. Es ist erst 40 Jahre her, seit in den USA die Rassenschranken abgeschafft wurden. Erst 40 Jahre, seit Frauen in Deutschland selbstbestimmt ihren Beruf wählen können. Wichtigster Schritt ist, das, was wir ohnehin schon sehen und fühlen, wirklich auch wahrzunehmen. Sich zur Katastrophe zu bekennen. Ehrlich einzugestehen, dass eine Veränderung unaufschiebbar ist.

Die Chance der Krise ist: Sie schärft die Sinne für das Leben. Sie zwingt uns, Veränderungen vorzunehmen, zu denen wir ohne den äußeren Druck niemals bereit wären. Es ist nicht mehr alles zu haben. Man muss für das, was man will, wieder stärker kämpfen. Und man muss sich bewusst werden, was man wirklich braucht. Der Blick auf die Apokalypse gibt der Zukunft den Ernst, der ihr inneliegt, und der Gegenwart die Hoffnung, die wir brauchen, um leben zu können; um uns nicht nur zu empören, sondern auch Verantwortung zu übernehmen.

Wir sind heute so reich wie noch keine Weltgesellschaft zuvor. Nach Berechnungen der Vereinten Nationen könnten auf diesem Planeten locker zwölf Milliarden Bewohner ernährt werden. Jeder Mensch könnte in angemessenem Wohlstand leben, würde ordentlich gewirtschaftet und Reichtum besser verteilt. In den Aufgaben für die Zukunft geht es dabei zuallererst um die Stärkung der jungen Generation, um ihre Lebens- und Charakter-Bildung. Sie wird einiges zu schultern haben. Von ihrer Kraft und ihrem guten Willen wird es abhängen, wie die Welt von morgen aussieht.